Escritos joaninos e Apocalipse

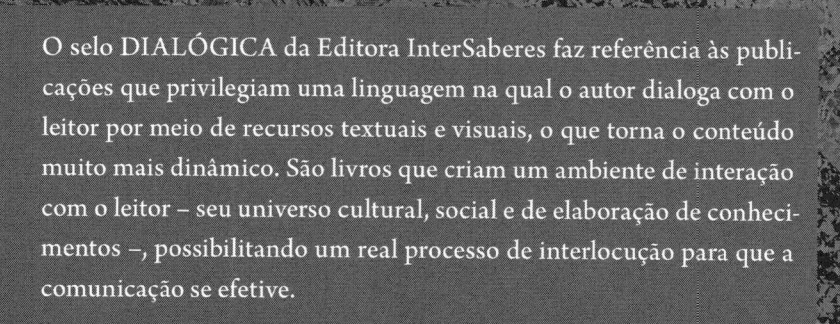

EDITORA
intersaberes

DIALÓGICA

SÉRIE PRINCÍPIOS DE TEOLOGIA CATÓLICA

O selo DIALÓGICA da Editora InterSaberes faz referência às publicações que privilegiam uma linguagem na qual o autor dialoga com o leitor por meio de recursos textuais e visuais, o que torna o conteúdo muito mais dinâmico. São livros que criam um ambiente de interação com o leitor – seu universo cultural, social e de elaboração de conhecimentos –, possibilitando um real processo de interlocução para que a comunicação se efetive.

Escritos joaninos e Apocalipse

Moacir Casagrande

EDITORA intersaberes

Rua Clara Vendramin, 58 . Mossunguê
CEP 81200-170 . Curitiba . PR . Brasil
Fone: (41) 2106-4170
www.intersaberes.com
editora@editoraintersaberes.com.br

Conselho editorial
Dr. Ivo José Both (presidente)
Drª Elena Godoy
Dr. Neri dos Santos
Dr. Ulf Gregor Baranow

Editora-chefe
Lindsay Azambuja

Supervisora editorial
Ariadne Nunes Wenger

Analista editorial
Ariel Martins

Preparação de originais
Entrelinhas Editorial

Edição de texto
Gustavo Piratello de Castro
Natasha Saboredo

Capa e projeto gráfico
Iná Trigo (*design*)
Tatiana Kasyanova/
Shutterstock (imagem)

Diagramação
Estúdio Nótua

Equipe de *design*
Laís Galvão
Sílvio Gabriel Spannenberg

Iconografia
Celia Kikue Suzuki
Regina Claudia Cruz Prestes

1ª edição, 2019.
Foi feito o depósito legal.

Informamos que é de inteira responsabilidade do autor a emissão de conceitos.

Nenhuma parte desta publicação poderá ser reproduzida por qualquer meio ou forma sem a prévia autorização da Editora InterSaberes.

A violação dos direitos autorais é crime estabelecido na Lei n. 9.610/1998 e punido pelo art. 184 do Código Penal.

Dados Internacionais de Catalogação na Publicação (CIP)
(Câmara Brasileira do Livro, SP, Brasil)

Casagrande, Moacir
    Escritos joaninos e Apocalipse/Moacir Casagrande. Curitiba: InterSaberes, 2019. (Série Princípios de Teologia Católica)

    Bibliografia.
    ISBN 978-85-5972-976-4

1. Bíblia. N.T. Apocalipse – Crítica e interpretação 2. Bíblia. N.T. Epístolas de João – Crítica e interpretação 3. Bíblia. N.T. João – Crítica e interpretação 4. Espiritualidade I. Título. II. Série.

19-23613   CDD-227.9406

Índices para catálogo sistemático:
1. Bíblia: Novo Testamento: Epístolas de João e Apocalipse: Interpretação e crítica   227.9406

Maria Alice Ferreira – Bibliotecária – CRB-8/7964

Sumário

Apresentação, 7
Organização didático-pedagógica, 11

1   A tradição joanina, 15
1.1   A comunidade joanina, 18
1.2   Autor, local, data e razão dos escritos, 32
1.3   Organização do texto do Evangelho segundo João, 42
1.4   Relação do Evangelho Segundo João com os Evangelhos Sinóticos, 49
1.5   Evangelho, cartas e Apocalipse, 62

2   João no conjunto do Novo Testamento, 73
2.1   As festas judaicas, 76
2.2   A Páscoa em João, 91
2.3   Sinais, palavras e obras, 96
2.4   O testemunho, 104
2.5   O discipulado, 111

3		Literatura apocalíptica, 119
3.1		O que é *apocalíptica*?, 122
3.2		A relação com a profecia, 127
3.3		Estrutura fundante, 130
3.4		A apocalíptica no Novo Testamento, 139
3.5		A apocalíptica apócrifa, 150
4		O Livro do Apocalipse, 165
4.1		Contexto do escrito, 168
4.2		Autor, data e local de composição, 172
4.3		A estrutura do Livro do Apocalipse, 178
4.4		Os símbolos, 186
4.5		Abordagens hermenêuticas, 192
5		Apocalipse em chave de resistência, 221
5.1		O contexto sócio-histórico, 224
5.2		Proposta anti-imperialista. Mulher × dragão. Duas bestas × duas testemunhas, 227
5.3		O domínio de Deus, 235
5.4		A liderança do Cordeiro, 249
5.5		O novo céu e a nova terra (Ap 21,1-8), 260
6		Teologia do Evangelho de João, 269
6.1		A relação de Jesus com o Pai, 272
6.2		A relação de Jesus com os discípulos, 283
6.3		A relação de Jesus com o mundo, 296
6.4		A dimensão pascal de Jesus, 303
6.5		O Espírito Santo, 311

Considerações finais, 319
Referências, 325
Bibliografia comentada, 329
Respostas, 333
Sobre o autor, 335

Apresentação[1]

Motivados pelo crescente interesse pela palavra de Deus e pela demanda de material que possa ajudar na compreensão do tema, lançamos mão de uma vasta bibliografia sobre os escritos joaninos, tanto em português quanto em outras línguas, aproveitando também os recursos que a tecnologia proporciona, para prepararmos este material.

Nosso livro é direcionado aos acadêmicos do bacharelado em Teologia e pretende oferecer uma visão fundamentada no contexto histórico, político, social e cultural do tempo em que surgiram os escritos em estudo. Isso ajudará o leitor a compreender o lugar da literatura joanina no conjunto das obras do Novo Testamento, além de favorecer sua aplicação espiritual.

---

1 Os trechos bíblicos utilizados nesta obra são citações da Bíblia de Jerusalém (Bíblia, 2002), exceto quando for indicada outra referência nas passagens utilizadas pelos autores citados. Para verificar estas últimas, favor consultar as obras originais de cada autor, constantes na seção "Referências".

Os textos denominados *joaninos* são cronologicamente posteriores aos escritos paulinos e aos dos outros três evangelistas – Marcos, Mateus e Lucas – assim como o Livro dos Atos dos Apóstolos. Os textos joaninos trazem características particulares de aprofundamento e de complementação, despertando interesses e favorecendo a ampliação da influência do Jesus histórico nas gerações que se sucederam a partir do final do primeiro e século de nossa era.

Os escritos joaninos formam um conjunto que compreende os seguintes livros do Novo Testamento: Primeira, Segunda e Terceira Epístolas de São João, Evangelho segundo João e Apocalipse de São João. Todas essas obras são estudadas como uma só disciplina, tendo em vista a convergência de linguagem, o foco cristológico e a insistência na comunhão, na solidariedade gratuita e na missão testemunhal que apresentam. Embora haja significativa diferença entre o Evangelho segundo João e o Apocalipse, existem consideráveis pontos comuns, o que demonstra uma afinidade entre os textos.

Ainda que a tradição cristã tenha atribuído o Evangelho e o Apocalipse ao mesmo autor, João, o filho de Zebedeu, o fato de apresentarem divergências entre eles levantou a questão, ainda não resolvida, da possibilidade de que os dois escritos tenham autores diferentes. Mantém-se, porém, a convicção de que ambos derivam de uma mesma fonte inspiradora, formando, assim, o bloco originado da escola joanina. Portanto, explicitaremos no decorrer desta obra as diferenças e as semelhanças de cada texto, bem como suas características específicas.

Nosso trabalho foi desenvolvido em seis capítulos.

No Capítulo 1, procuramos oferecer uma visão do contexto histórico em que surgiram os escritos joaninos para favorecer sua aplicação na atualidade. Para maior precisão, buscamos fornecer informações dos contextos de cada livro.

No Capítulo 2, objetivamos entender a contribuição dos escritos joaninos para a formulação da fé cristã. Por isso, adentramos nos textos, especialmente o Evangelho e a Primeira Carta de João, procurando acentuar o que lhes é particular.

No Capítulo 3, procuramos dar uma visão do conjunto da literatura apocalíptica, especificando as características do gênero e de sua produção, tanto nos livros da Bíblia quanto na chamada *apocalíptica apócrifa*. Assim, propiciamos uma aproximação do contexto de seu surgimento e de suas motivações e possíveis aplicações.

Dedicamos o Capítulo 4 à primeira parte do Livro do Apocalipse de João (capítulos 1 a 7). Dessa forma, buscamos fornecer informações suficientes para proporcionar um bom entendimento do escrito, tendo em vista, principalmente, os símbolos e a linguagem figurada presentes nele.

No Capítulo 5, continuamos a oferecer elementos para a abordagem dos demais capítulos do Apocalipse (de 8 a 22), numa sequência de temas tratados com base na resistência às investidas do culto imperial romano. Por isso, ressaltamos a liderança do Cordeiro e o domínio de Deus na realização de um novo céu e de uma nova terra.

No Capítulo 6, abordamos a teologia joanina no conjunto dos escritos, analisando alguns pontos de convergência como a encarnação da Palavra. Dedicamos mais espaço, porém, à teologia do Evangelho, discutida a partir da relação de Jesus com o Pai e com o Espírito e a missão dele com os discípulos no mundo, tratando de elementos úteis para o entendimento específico desse assunto.

Pretendemos, com isso, introduzir o leitor no contexto das Sagradas Escrituras, de modo que possa caminhar com desenvoltura e familiaridade por elas e, assim, haurir da preciosidade que são os ensinamentos de Jesus presentes na literatura joanina. Por isso, o estudo deste livro não dispensa, mas exige, o uso do texto bíblico.

Organização didático-pedagógica

$\mathcal{E}$ sta seção tem a finalidade de apresentar os recursos de aprendizagem utilizados no decorrer da obra, de modo a evidenciar os aspectos didático-pedagógicos que nortearam o planejamento do material e como o aluno/leitor pode tirar o melhor proveito dos conteúdos para seu aprendizado.

Introdução

Logo na abertura do capítulo, você é informado a respeito dos conteúdos que nele serão abordados, bem como dos objetivos que o autor pretende alcançar.

como o local dos escritos joaninos, especialmente o Evangelho e as Cartas. A maioria dos estudiosos atuais concorda com isso.

Síntese

Os escritos joaninos são posteriores aos paulinos. Eles surgem no recrudescimento da perseguição, que começou em Jerusalém, pelas autoridades do tempo, como nos reporta Lucas, em Atos dos Apóstolos (At 12,1-5) e também como podemos observar pelos confrontos narrados, por exemplo, nos capítulos 8 e 9 do Evangelho de João.

Não restam dúvidas de que as reações à intervenção do domínio político romano na Palestina tiveram consequências para a fé judaica e para a fé cristã, mas também é certo que isso favoreceu a expansão e o aprofundamento do cristianismo. Obrigando a trabalhar mais profundamente sua identidade, retomou temas já conhecidos e tratou de um modo apropriado as novas condições das comunidades.

Quanto à relação ou influência de outras culturas, constatamos muitos elementos ligados aos costumes e movimentos do século I do cristianismo para relacionar com os escritos joaninos, bem como uma variedade de hipóteses. No entanto, o que permanece mais evidente são os indícios que podemos encontrar nos próprios escritos. O substrato judeu derivado do Antigo Testamento é o ponto mais confirmado, desde o qual João avança para confirmar a fé em Jesus como o verdadeiro Messias esperado. Isso está registrado como motivação para escrever o Evangelho (Jo 20,30-31) e retomado na motivação da Primeira Carta (1 Jo 2,1.12-14).

Os escritos joaninos, particularmente o Evangelho e as Cartas, nos fazem entrever uma comunidade de realidades diversificadas que busca a convergência no signo do amor de Jesus, por ele ensinado.

João escreve em época posterior aos outros evangelistas trasendo abordagens pertinentes ao seu tempo em um sentido de

Síntese

Você conta, nesta seção, com um recurso que o instigará a fazer uma reflexão sobre os conteúdos estudados, de modo a contribuir para que as conclusões a que você chegou sejam reafirmadas ou redefinidas.

aprofundamento de acordo com a sua escolha entre os muitos sinais de Jesus (Jo 20,30-31).

Na relação com os sinóticos, podemos evidenciar os interesses da temática joanina. Especialmente quando tratamos das ações de Jesus presentes em João e nos sinóticos. Os sinóticos chamam de milagre, o evangelista João chama de sinais e Jesus fala de obras, onde pode ser verificado, por exemplo, na multiplicação dos pães (Jo 6,1-15 relacionar com Mc 6,30-44; Mt 14,13-21 e Lc 9,10-17).

As cartas insistem na vivência testemunhal da comunidade dos discípulos e discípulas de Jesus. Essa vivência não precisa ser uniforme, mas precisa evidenciar a filiação divina fazendo prevalecer o amor de Jesus nas relações mútuas.

No que diz respeito ao Apocalipse, a questão de autoria e composição é ainda mais aberta e abrangente. Muito caminho se fez e ainda sinda deverá ser feito à espera de uma definição convergente entre os estudiosos do assunto.

Atividades de autoavaliação

1. Segundo Brown, a comunidade que deu origem aos escritos joaninos era constituída de:
   a) cristãos escondidos e samaritanos.
   b) cristãos vindos do judaísmo e de outros grupos.
   c) cristãos vindos do judaísmo, cristãos escondidos, cristãos vindos de outros grupos e samaritanos.
   d) samaritanos, gregos e cristãos vindos do judaísmo.

2. O que estava acontecendo no final do século I de nossa era, na região onde os escritos surgiram?
   a) Reação ao domínio político romano e expansão do cristianismo.
   b) Domínio grego e estruturação do cristianismo.

Atividades de autoavaliação

Com estas questões objetivas, você tem a oportunidade de verificar o grau de assimilação dos conceitos examinados, motivando-se a progredir em seus estudos e a se preparar para outras atividades avaliativas.

- Em João, os soldados foram guiados por judas e nos sinóticos não.
- Todos narram a prisão de Jesus durante a noite.

Atividades de aprendizagem

Questões para reflexão

- Assista ao filme *O Manto Sagrado* e observe o contexto histórico e cultural do acontecimento Jesus. Procure assisti-lo com mais alguém para comentar o que foi percebido.

  Esse filme conta a história de um tribuno romano que comandou a unidade encarregada da crucificação de Jesus, o que está referido em João (19,23-24).
  O MANTO sagrado. Direção: Henry Koster. EUA, 1953. 135 min.

- Confrontar os textos que narram a entrada de Jesus no Templo em Jerusalém, conforme Mateus (21,12-17), Marcos (11,15-19) e Lucas (19,45-48) com João (2,13-22). Observar as diferenças e semelhanças entre esses textos, especialmente entre os três primeiros e João. Pesquise as particularidades. Pode-se lançar mão do livro de Konings (2000).

Atividade a aprofundar o próprio...

- A partir da leitura deste capítulo, organize um fichário, tendo em vista as particularidades dos três blocos de escritos joaninos: Evangelho, Cartas e Apocalipse, relacionando-os e verificando sua importância para o nosso tempo.

⌐ Atividades de aprendizagem

Aqui você dispõe de questões cujo objetivo é levá-lo a analisar criticamente determinado assunto e aproximar conhecimentos teóricos e práticos.

Bibliografia comentada

TUÑI, J-O.; ALEGRE, X. *Escritos Joaninos e Cartas Católicas*. 2. ed. São Paulo: Ave Maria, 2007. (Coleção Introdução ao Estudo da Bíblia, v. 8)

[paragraphs of commentary on the reference work]

⌐ Bibliografia comentada

Nesta seção, você encontra comentários acerca de algumas obras de referência para o estudo dos temas examinados.

1
A tradição joanina

Este capítulo tem por objetivo oferecer uma visão do contexto histórico em que surgiram os escritos joaninos, de maneira que você possa perceber e considerar a distância temporal entre o evento e sua narrativa e buscar dimensões inspiradoras para a vida na atualidade. Trataremos, portanto, das perspectivas histórica, religiosa e cultural dos cinco escritos.

Abordaremos as características da comunidade na qual os textos se originaram, a questão da autoria de cada um deles, bem como a organização interna do Evangelho, das três cartas e do Apocalipse de João. Veremos a relação de João com as narrativas de Marcos, Mateus e Lucas, autores dos evangelhos conhecidos como *sinóticos*. A fim de facilitar a aproximação e tirar melhor proveito na abordagem dos escritos, adentraremos em alguns temas preferidos de João, tais como: vida, luz, água, nascer do alto, conhecimento de tudo etc.

A tradição joanina é o modo próprio de perceber o acontecimento Jesus e seus desdobramentos até o final do primeiro século cristão, trazidos pela literatura que compreende o Evangelho, três cartas e o Apocalipse, tradicionalmente atribuídos ao apóstolo João.

1.1 A comunidade joanina

Segundo Tuñí e Alegre (2007), o que se pode perceber da leitura do Evangelho segundo João é uma comunidade que cresce e aprofunda sua identidade, que vive ou viveu momentos de dura polêmica com a sinagoga e que está aberta a outros grupos, como os samaritanos, por exemplo.

1.1.1 Dimensão histórica

Chamamos de *tradição joanina* aquela que se consolidou nos escritos chamados de *joaninos*, compostos pelo Evangelho segundo João, as três cartas que trazem seu nome e o Livro do Apocalipse. Essa tradição se diz herdeira da memória e dos ensinamentos de João, filho de Zebedeu, apóstolo de Jesus Cristo e evangelista. Ela se firmou na sequência do aparecimento dos textos de Paulo de Tarso, que foi o primeiro a escrever sobre a influência do evento Jesus Cristo na vida de seus seguidores. A iniciativa de Paulo também favoreceu a divulgação do assunto para outras culturas, especialmente a grega e a romana.

Os escritos joaninos, portanto, são posteriores aos paulinos e surgiram no recrudescimento da perseguição movida contra os cristãos em Jerusalém pelas autoridades do templo, como reporta Lucas no Livro dos Atos dos Apóstolos (12,1-5). O texto diz que Herodes Antipas mandou assassinar o apóstolo Tiago, irmão de João, por ocasião da Páscoa do ano de 43 e em seguida voltou-se para Pedro sem, no entanto, conseguir o intento.

Nero, imperador romano de 54 a 68, também se indispôs com os cristãos em Roma (Reicke, 1996), período em que foram martirizados os apóstolos Pedro e Paulo. Nessa época, apareceu o Evangelho segundo Marcos. Também em Jerusalém, crescia, entre os judeus, a insatisfação com o domínio romano. A rebelião, combatida pelo exército de Roma, acabou por destruir o símbolo da identidade nacional, o Templo de Jerusalém, no ano 70 da nossa era. Já no início da rebelião, em 63, os cristãos – e muitos judeus piedosos – deixaram Jerusalém, retirando-se para lugares mais desérticos, considerados mais seguros e menos sujeitos à invasão de costumes pagãos.

Sem o Templo, os judeus piedosos se reuniram em torno da Torá e o foco recaiu sobre as Sagradas Escrituras. No entanto, os cristãos também usavam as Sagradas Escrituras, especialmente para mostrar a realização da profecia, que é a chegada do Messias – para eles, Jesus de Nazaré. Para distinguir bem as competências dos cristãos diante do judaísmo, surge o Evangelho segundo Mateus e, logo em seguida, vem o de Lucas, mais voltado ao mundo grego e, por fim, pela necessidade de aprofundamento sobre o alcance da novidade cristã, aparecem os escritos joaninos, consolidados no final do primeiro século da nossa era.

Estamos falando de um tempo em que o mundo dos judeus era dominado politicamente pelo Império Romano e culturalmente pela filosofia grega. Os romanos tomaram a Palestina e mantiveram o controle por meio de uma aliança com os herodianos e com seus procuradores estabelecidos na região, exigindo do povo submisso uma pesada carga tributária. Segundo Reicke (1996), com a queda de Jerusalém, em 70 d.C., Israel perdeu o caráter de nação-templo e o judaísmo, de terra-mãe – adquirindo, assim, a mesma posição que tinha na diáspora.

Com exceção de algumas famílias que tinham cidadania romana, todos os judeus se tornaram peregrinos, isto é, sem pátria, no Império Romano. Perderam, assim, o direito de cidadania local. Os cristãos já haviam sido expatriados, pois seu culto principal, que é a Eucaristia, foi, desde o início, celebrado em casas particulares (At 2,46) e, com a expulsão das sinagogas (Jo 9,22.34), eles centraram a prática religiosa na convivência fraterna e no testemunho pessoal (Jo 4,21-24).

Nos escritos de João, o conflito entre os seguidores de Cristo e o mundo judaico da sinagoga é frequente. Podemos constatar isso na menção da expulsão da sinagoga dos que aderiram à palavra de Jesus. Algumas outras indicações estão no texto, como o receio que os pais do cego curado têm dessa ameaça, a ponto de não se posicionarem em favor do filho (cf. Jo 9,22), e o medo de pessoas influentes da sociedade de se declarar discípulas de Jesus (cf. Jo 12,42). Esse temor parece também ser o caso de Nicodemos (cf. Jo 3,1-3). Há ainda o anúncio do próprio Jesus, segundo João, colocando em alerta seus discípulos (cf. Jo 16,1-2).

Outros indícios são bem notados quando Jesus se refere à lei judaica como "vossa" em confronto com eles (cf. Jo 8,17; 10,34), ou "sua lei", quando fala com os discípulos a respeito deles (cf. Jo 15,25). Também quando menciona a "Páscoa dos judeus" até o capítulo 12 (cf. Jo 2,13; 6,4; 11,55) e somente "Páscoa", a partir do capítulo

13 (cf. Jo 13,1), que, segundo João, acontece antes da Páscoa dos judeus, pois Jesus foi sepultado no dia da preparação (cf. Jo 19,31.42). Outra ajuda nesse sentido vem da leitura de acontecimentos marcantes do Antigo Testamento, em chave cristológica, tais como o sacrifício de Isaac (Jo 3,16 cf. Gn 22,1-19), a escada de Jacó (Jo 1,51 cf. Gn 28,10-12), a serpente no deserto (Jo 3,14 cf. Nm 21,4-9), o dom do maná (Jo 6,31-33 cf. Ex 16,1-18) e, em relação à obediência a Moisés, o grande líder (Jo 5,45-47 cf. Dt 18,14-22).

João não se entusiasma pelo messianismo político judaico (Jo 6,14-15). O título "rei dos judeus" (Jo 19,19-22) é tratado com ironia. Embora seja objetivo do autor mostrar que Jesus é o Messias (Jo 20,31), fica evidente, no desenvolvimento do tema, que Cristo nada tem a ver com as características do messias político esperado pelas autoridades judaicas. Também pelo modo que descreve o julgamento de Jesus diante de Pilatos (Jo 18,28-19,22), percebe-se que o evangelista não demonstra simpatia pelo Império Romano.

João espiritual

Conforme Konings (2000), foi Clemente de Alexandria (150-215), um filósofo grego convertido ao cristianismo, tornado grande teólogo e apologista, quem chamou o quarto evangelho (de João) de *espiritual*, em confronto com os outros três, os quais denominou de *corporais*. Com o passar do tempo isso levou os estudiosos, especialmente os da escola alemã, como R. K. Bultmann (1884-1976), G. Bornkamm (1905-1990) e H. Conzelmann (1915-1989), a considerar que o escrito não tinha base factual, isto é, não era historicamente confiável, por conta de sua grande diferença com as narrativas dos outros três. Dizia-se, então, ser um evangelho com puro interesse teológico e espiritual. Embora não deixe de ser profundamente espiritual, conforme Brown (1979), as pesquisas arqueológicas têm mostrado que todos os lugares referidos por João em sua narrativa foram confirmados pela arqueologia moderna: a piscina de Betezda com cinco pórticos (Jo 5,1-2); a piscina de Siloé (Jo 8,7); o lugar do tesouro do Templo (Jo 8,20); o pórtico de Salomão do átrio do Templo (Jo 10,23); o litóstrato, chamado gábata (Jo 19,13); o Gólgota (Jo 19,17); Betânia, além do Jordão, local da atividade de João Batista (Jo 1,28); Caná da Galileia, lugar da festa de bodas onde Jesus realizou o primeiro sinal (Jo 2,1-11) e também o segundo (Jo 4,46-54); o poço de Sicar, onde se narra o encontro de Jesus com a samaritana (Jo 4,4).

Confirmados também foram os dados cronológicos e as indicações relativas às instituições judaicas, como as festas da Páscoa (Jo 2,13; 6,4; 11,55), das Tendas (Jo 7,2.14) e da Dedicação (Jo 10,22). Elas são correspondentes ao primeiro século da nossa era e, portanto, do tempo do Jesus histórico. A narrativa da prisão de Cristo, no horto, além da torrente do Cedron, pelos soldados romanos guiados por um comandante (Jo 18,1-12), também está mais próxima da realidade histórica do tempo do que a narrativa dos outros três evangelistas. São factuais também as narrativas da morte de Jesus antes da ceia pascal dos judeus (Jo 18,28), a reunião noturna com Anás (Jo 18,13-14), os soldados que repartem as vestes de Jesus (Jo 19,23-24), transpassam-lhe o lado com a lança (Jo 19,34) e quebram as pernas dos ladrões crucificados (Jo 19,32).

É bom lembrar que com a guerra contra os romanos nos anos de 66 a 72, muita coisa foi destruída e desapareceu. Contudo, a narrativa de João é fiel à situação anterior. O autor se apresenta como testemunha (Jo 19,35; 21,24). Para ele, interessam os fatos que evidenciam o significado, na revelação da boa notícia de Jesus.

1.1.2 Dimensões religiosa e cultural

A discussão sobre a influência cultural na dimensão religiosa dos escritos de João, especialmente do evangelho e das cartas, foi bastante acentuada em meados do século XX. É importante saber qual o suporte cultural da expressão religiosa nos escritos joaninos. A tese de que o autor tivesse sido influenciado pelo movimento gnóstico grego ou judaico surgiu por conta do modo como ele tratava as coisas, falando da dimensão daqui de baixo e lá do alto, encontrada, por exemplo, em João 3,1-15, denominada *dualismo*.

No entanto, estudos aprofundados, segundo Brown (1979), não confirmaram essa tese. Em seu comentário, Brown defende a influência do Antigo Testamento, dando como prova o fato de que a metade das citações explícitas feitas por João em seu texto vem dos profetas Isaías e Zacarias. A influência grega, assim, não passa de um vocabulário para expressar a revelação bíblica.

O gnosticismo é um movimento que se baseia na **gnose**, que significa "conhecimento". Esse movimento lança mão de elementos cristãos e defende a salvação pelo conhecimento. Essa tese é confrontada por João no final de sua narrativa quando diz: "Esses [sinais] foram escritos para crerdes que Jesus é o Cristo, o Filho de Deus, e para que, crendo, tenhais vida em seu nome" (Jo 20,31). Está explícito aí que não se trata de um conhecimento, mas de uma adesão à fé. No pensamento gnóstico, é essencial a ideia de que o homem faz parte da divindade (cf. Asurmendi; Garcia Martinez, citados por Echegaray, 2000).

Influência gnóstica ou judaica?

Conforme Brown (1979), a teoria da influência gnóstica divulgada pela escola da história das religiões – que contava com membros como W. Bousset (1861-1920) e R. Reitzenstein (1861-1931) –, muito propalada no início do século XX, sustentada por importantes estudiosos do período, como R. Bultmann, não prevalece. Afinal, esse movimento, como o conhecemos hoje, só chegou a se firmar no segundo século da nossa era quando o Evangelho segundo João já estava estabelecido.

Estudos mais recentes mostraram que João teve bem mais influência do judaísmo e do Antigo Testamento, especialmente da segunda parte (capítulos 40-55) do Livro de Isaías. Os profetas eram bem considerados, especialmente entre os escribas do partido fariseu. A sinagoga, que significa "reunião", era o lugar particular dos estudos das Sagradas Escrituras e da oração entre eles, na expectativa da realização do que anunciaram os profetas. Jesus, segundo João, mostra a realização da profecia, que os escribas não conseguem perceber.

> Em síntese, portanto, nós pensamos que, a respeito do pensamento teológico joanino, tenha acontecido a influência de uma peculiar combinação de diversos tipos de pensamentos em vigência na Palestina durante a vida de Jesus e depois de sua morte. Os pregadores cristãos interpretaram Jesus, o Cristo, com base no Antigo Testamento, e a pregação que estava na base do Quarto Evangelho não foi diferente. (Brown, 1979, p. LXXIII, tradução nossa)

Para os escribas e os fariseus, *Sabedoria* é o conhecimento revelado. Deus mesmo oferece à humanidade um tanto daquilo que Ele é. Por isso, *Sabedoria* é escrita com letra maiúscula. Os livros de Provérbios (capítulos primeiro e oitavo) e Sabedoria (capítulos primeiro, sétimo e nono) apresentam a Sabedoria como uma pessoa, uma expressão de Deus. Nesse caso, o conhecimento pela Sabedoria é oferecido pelo Senhor como um dom que a pessoa acolhe e, por meio dele, penetra na ciência divina. Esse parece ser o substrato cultural e religioso mais apropriado para entender a literatura joanina. "Disse, então, Jesus aos judeus que nele haviam crido: 'Se permanecerdes na minha palavra, sereis verdadeiramente meus discípulos e conhecereis a verdade, e a verdade vos libertará'" (Jo 8,31).

A sinagoga, reunida em torno da Palavra, nasceu com o exílio das lideranças de Jerusalém para a Babilônia, nos anos de 597 a 537 antes de Cristo (cf. 2Rs, 24-25). Exilados, os líderes perderam o Templo e a terra, ficaram só com a Torá, isto é, a Lei de Deus, revelada e cultivada por meio da Palavra das Escrituras. Essa prática, de reunir a comunidade em torno da Palavra, tomou mais fôlego depois da destruição do Templo de Jerusalém pelos romanos, já que não havia mais lugar para o sacrifício.

Por um lado, Jesus mesmo, embora frequentasse o Templo, nas principais festas – conforme João, a festa da Páscoa (Jo 2,13-22), provavelmente de Pentecostes (Jo 5,1), das Tendas (Jo 7,1-14) e da Dedicação (Jo 10,22) –, exerceu magistério nas sinagogas (Jo 6,59; 18,20), especialmente segundo os evangelistas sinóticos, que falam sobre a frequente presença dele[1]. Os apóstolos, que eram galileus, também surgiram do judaísmo sinagogal. Por outro lado, e aí está a novidade, Jesus entrou em conflito exatamente com os sistemas do Templo (Jo 2,13-25; 10,22-33) e da sinagoga (Jo 6,60-62).

O dualismo encontrado nos escritos de João (morte/vida, trevas/luz, mentira/verdade, alto/baixo etc.), especialmente no Evangelho, pode muito bem ser encontrado na apocalíptica judaica. Os pregadores cristãos interpretaram Jesus tendo como pano de fundo o Antigo Testamento e o autor do quarto evangelho também seguiu esse caminho, fazendo, porém, bem menos citações do que Mateus[2] e narrando mais as ações de Jesus. Isso já é suficiente para mostrar que o dualismo em João não vem da gnose, como se pretendeu explicar no século passado.

Segundo Konings (2000, p. 48), "Os pressupostos culturais em João são: familiaridade com os grandes temas da Escritura (raízes judaicas!)

---

1 Mt 4,23; 9,35; 12,9-10; 13,54; Mc 1.21; 3,1; 6,2; Lc 4,16-24; 6,6; 13,10.

2 O evangelista Mateus cita 43 vezes o Antigo Testamento e ainda faz referência a 89 passagens dele.

e sensibilidade pelos grandes símbolos da humanidade (os arquétipos: luz e trevas, verdade e mentira, vida e morte...)". O mundo que recusa (Jo 1,11-12), no Evangelho de João, é o modo como os grupos se organizavam fechados em si mesmos como donos da verdade.

1.1.3 Constituição da comunidade onde surgiram os escritos

Segundo Brown (1984), estudioso de São João, a comunidade onde o evangelho foi escrito vivia uma situação muito complexa. Ela era constantemente provocada por grupos que não acreditavam em Jesus ou que acreditavam nele pela metade, a seu modo. Brown (1984, p. 65, p. 74) diz que eram dois grupos: os que não tinham pretensão de crer em Jesus e os que diziam acreditar nele.

O grupo dos de fora

Esse grupo é o dos que não acreditavam em Jesus. Entre eles, destacam-se: "os do mundo", "os judeus" e "os discípulos de João Batista". Esses últimos fizeram questão de enfrentar Jesus e deixar claro que não tinham nenhuma ligação com ele. Veremos a seguir cada um desses grupos.

Os do mundo

Amavam mais as trevas do que a luz, porque suas obras eram más[3].

Segundo Konings (2000), o mundo em João tem várias nuances: pode ser o cosmos, isto é, a criação como um todo; pode ser a humanidade em conjunto; mas, na maioria das vezes, o *mundo* significa a parcela da humanidade que resiste à oferta da salvação de Deus e

---

3 Isso pode ser conferido em: Jo 1,5.10; 3,19; 8,12.23; 12,35.46; 7,7; 14,17.27.30.31; 15,18-19; 16,33;17,14.

rejeitava Jesus, seu enviado. Nesse último sentido estão os três sistemas: (1) do império romano, (2) das autoridades judaicas e (3) da cultura grega. Tais sistemas tinham uma opção contrária à da comunidade joanina: eles podiam ser os anti-Cristos referidos na 1ª Carta de João (cf. 1Jo 2,18-19). Havia membros desse grupo também dentro da comunidade cristã, mas, com o tempo, tiveram de definir sua opção ou pelo mundo ou por Cristo

Os judeus

No Evangelho segundo João, Jesus é atacado pelos judeus, que querem apedrejá-lo (Jo 10,31) em razão de uma blasfêmia que ele havia proferido: "porque, sendo apenas um homem, tu te fazes Deus" (Jo 10,33). Então, Jesus retoma o Antigo Testamento, o mesmo em que os judeus se fundamentam, e mostra que nada há de errado: "Não está escrito em vossa Lei: *Eu disse: sois deuses?*".

Conforme João 10,34, citando o Salmo 82,6, essa atitude polêmica pode ser comprovada pela ocorrência da expressão *os judeus* no Evangelho de João. Ela ocorre mais de 70 vezes[4] – em cada evangelho sinótico, ela aparece somente cinco vezes. A expressão, às vezes, refere-se simplesmente aos habitantes da Judeia, como no capítulo 11, mas, na maior parte dos casos, está tratando das autoridades religiosas de Jerusalém, que são hostis a Jesus e ficam irritadas com suas obras.

É importante ter presente que João não era um antissemita, ele não condenou uma etnia, mas somente os que faziam oposição a Jesus. Nesse sentido, o confronto com os judeus procura abri-los para a realidade dinâmica da vida em Deus, pois a visão fechada da Lei impede a obediência à verdadeira profecia. É bem provável que esse confronto tenha se estendido além das fronteiras da Judeia.

---

4 Para quem se interessar, basta conferir: Jo 1,19; 2,6.13.18.20; 3,1.22; 4,9.22; 5,1.10.15.16.18; 6,4.41.52; 7,1.2.11.13.15.35; 8,22.48.52.57; 9,18.22; 10,19.24.31.33; 11,8.19.31.33.36.36.45.54.55; 12,9.11; 19,33; 18,12.14.20.31.33.35.36.38.39; 19,3.7.12.14.19.20.21.31.38.40.42; 20,12.

A expressão *os judeus* aparece, quase sempre, para indicar os opositores de Jesus, que seguiam o Antigo Testamento, esperavam o Messias, viviam nas sinagogas, praticavam a lei, mas não reconheceram Jesus como o Messias. Além disso, decidiram expulsar das sinagogas todos aqueles que identificaram a pessoa de Jesus como o Messias prometido por Deus. No Evangelho Segundo João, Jesus está sempre em conflito com esse grupo. Para confirmar isso, basta observar a cura do paralítico (Jo 5,1-47) e do cego de nascença (Jo 9,1-41). O confronto com os judeus obrigou a comunidade joanina a definir, clarear e aprofundar sua fé.

Os discípulos de João Batista

Mesmo que João Batista, segundo os Evangelhos Sinóticos, tenha se declarado precursor de Jesus, isto é, ele deixou claro que sua missão era preparar o povo para seguir Cristo (Mt 3,1-12; Mc 1,1-8; Lc 3,1-20; Jo 1,19-28), somente alguns de seus discípulos levaram a sério essa indicação (Jo 1,35-42). A maioria preferiu ficar com o Batista e chegou a criar sérios conflitos com Jesus e com seus seguidores (cf. Jo 3,22-30). Lucas dá notícias da atividade missionária dos batistas em Éfeso bem depois da morte de Jesus (At 19,1-7). Para esse grupo, o Messias era João Batista, e não Jesus, porque este não se enquadrava nas expectativas dos batistas.

O grupo dos de dentro

Eram assim chamados os que faziam parte da comunidade. Porém, havia entre eles muitas tendências, porque a maioria não entendia a profundidade da proposta de Jesus. Cada grupo queria viver o Evangelho a seu modo. Vejamos as tendências mais acentuadas.

Cristãos escondidos

Também conhecidos como *cripto-cristãos*. A figura mais expressiva em João é Nicodemos (Jo 3,1-15). Ele tinha uma posição importante no judaísmo e admirava Jesus, no qual via importantes elementos religiosos. Em uma passagem, Nicodemos procura Jesus durante a noite, em um encontro secreto, escondido para manter sua imagem entre os concidadãos. Aqui, podemos incluir também os pais do cego de nascença (Jo 9,18-22) bem como José de Arimateia, aquele que se ocupou do sepultamento de Jesus (Jo 19,38-42).

Cristãos vindos do judaísmo

Eram os primeiros destinatários do Evangelho. Jesus, Maria e José eram judeus, e os apóstolos, também. Segundo a narrativa, muitos seguiram Jesus, mas boa parte não perseverou. O modo novo de tratar com a palavra de Deus assustou uma parcela significativa. Também o interesse dos que seguiam Cristo não estava sendo contemplado. Isso pode ser visto em João 6,14-15.25-30.36.60-66. Contudo, houve judeus que acreditaram (Jo 1,45; 8,31), aceitaram Jesus como enviado de Deus, mas não como Deus, nem como Filho dele. Eles conseguiram aceitar só aquilo que não entrava em conflito com suas expectativas.

Cristãos vindos de outros grupos

Conforme Brown (1984), a comunidade joanina tinha expressões específicas não presentes naquelas fundadas por outros apóstolos. Brown usa a relação de Pedro com o **discípulo amado** presente no Evangelho segundo João para explicitar isso, nas narrativas da ceia (Jo 13,23-26), da crucifixão (Jo 19,26-27), da ida ao túmulo (Jo 20,2-10), e do encontro com o ressuscitado no mar da Galileia (Jo 21,7) – o discípulo amado chega primeiro e entende o sinal, mas respeita Pedro (que chega depois), do qual procura observar a primazia.

Os samaritanos

Segundo Mateus 10,5, Jesus vetou aos enviados o apostolado entre os samaritanos, pois a preferência eram os perdidos da Casa de Israel. Marcos simplesmente não fala deles. Lucas faz saber, em no Livro dos Atos dos Apóstolos 8,48.14-25, que os samaritanos foram evangelizados pelo diácono Filipe. Em seu evangelho, Lucas mostra Jesus simpático aos samaritanos, tanto que os representa com atitudes exemplares (Lc 10,29-37; 17,16-18). Contudo, é justamente em João 4,1-42 que encontramos a evangelização e a inclusão dos samaritanos, feitas pelo próprio Jesus. Uma dificuldade em relação aos demais grupos se apresenta pelo anúncio da superação do Templo (Jo 4,20-24).

Unidade

A relação de Jesus com o Pai é o ponto de convergência de todas as tendências (Jo 10,30). Então, Jesus ora ao Pai pedindo a mesma comunhão (Jo 17,21) – unidade que é possível porque Jesus vive em cada membro da Igreja (Jo 15,7.10), mas precisa expandir-se em busca de todos (Jo 11,52) para formar um só povo, de modo que haja um só rebanho e um só pastor (Jo 10,16).

Segundo Casalegno (2009), pode-se dizer que a igreja joanina era uma comunidade posta à prova, sensível aos problemas do mundo, que precisava afirmar a própria identidade, animada pelo Espírito Santo. O mundo judaico a hostilizava fortemente, pois achava que cristãos que dela faziam parte pareciam trair a herança dos pais. O motivo desse desencontro é cristológico – esta é a pergunta básica: Jesus era verdadeiramente o Messias que cumpriria as antigas promessas iniciadas com Abraão ou era um impostor?

Basta ler os textos joaninos (Jo 5,18-25.41-47; 7,1-8,59; 10,31-39) para entender o juízo severo do redator do evangelho, em João 12,37-43, que mostra uma quebra entre a igreja joanina e o mundo judaico. Esse desafio, porém, não levou a igreja a se fechar, pois ela vivia no mundo e tinha responsabilidade para com ele. A comunidade acreditava que Jesus era o Messias e a luz do mundo (cf. Jo 1,9; 8,12; 9,5; 12,46).

Mesmo em conflito com o judaísmo, a comunidade sentia-se profundamente enraizada no Antigo Testamento e estava convicta de que as sagradas Escrituras tinham um valor permanente (Jo 10,35), que elas falavam de Jesus como Messias (Jo 5,39) e que, em Jesus, elas se cumpriam (cf. Jo 13,18; 17,12; 19,24.28.36.37). A comunidade sabia que a fé vinha dos judeus (Jo 4,22) e que as festas deles tinham seu valor, embora tivessem sido desfocadas de seus objetivos.

Essa comunidade se dizia orientada pelo Espírito Santo, que lhe oferecia discernimento na tarefa de dar testemunho ao mundo (Jo 14,25-26; 15,26-27; 16,7.12) e a conduzia à plenitude da verdade (Jo 16,13).

A comunidade joanina era bem diversificada, composta de cristãos provindos de pelo menos seis grupos diferentes: (1) discípulos de João Batista que se converteram (Jo 1,35-51); (2) judeu-cristãos da diáspora (Jo 2,13-22); (3) mestres convertidos do judaísmo, como Nicodemos (Jo 3,1-10) e José de Arimateia (Jo 19,38); (4) samaritanos, conforme apresenta o capítulo 4 (Jo 4,1-42); (5) galileus (Jo 4,43-54); e (6) pessoas oriundas do mundo pagão (Jo 12,20-23).

Se, para aquela época, isso, por si só, representou um grande desafio para a comunhão, imaginemos, então, o que seria hoje. No entanto, é exatamente nesse cenário que se encontra a prova de que o espírito de Deus estava agindo. A comunidade respondeu, a seu modo, e deixou um luminoso testemunho. Hoje, é a nossa vez. Quanto mais diferenças, mais riquezas, com as quais, se colocadas em comum, nada faltará. Quanto maior a diversidade, maior a necessidade de se afirmar o que é próprio, mas isso só se consegue no contato, na abertura e na acolhida das outras realidades.

1.2 Autor, local, data e razão dos escritos

1.2.1 João, quem é ele?

Lendo o quarto evangelho, percebemos que o autor é uma pessoa de dentro da comunidade porque escreve na primeira pessoa do plural: "E o Verbo se fez carne, e habitou entre nós; e nós vimos a sua glória" (Jo 1,14); "Em verdade, em verdade, te digo: falamos do que sabemos e damos testemunho do que vimos" (Jo 3,11); "Este é o discípulo que dá testemunho dessas coisas e foi quem as escreveu: e sabemos que seu testemunho é verdadeiro" (Jo 21,24); "O que era desde o princípio, o que ouvimos, o que vimos com nossos olhos, o que contemplamos, e o que nossas mãos apalparam do Verbo da vida [...] damos testemunho" (1 Jo 1,1-2).

O texto do evangelho fala de um tal discípulo que Jesus amava, que estava presente na ceia da despedida (cf. Jo 13,23) e ao pé da cruz (cf. Jo 19,26), que correu para o túmulo junto com Simão Pedro na madrugada da ressurreição (Jo 20,2) e que reconheceu Jesus ressuscitado à beira do mar da Galileia (cf. Jo 21,7). Contudo, em momento algum o escrito diz que o discípulo amado é João. Há quem relacione João 20,2, em que se diz que Maria Madalena "Corre então e vai a Simão Pedro e ao outro discípulo, que Jesus amava". Sabendo que um dos dois discípulos de João Batista que seguiram João chamava-se

André, irmão de Simão Pedro (cf. Jo 1,35.41), supõe-se que o outro era João, identificado como o discípulo amado.

A tradição diz que ele é o apóstolo João, irmão de Tiago, filho de Zebedeu. Konings (2000, p. 33), perguntando-se se o discípulo amado é uma figura real, diz que

> Pensamos que todo o verdadeiro fiel se projeta nesta figura, que deve ser entendida como figura *corporativa*, representando a comunidade fiel. Mas isso não exclui que por trás desta figura esteja o evangelista fiel, que conduziu a comunidade no caminho da fé. O Discípulo Amado pode ser *histórico* e *simbólico* ao mesmo tempo.

O apóstolo João pode estar na base desse conceito, mas **discípulo amado** é, na verdade, todo aquele que segue Jesus com fidelidade, de todo o coração. É o que entende e assume a mesma missão de Cristo. O evangelho só fala do discípulo amado a partir do capítulo 13, quando começa a "hora" de Jesus, que é da entrega da vida por amor ao Pai, e também porque, nesse momento, os discípulos já tinham um razoável tempo de convivência com Jesus – segundo a tradição, cerca de três anos.

O apóstolo João era provavelmente o mais novo do grupo dos doze. Conforme a narrativa (Jo 1, 35-39), ele teria sido antes seguidor de João Batista, junto com André, irmão de Pedro, e depois passou a fazer parte do grupo dos três mais íntimos de Jesus (cf. Mt 17,1; Mc 9,2; 13,3; 14,33; Lc 8,51, 9,28). Na narrativa de João, ele aparece bastante afetivo (cf. Jo 13,21-26). No entanto, segundo Marcos e Lucas, nem sempre foi assim. João proibiu um homem de agir em nome de Jesus simplesmente porque não era do seu grupo (cf. Mc 9,38 e Lc 9,49), talvez por seu grande amor a Cristo. Nesse caso, mesmo sendo por amor, João estava atrapalhando a missão (cf. Mc 9,39-40). O discípulo se mostrou enérgico na missão (cf. Lc 9,51-55). Prova disso é o apelido que Jesus deu a ele e a Tiago: *Boanerges*, que significa "filhos do trovão" (Mc 3,17).

O zelo e o cuidado de João atrapalharam a missão de Jesus, mas, com paciência, Cristo mostrou-lhe que não veio fazer um "clubinho" de fanáticos. A missão, na qual também João estava inserido, era constituir uma grande comunidade de irmãos com um único Pai, que é Deus. Com o tempo, o discípulo entendeu que o amor é a medida de todas as coisas e acompanhou Jesus até o pé da cruz (cf. Jo 19,25-27).

Os evangelistas Marcos (cf.10,35-40) e Mateus (cf.20,20-23) dão notícias de que os irmãos João e Tiago queriam garantir destaque no Céu. Por isso, pediram a Jesus um lugar de evidência no seu Reino: um desejava sentar-se à direita, e outro, à esquerda do trono de Jesus. João queria protagonizar a história e herdar o definitivo, mas Jesus mostrou que aquilo que ele estava anunciando era diferente do mundo e dos governos que os homens haviam organizado (cf. Mc 10,41-45).

1.2.2 Onde e quando João escreveu o evangelho?

Segundo Tuñí e Alegre (2007, p. 135), o Evangelho segundo João é o que apresenta testemunho escrito mais antigo. Trata-se do **Papiro P52**, no qual consta, na frente, o texto de João 18,31-33, e, no verso, de João 18,37-38. Sua escrita é situada entre os anos 100 e 150. Esse papiro é cópia de um texto ainda mais antigo que se encontra hoje na Biblioteca de Rylands, na cidade de Manchester, no Reino Unido.

Outro papiro importante é o **Egretom II**, datado entre os anos 150 e 200, descoberto no Egito, em 1934, que cita uma tradição de João 5,39.45; 9,29, que trata do confronto com os judeus. Esse papiro está hoje no British Museum, em Londres. Outros documentos são os papiros **Bodmer II e IV**, do final do século II e início do século III, que fazem parte de um conjunto de 22 papiros – os dois se encontram na

Biblioteca Vaticana e os demais, em Cologny, na Suíça. Esses documentos trazem importantes partes do quarto evangelho.

Conforme Konings (2000, p. 31), a tradição mais antiga traz o testemunho de Irineu, bispo de Lion, no ano 180: "João, o discípulo do Senhor, aquele que se reclinou sobre o peito, também ele editou o evangelho, enquanto residia em Éfeso da Ásia".

Considerando-se esses, entre outros testemunhos, a data de elaboração do evangelho deve situar-se por volta do ano 100 da nossa era. Éfeso era, naquele tempo, um importante centro cultural com a presença de várias filosofias e mentalidades e capital da região conhecida como *Ásia Menor*. Segundo Reicke (1996), no final do século I, encontravam-se presentes na região cerca de 80 mil cristãos. Além disso, em Éfeso estava a igreja mais numerosa da região, aquela que tinha o cajado (cf. Ap 2,1-7).

Outros lugares foram propostos como berço do evangelho, como as cidades de Antioquia, na Síria, onde havia uma florescente comunidade cristã (At 11,19-30), ou Nag Hammadi, no sul do Egito, onde foram encontrados muitos escritos gnósticos que se referem abundantemente ao Evangelho segundo João. Alguns ainda discutem o silêncio de São Policarpo, bispo de Esmirna, que, segundo Santo Irineu, tinha conhecimento do apóstolo João. Entretanto, o peso da tradição da igreja é consistente em relação a Éfeso como o local originário do quarto evangelho.

Fica, portanto, estabelecida a cidade de Éfeso, na atual Turquia, como o local do escrito, e os anos de 90 a 100, como sua data.

1.2.3 Por que e para quem ele escreveu?

Em João 20,30-31, está escrito que "Jesus fez ainda, diante de seus discípulos, muitos outros sinais, que não se acham escritos neste livro.

Esses, porém, foram escritos para crerdes que Jesus é o Cristo [Messias], o Filho de Deus, e para que, crendo, tenhais vida em seu nome". Isso mostra que o evangelho foi escrito para despertar, esclarecer, iluminar e consolidar a fé na pessoa de Jesus chamado *o Cristo* e, assim, promover a vida, a verdadeira vida, em seus leitores. Por isso, o evangelista João insiste numa relação pessoal como discípulo com Jesus.

É muito importante para nós perceber, no próprio escrito, a intenção do autor. Vejamos cada parte do texto. Inicialmente, João trata as obras de Jesus como sinais. Isso é próprio dele – nos outros evangelistas, as obras de Jesus são vistas como milagres. Qual é o propósito do sinal? Sinalizar, é claro. Contudo, o objetivo está no contexto para onde o sinal aponta. Assim, para João, as obras de Jesus são sinalizações de algo que está mais adiante. O autor mesmo diz o que elas sinalizam: duas metas. A primeira é "para crerdes que Jesus é o Cristo, o Filho de Deus (Jo 20,30)". A segunda é "para que, crendo, tenhais vida em seu nome (Jo 20,30)".

O Messias esperado pelos judeus é o mesmo *Cristo*, em grego, e *Ungido*, em português. No Antigo Testamento, ele é celebrado no cântico de Ana (1 Sm 2,10) e anunciado ao sacerdote Eli (1 Sm 2,35). Samuel unge e proclama Saul o Messias de Israel (1 Sm 12,3.5); depois, unge Davi por ordem de Iahweh e o proclama Messias (1 Sm 16,12-13; 2 Sm 12,7). O Salmo 2 apresenta o drama da rejeição de Iahweh e seu Messias.

A existência de um messias, porém, não é privilégio de Israel: há outros fora dele. O Senhor ordena a Elias ungir (tornar messias) Azael, rei da Síria (1Rs 19,15); Ciro, rei da Pérsia, é proclamado messias pelo profeta Isaías 45,1; ungidos, messias, são também os sacerdotes (Ex 40,13; Nm 3,3); o Senhor ordena a Elias ungir Eliseu, profeta (1 Rs 19,16); Isaías fala do ungido (messias) pelo Espírito de Deus

(Is 61,1); Lucas diz que a profecia de Isaías Jesus aplica a si mesmo (Lc 4,18-19).

Conforme Konings (2000), o termo *messias* ganhou um sentido amplo ao longo da história da salvação e passou designar, então, cada pessoa que exerce a missão divina de salvar um povo e trazer a paz. Nos evangelhos, os títulos de *Messias* e de *Filho de Deus* sempre estão muito próximos, como é o caso do texto do evangelista João. Seguindo, portanto, as narrativas das obras de Jesus, escolhidas por João, a pessoa adquire condições de crer que ele é o Messias, Filho de Deus.

No entanto, isso não é suficiente. A fé precisa suscitar vida – trata-se de vida em abundância (Jo 10,10), vida plena, vida eterna. A obra de Jesus nos leva a crer e, crendo, a morte não terá mais poder algum sobre nós, pois viveremos para sempre.

Essa linha de pensamento se encontra também na Primeira Epístola de João, na qual ele diz: "Meus filhinhos, isto vos escrevo para que não pequeis, mas se alguém pecar, temos como advogado, junto do Pai, Jesus Cristo, o Justo" (1Jo 2,1). Fica claro, portanto, que João não pretendia fazer uma descrição orgânica da vida de Jesus como parece ser o interesse de Lucas (1,1-4). João escreveu apenas alguns eventos, por ele escolhidos, e fez uma seleção do material disponível existente (cf. Jo 21,25), com o objetivo preciso de oferecer uma preciosa ajuda à comunidade, a cada membro dela, no caminho da fé.

O foco de João não é, portanto, a evangelização, mas o testemunho da própria fé; melhor dizendo, o aprofundamento e o fortalecimento do cristão para viver o verdadeiro sentido da fé em Jesus Cristo, Filho de Deus. Assim como João mesmo faz (cf. Jo 21,24). Nesse sentido, é muito iluminadora a narrativa do bom pastor (Jo 10,1-16).

Na segunda conclusão dessa história, o autor diz: "Há, porém, muitas outras coisas que Jesus fez e que, se fossem escritas uma por uma, creio que o mundo não poderia conter os livros que se escreveriam"

(Jo 21,25). Exageros à parte, isso confirma que o autor fez escolhas em sua narrativa, as quais apresentam sua intenção em aprofundar o conhecimento de Jesus como o ungido de Deus, por meio do qual o discípulo pode viver no Pai.

Ainda segundo Konings (2000), a genialidade do quarto evangelho consiste em não falar de Deus em termos teológicos abstratos, conceituais. Para João, Jesus é Deus, que entra na história e faz história com a humanidade. Esse é o sentido da expressão colocada na introdução do Evangelho. "E o Verbo se fez carne, e habitou entre nós" (Jo 1,14). Tocar o Infinito por dentro é o que João nos proporciona ao retratar Jesus, assim tão presente. É comparável ao contato que o feto, no útero, tem com a mãe. "Ninguém jamais viu a Deus: O Filho unigênito, que está no seio do Pai, este o deu a conhecer" (Jo 1,18).

Dessa forma, João nos faz ver que, em Jesus, Deus é palpável, presente, dialogável, experienciável, muito próximo do modo humano de ser, com os limites humanos, mas não com seus vícios. Por isso, usa as expressões "Eu sou o pão" (Jo 6,35.41.48.51); "Eu sou a porta" (Jo 10,7.9); "Eu sou o Caminho" (Jo 14,6); "Eu sou a videira" (Jo 15,1.5). No entanto, ao mesmo tempo, usa a transcendência, com afirmações como: "Eu sou a ressurreição" (Jo 11,25); "Eu sou [...] a Verdade e a Vida" (Jo 14,6).

João só apresenta oito "obras" de Jesus, que parecem escolhidas a dedo, as quais ele chama de *sinais*. Por quê? Porque as obras de Jesus indicam um caminho e convidam a ingressar nele. Com elas, Cristo mostra como se deve tratar as pessoas e organizar as coisas (cf. Jo 20,30-31). Por isso, não basta saber o que Jesus fez, admirar suas ações e contá-las aos outros. É preciso entrar na dele, vestir a camisa e entrar, com tudo, no campo, para a construção do Reino. Ele não veio para fazer fãs, mas para conquistar parceiros.

Para explicitar o sentido da vida e o lugar do amor na relação conjugal, é mencionada a história das bodas de Caná, o primeiro sinal de Jesus, segundo João (Jo 2,1-12); para aprofundar o sentido do batismo, há o encontro com Nicodemos (Jo 3,1-21); para ensinar o jeito de evangelizar de Jesus, João conta a história da Samaritana (Jo 4,1-42). Podemos ver a prova de que o Reino de Deus chegou na cura do paralítico do capítulo 5. O capítulo 6 é uma importante instrução sobre a presença de Jesus na ceia e o consequente compromisso cristão. No capítulo 9, fica claro que "o pior cego é aquele que não quer ver", pois *ver* é mais que uma questão física: é um modo de encarar a vida. O capítulo 10 trata da liderança na igreja, como vive e age o verdadeiro pastor. Já o capítulo 11 trata do fundamental tema da ressurreição dos mortos na ótica cristã. O capítulo 13 mostra como o líder cristão deve exercitar a autoridade, e o 15 revela o segredo da relação e da permanência na comunhão eclesial.

Em resumo, mencionamos as palavras do próprio evangelista: "Jesus fez ainda, diante de seus discípulos, muitos outros sinais, que não se acham escritos neste livro. Esses, porém, foram escritos para crerdes que Jesus é o Cristo, o Filho de Deus, e para que, crendo, tenhais vida em seu nome" (Jo 20,30-31).

1.2.4 As cartas de João

Dentro de suas cartas, João se apresenta como testemunha do evento da vida Jesus Cristo, com realidade acentuada, especialmente na primeira carta, de modo semelhante à introdução do evangelho. É só comparar 1 João 1,1-4 com João 1,1-5.

O autor chama os membros das comunidades de *meus filhinhos* e estabelece a razão de seu escrito: "Meus filhinhos, isto vos escrevo para que não pequeis; mas, se alguém pecar, temos como advogado, junto do Pai, Jesus Cristo, o Justo" (1Jo 2,1); "Eu vos escrevo, filhinhos, porque os vossos pecados foram perdoados por meio do seu nome. Eu vos escrevo, pais, porque conheceis aquele que é desde o princípio. Eu vos escrevo, jovens, porque vencestes o Maligno" (1Jo 2,12-13). Podemos ainda verificar outras passagens na mesma direção (1Jo 2,14.28; 3,7; 4,4; 5,21). Isso significa que a intenção de João inclui a todos.

O autor também chama os destinatários de *amados* junto com orientações precisas: "Amados, não acrediteis em qualquer espírito, mas examinai os espíritos para ver se são de Deus, pois muitos falsos profetas vieram ao mundo" (1Jo 4,1); "Amados, amemo-nos uns aos outros, pois o amor vem de Deus e todo aquele que ama nasceu de Deus conhece a Deus" (1Jo 4,7)[5]. Podemos verificar isso ainda em outros textos da carta (1Jo 3,2.21; 4,11).

O tema do amor prevalece no texto, pois a comunidade cristã se distingue pelo amor. A prioridade não é atacar e combater as heresias lá fora, mas fortalecer a identidade cristã e a vivência dela dentro da comunidade. Segundo Mateus 5,44, a prioridade é amar os próprios inimigos e orar pelos que nos perseguem. Para João, quem ama nasceu de Deus (1Jo 4,7), porque Deus é amor (1Jo 4,7). Por isso prevalece o mandamento: "nos amemos uns aos outros" (1Jo 3,11).

Por fim, o autor chama a atenção das comunidades a respeito de erros que estavam acontecendo no interior delas, identificando-os, para facilitar o discernimento dos que queriam permanecer fiéis. Dentre eles, havia alguns que se consideravam especiais e superiores aos outros.

Entre suas supostas virtudes, eles reivindicavam para si:

- ter comunhão com Deus (1Jo 1,6), mas andavam nas trevas, isto é, não comungavam com os demais irmãos da comunidade (1Jo 1,7) e negavam que Jesus fosse o Cristo, o Filho de Deus (1Jo 2,22-23;5,5.10);

---

[5] Citações retiradas de Bíblia (1997).

- não ter pecado (1Jo 1,8.10); essa afirmação fez de Jesus um mentiroso (1Jo 1,10), pois ele era vítima de expiação dos pecados de todos (1Jo 2,2);
- conhecer os Mandamentos, mas não se esmeravam na prática, isto é, não andavam como Jesus andou (1Jo 2,4-6);
- permanecer em Deus (1Jo 2,6), mas não andavam no caminho dele;
- estar na luz (1Jo 2,9), mas odiavam seus irmãos;
- negar que Jesus fosse homem verdadeiro, que morreu na cruz (1Jo 5,5-6).

Essas pessoas tentaram distinguir a história de Jesus sofrendo e morrendo crucificado da história do Filho de Deus encarnado e glorificado. Por isso, elas também separavam a fé da vida do dia a dia. Havia um departamento para as relações com Deus, no qual tratavam das orações, dos cultos e da fé, e um departamento para as relações com os outros e com o mundo, onde tratavam dos negócios do trabalho e do lazer. O foco estava em "o que fazer", e não em "como viver". Era como se, quando estivessem voltados para Deus, pedissem: "Me salve, por favor me ajude e me escute"; porém, quando estivessem voltados para os outros, dissessem: "Salve-se quem puder", "Cada um por si e Deus por todos".

Por todos esses motivos, João escreve às comunidades. Como um pai amoroso preocupado com o futuro de seus filhos, ele orienta, esclarece e dá uma certeza para que seus protegidos caminhem na fé verdadeira. Por isso, João começa sua carta dizendo que o grupo que pensa e age como não tem uma vida divina, pois Deus não está com eles (1Jo 5,12). A prova disso é que não há comunhão com Deus sem comunhão fraterna; não há comunhão com Deus sem amor ao próximo (cf. 1Jo 4,10-21). O *próximo* é quem está perto de nós.

João escreve quase a metade de sua carta sobre esse assunto e chega a ser muito positivo quando diz: "Se alguém disser: 'Amo a Deus', mas odeia o seu irmão, é um mentiroso: pois quem não ama seu irmão, a quem vê, a Deus, a quem não vê não poderá amar" (1 Jo 4,20).

O outro ponto no qual o autor insiste bastante é o de que não há comunhão com Deus para quem não reconhece Jesus como seu Filho vindo à terra, isto é, fazendo-se verdadeiro homem de carne e osso, como nós. João chega ao ponto de dizer "Nisto vós reconheceis o Espírito de Deus: todo espírito que confessa que Jesus Cristo veio na carne é de Deus; e todo espírito que não confessa Jesus não é de Deus, é este o espírito do Anticristo. Dele ouvistes dizer que ele virá; e agora ele já está no mundo" (1Jo 4,2-3). João afirma ainda que é por meio de Jesus Cristo que temos a vida eterna e conhecemos a Deus (cf. 1Jo 5,20), ou seja, Jesus Cristo é luz, é justiça, é amor.

Finalizando, quanto às cartas, considera-se o mesmo autor do evangelho escrevendo, talvez um pouco depois deste texto, por volta do ano 100 de nossa era, quando, nas comunidades joaninas, aumentaram as dificuldades internas e a comunhão corria sério perigo.

Quanto ao local, embora se tenha ventilado Antioquia, na Síria, ou Alexandria, no Egito, continua prevalecendo a cidade de Éfeso e circunvizinhanças como locais de origem das cartas, pois aí situavam-se várias comunidades de tradição joanina.

1.3 Organização do texto do Evangelho segundo João

Para atingir seu objetivo, João organizou sua narrativa num esquema específico (cf. Jo 20,30-31).

O texto começa tratando da preexistência da Palavra (*Logos*), por meio da qual tudo o que existe foi criado (Jo 1,1-5), e segue informando que a Palavra criadora (cf. Gn 1,1-31) se fez carne (ser humano) (Jo 1,14). Depois dos capítulos 2 ao 12, são apresentadas sete obras, também chamadas de *sinais*, realizadas por Jesus, as quais provam que ele é o Messias, o Filho de Deus. A seguir, dos capítulos 13 ao 17, o autor explicita a entrega da vida de Jesus em favor da humanidade, a começar pelos discípulos por ele chamados. Nos capítulos 18 ao 20, João narra a condenação à morte e a ressurreição de Jesus. O capítulo 21 é uma adição posterior ao texto original, e narra o momento em que Jesus reúne os discípulos que se haviam dispersado, por ocasião de sua morte, e confirma sua missão.

1.3.1 Algumas propostas

Em geral, os estudiosos clássicos do evangelho joanino, especialmente Brown (1979) e Schnackenburg (1974) estão de acordo que o texto se constitui de duas grandes partes, com uma introdução e um apêndice. A **introdução**, comumente chamada de *prólogo*, está no capítulo dos versículos, que trata da preexistência de Jesus. O **apêndice** é o último capítulo.

A **primeira grande parte** vai de João 1,19 a 12,50, que Brown chama de livro dos sinais, porque nesse trecho são explicitados sete sinais, ou sete obras de Jesus.

1. O primeiro acontece em Caná, na Galileia, onde a água é transformada em vinho (Jo 2,1-11).
2. O segundo ocorre em Cafarnaum, também na Galileia, onde Jesus cura o filho de um oficial do Rei Herodes Antipas (Jo 4,43-54).

3. O terceiro se dá em Jerusalém, junto à piscina de Betezda, bem próximo ao Templo, onde Jesus cura um homem que estava paralítico há 38 anos (Jo 5,1-18).
4. O quarto é realizado próximo ao mar da Galileia, onde Jesus multiplica o pão, por ocasião da Páscoa (Jo 6,1-13).
5. O quinto tem como cenário a travessia do mar da Galileia rumo a Cafarnaum, onde Jesus vai ao encontro dos discípulos andando sobre as águas (Jo 6,16-21).
6. O sexto trata da cura de um cego de nascença, em Jerusalém (Jo 9,1-34).
7. O sétimo é a ressurreição de Lázaro, em Betânia, próximo a Jerusalém (Jo 11,1-44).

Os sinais são a revelação de Jesus ao mundo por suas obras e pregações. À exceção da multiplicação dos pães, os sinais em Jerusalém e em suas proximidades foram os que levantaram as maiores polêmicas com a classe dirigente dos judeus, porque manifestaram um poder que não estava ao alcance deles e atraíram o povo para Jesus.

A **segunda grande parte** vai de João 13,1 até 20,31, chamado por Brown (1979) de *livro da glória*, que retrata a "hora" que Jesus havia chegado: "Antes da festa da Páscoa, sabendo Jesus que chegara a sua hora de passar deste mundo para o Pai, tendo amado os seus que estavam no mundo, amou-os até o fim" (Jo 13,1). A hora da entrega, em que Jesus dá a vida por amor e no amor, é também a hora da glorificação. "Assim falou Jesus, e, erguendo os olhos ao céu, disse: 'Pai, chegou a hora: glorifica teu Filho, para que teu Filho te glorifique, e que, pelo poder que lhe deste sobre toda carne, ele dê a vida eterna a todos os que lhe deste!'" (Jo 17,1-2).

Segundo Schnackenburg (1974), essa parte pode ser denominada *Jesus entre os seus*, e pode ser subdividida entre o trecho que tem como centro a ceia do lava-pés (capítulos 13 a 17), em torno da qual Jesus se despede dos discípulos e os orienta em relação ao futuro, e o intervalo centrado na crucifixão de Jesus (capítulos 18 a 20), culminando com o envio dos discípulos em sua missão. Ambos os autores, Brown (1979) e Schnackenburg (1974), veem o capítulo 21 como apêndice.

Praticamente 75% da narrativa do Evangelho segundo João está situada em Jerusalém, prioritariamente tratando da presença de Jesus nas festas judaicas e dos problemas causados por ela, que conferem a essas festas novo sentido. Jesus só se encontra fora de Jerusalém em cinco dos 21 capítulos (1, 3, 4, 6 e 21).

Na conclusão, o autor do evangelho diz que, dentre muitos sinais, escolheu alguns, para que o ouvinte ou leitor creia que Jesus é o Cristo e o Messias e assim tenha vida (cf. Jo 20,30-31). A organização do evangelho, portanto, está a serviço da intenção do autor: a partir dos sinais, ele aponta para a vida permanente.

Há, porém, tantas propostas de ordenação do texto quantos estudiosos se aplicaram a isso. Mateos e Barreto (1989) apresentam a seguinte organização para o Evangelho segundo João:

- o prólogo (Jo 1,1-18);
- a passagem de João a Jesus (Jo 1,19-51);
- o dia do Messias (2,1-11,54), que abrange a obra de Jesus; é também o sexto dia, tem doze horas (Jo 11,9) e está recheado de festas (Jo 2,13; 5,1; 6,4; 7,1; 10,23; 11,55).
- a última hora para a opção de Israel (Jo 11,55-19,42);
- a nova criação (ressurreição), que se torna o primeiro dia da semana (Jo 20,1-31);
- a comunidade em missão (Jo 21,1-25).

Em resumo, são várias as possibilidades de organização segundo os autores e as temáticas adotadas, mas há uma convergência na ideia de que o evangelho consta basicamente de uma introdução, duas grandes partes, uma conclusão e um apêndice.

1.3.2 Incongruências

As incongruências do Evangelho segundo João são constatadas em uma leitura atenta do texto. Além do episódio sobre a adúltera em João 8,1-1 e o capítulo 21, já admitidos por todos os estudiosos como acréscimos posteriores, há ainda a incongruência da afirmação em João 11,2 de que Maria era aquela que ungira Jesus na ceia em Betânia, sendo que essa ceia é descrita somente no capítulo seguinte (Jo 12,1-8), supondo que o leitor já esteja ciente disso.

Em João 12,36, Jesus se retira da atividade pública e, em João 12,44-50, ele volta à cena com um discurso final. Assim, Jesus parece ter dois finais. Também a sequência entre os capítulos 5 e 6 aparenta não combinar: o quinto capítulo mostra Jesus atuando em Jerusalém (Jo 5,1), e o sexto começa com ele atravessando a outra margem do mar da Galileia (Jo 6,1).

Em João 3,22-23, diz-se que Jesus, com seus discípulos, batizava em Enon, perto de Salim, onde havia água abundante e o povo ia se fazer batizar, mas, em João 4,2, afirma-se que Jesus não batizava, o que gera equívocos de entendimento.

Essas incongruências são indícios de uma composição, isto é, de que o texto, como se apresenta hoje, não tenha sido escrito de uma só vez que houve a colaboração de outros autores.

1.3.3 A proposta de Brown (1979)

R. E. Brown é um estudioso norte-americano que propõe cinco estágios distintos na formação do Evangelho segundo João para que o texto chegasse à versão atual.

O primeiro estágio foi o da pregação oral feita pelo filho de Zebedeu, que reuniu o material relativo às obras e às palavras de Jesus.

O segundo estágio foi aquele em que os pregadores e os teólogos da comunidade, por meio do anúncio querigmático, do ensino oral e da ação litúrgica, reelaboraram o material. É nessa fase que foram desenvolvidas as narrativas dos sinais, acrescidas dos discursos, como a passagem da cura do cego na piscina de Betezda (Jo 5,1-30).

No terceiro estágio, o material foi escrito com a colaboração de vários autores e sob a supervisão de um personagem principal, que seria o evangelista. Essa fase foi contemporânea à escrita dos Evangelhos Sinóticos.

O quarto estágio aconteceu no tempo forte da oposição à Sinagoga, em que teria surgido uma segunda edição, na qual foi acrescentada a polêmica com os opositores, com o objetivo de fortalecer os cristãos no enfrentamento ao judaísmo incrédulo e perseguidor.

No quinto estágio, o redator final, amigo íntimo ou discípulo do evangelista, recuperou os elementos dos pregadores e dos teólogos da comunidade joanina e os inseriu no corpo do evangelho. Esse redator seria responsável pelas emendas e pelos acréscimos ocorridos, como o prólogo (Jo 1,1-18), o epílogo (Jo 21,24-25), as elaborações (Jo 3,31-36; 6,48-58; 12,44-50; 16,4-33) e ainda, provavelmente, os capítulos 11 e 12.

1.3.4 Organização dos textos das cartas

Conforme Schnackenburg (1980), na 1ª Carta de João, pode-se perceber a seguinte estrutura: uma pequena introdução chamada de prólogo (1Jo 1,1-4) seguida de duas teses relativas à comunhão com Deus – uma tese ética (1Jo 1,5-2,17), na qual se diz que caminhar na luz é sinal certo de comunhão com Deus; e uma tese cristológica (1Jo 2,18-27), na qual se diz que a fé em Jesus como Messias é o fundamento da comunhão com Deus.

Num segundo momento, essas duas teses são tomadas em novas perspectivas: a **ética** (1Jo 2,28-3,24) afirma que quem pratica a justiça nasceu de Deus; a **cristológica** (1 Jo 4,1-6) argumenta que o Espírito que vem de Deus confessa que Jesus Cristo veio na carne.

Depois, as duas teses são fundidas em um trecho no qual se diz que o amor é fundamento da fé (1Jo 4,7-21) e em uma passagem que argumenta que a fé é fundamento do amor (1Jo 5,13-21). Chega-se, então, a uma conclusão na qual se insiste na necessidade de confiar em Deus e preservar-se do pecado (1Jo 5,13-21).

A segunda e a terceira cartas são muito breves, mais parecem um bilhete. São as mais curtas de toda a Bíblia e foram escritas para resolver problemas daquele momento.

A segunda carta João escreveu "à Senhora eleita e a seus filhos" (2Jo 1,1). Mas quem seria essa senhora? Tudo indica que se trata de uma igreja-comunidade, e seus filhos são os membros desse agrupamento. O que estava acontecendo nesse local era a falta de comunhão. Havia pessoas que levavam a sério a comunhão, mas existiam aquelas que perturbavam. Dessa forma, João pede em sua carta que essas pessoas recordassem o mandamento do amor e que tomassem cuidado com o sedutor que trazia propostas bonitas, mas que não vinha de Deus.

A terceira carta João escreveu para corrigir um problema criado pelo líder de uma comunidade chamado Diótrefes, talvez um bispo. Esse líder não seguia os ensinamentos de Cristo passados por João. Ele falava mal dos outros líderes, praticava a injustiça e espalhava a mentira. Não acolhia os irmãos de outras comunidades e, se alguém de seu grupo o fizesse, era expulso. Por tudo isso, o líder de outra comunidade, chamado Gaio, talvez outro bispo, escreveu a João pedindo providências. João redigiu a carta agradecendo a Gaio e pedindo-lhe paciência e perseverança, explicando que estava a par do caso e que já havia enviado seus mensageiros a Diótrefes, mas ele se recusou a recebê-los. Por isso, João prometeu um encontro com Gaio para tratarem pessoalmente do assunto.

1.3.5 Apocalipse

Sobre o Livro do Apocalipse, também considera-se que ele apresenta uma estrutura com duas partes principais desiguais (Ap 1,9-3,22; 4,1-22,5), uma pequena introdução (Ap 1,1-8) e uma conclusão (Ap 22,6-21). Trataremos disso mais detalhadamente no Capítulo 4 deste livro.

1.4 Relação do Evangelho Segundo João com os Evangelhos Sinóticos

São chamamos de *sinóticas* as narrativas de Mateus, Marcos e Lucas, visto que os três textos têm muitos pontos em comum e podem ser lidos sob um único olhar, numa sinopse. Vem daí o nome *Evangelhos Sinóticos*. João, por sua vez, é bastante diferente, evidentemente por causa do objetivo e do conteúdo recolhido, mas, acima de tudo, pelo modo de organizar o material coletado, o que podemos verificar especialmente nos pontos nos quais João tem mais sintonia com os sinóticos.

1.4.1 Acontecimentos presentes nas quatro narrativas

Vejamos, por exemplo, a passagem que mostra a presença de Jesus no Templo de Jerusalém. Mateus, Marcos e Lucas narram o acontecimento logo antes da morte de Jesus. João coloca o fato já no início da missão de Cristo. A ação no Templo é sua segunda atividade (Jo 2,13-22). A primeira é a transformação da água em vinho, na festa de Bodas, em Caná da Galileia (Jo 2,1-12). Além disso, ao narrar o evento, João traz elementos novos em relação aos demais. Será ótimo exercício confrontar os textos de Mateus 21,12-17, Marcos 11,15-19 e Lucas 19,45-48 com o de João 2,13-22.

    Todos os evangelistas dizem que a limpeza do Templo, feita por Jesus, foi por ocasião da Páscoa, mas, enquanto os sinóticos colocam o acontecimento na Páscoa da despedida, em que Jesus vai ser crucificado, João situa o evento na primeira Páscoa da vida missionária de Jesus. Conforme João, depois dessa Páscoa, ele ainda passaria por mais duas. Só em João Jesus usa um chicote de cordas para expulsar os vendilhões (Jo 2,15); nas outras narrativas, basta a palavra. É também em João que Jesus é confrontado pelas autoridades, que exigem credências para justificar o ato (Jo 2,18-20).

Outra narrativa propícia para ser confrontada é a chamada *multiplicação dos pães*, narrada em João 6,1-13, Mateus 14,13-21, Marcos 6,30-44 e Lucas 9,10-17. Enquanto nos Evangelhos Sinóticos os discípulos colocam à disposição de Jesus os pães que têm consigo, em João, André vai procurar entre a multidão e encontra pães de cevada nas mãos de um menino que está no meio da multidão (Jo 6,8-9). Só João situa o acontecimento no contexto da Páscoa e o relaciona com ela (Jo 6,2-4). Para esse evangelista, a multiplicação dos pães sinaliza a nova Páscoa, a de Jesus, que é bem diferente daquela celebrada em Jerusalém.

O evangelista João narra também o julgamento, a condenação, a morte e a ressurreição de Jesus com um enfoque próprio, nos capítulos 18 a 20, correspondentes a Mateus 26-28, Marcos 14-16 e Lucas 22-24. Embora siga a mesma trama, as diferenças nas atitudes de Jesus, em João, saltam aos olhos até dos menos atentos. Em João, ele é mais soberano e tem total domínio da situação. Esse autor omite a cena da agonia de Jesus no horto, presente nos outros três evangelistas (Mc 14,32-42; Mt 26,36-46; Lc 22,40-46).

Segundo João, no momento da prisão, Jesus se antecipa e encara a comitiva de Judas (Jo 18,1-8). Diante de Pilatos, Jesus o confronta e se mantém de cabeça erguida (Jo 18,28-38). É também única de João a narrativa da presença de Maria e do discípulo amado ao pé da cruz (19,25-30), bem como do sangue e da água que jorram do lado aberto pela lança, já depois de Jesus ter morrido (Jo 19,31-37).

Outra significativa diferença entre João e os demais evangelistas diz respeito ao Reino de Deus, tratado dessa forma em Marcos e Lucas, e como Reino dos Céus, em Mateus.

João, por sua vez, não trata do Reino, mas do rei. Há nos escritos joaninos 15[6] referências a Jesus como rei, enquanto o Reino, tão caro aos sinóticos, só aparece duas vezes em João, por ocasião da visita que

---

6 Para conferir: Jo 1,49; 6,15; 12,13.15; 18,33.37.39; 19,3.12.14.15.19.21; Ap 1,5; 6,15; 9,11; 10,11; 15,3; 16,12.14; 17,2.10.12.14.18; 18,3.9; 19,16.18.19; 21,24.

Nicodemos faz a Jesus (Jo 3,2.5): Natanael reconhece Jesus como rei de Israel (Jo 1,19); o povo que comeu o pão quer fazer de Jesus rei (Jo 6,15); o povo acolhe Jesus em Jerusalém como rei de Israel (Jo 12,13); Pilatos quer saber se Jesus é o rei dos judeus (Jo 18,33); Pilatos repete a pergunta em e recebe de Jesus a resposta afirmativa (Jo 18,37); os soldados saúdam Jesus como rei só para zombar (Jo 19,3). Se o Reino nos sinóticos é como fermento, que faz a massa do pão crescer, em João o rei é o pão já pronto: Jesus.

1.4.2 Temas destacados em João

Merecem destaque em João os tratados temáticos de modos antitéticos, tais como: morte *versus* vida (Jo 12,24), luz *versus* trevas (Jo 1,5.8), alto *versus* baixo (Jo 3,9-13) e espírito *versus* carne (Jo 6,63). Vejamos cada um deles de modo detalhado.

Vida

Dar a **vida**, fazer viver e permanecer vivo são ações que fazem parte da missão de Jesus, o Filho de Deus. Ele expressa clara consciência disso: "Eu vim para que tenham a vida e a tenham em abundância. Eu sou o bom pastor: o bom pastor dá sua vida pelas suas ovelhas" (Jo 10,10-11). Essa solene declaração de Jesus está colocada bem no centro do Evangelho segundo João, quando ele se aprofunda no tema da entrega da vida em favor da humanidade. Logo depois, em João 13,1, Jesus declara a entrega de sua vida por amor.

O tema da vida também se verifica abundantemente nos outros escritos joaninos: ele está presente 36 vezes no evangelho, 13 vezes nas cartas e 17 vezes no Apocalipse, perfazendo 66 ocorrências, ao passo que, em todo o Novo Testamento, ocorre 135 vezes. Isso significa que, praticamente, metade das ocorrências está nos escritos joaninos. Em Mateus, Marcos e Lucas, juntos, o tema ocorre apenas 16 vezes.

João começa dizendo que "O que foi feito nele [Jesus Cristo] era a vida, e a vida era a luz dos homens" (Jo 1,4). Assim, aquele que é a luz também é a vida. João coloca ênfase na positividade, na construção, na realização inteira da obra de Deus. Jesus é a vida e dá a vida. E como faz isso? João responde: "Como Moisés levantou a serpente no deserto, assim é necessário que seja levantado o Filho do Homem, a fim de que todo aquele que crer tenha nele vida eterna" (Jo 3,14-15). Segundo o Livro dos Números 21,4-9, Moisés, por ordem de Deus, fez uma serpente e colocou-a na ponta de uma haste a fim de que todos os que fossem picados por outras serpentes, olhando para aquela levantada, fossem curados. Segundo João, Jesus (o Filho do Homem) aplica aquela figura a si mesmo. É o que acontecerá com a morte dele na cruz: a entrega da vida pela humanidade dá a todos os que nele acreditarem condições de eternidade.

O tema é retomado com importante instrução quando Jesus fala da função da liderança no capítulo 10 (Jo 10,1-18) com o ensino do **bom pastor**. Existem bons e maus pastores, isto é, bons e maus líderes. Há os que lideram em função de si mesmos – são os usurpadores, só se aproveitam dos outros – mas há os que lideram entregando-se à missão. Esses dão a vida, desgastam-se em zelo pelos liderados, são bons pastores como Jesus e como devem ser seus seguidores. E não é qualquer dedicação que serve: é preciso que ofereçam abundância de vida aos liderados. Ora, a abundância se expressa no sentido e na graça de viver, que não se esgota no dia a dia, mas dura a eternidade. A certeza de que as misérias do mundo não conseguem esgotar o amor de Deus leva o fiel a aderir a Jesus e a permanecer nele.

É dentro do tema da vida que surge o discurso do pão, no qual Jesus declara: "'Eu sou' o pão da vida. Quem vem a mim, nunca mais terá fome, e o que crê em mim nunca mais terá sede" (Jo 6,35). Esse discurso acontece por causa da multiplicação dos pães (Jo 6, 1-13) e do interesse em tomar Jesus como rei (Jo 6,14-15). As pessoas da época queriam uma liderança política que suprisse suas necessidades, mas Jesus não veio para isso. A superação das carências de cada um só pode acontecer pela adesão a Deus e pela abertura solidária em favor dos outros. Jesus não é pão de trigo ou cevada, ele é "pão vivo descido do céu" (Jo 6,51), que traz e alimenta a vida e dá condição de eternidade. O maná obtido por Moisés é nada em comparação com a vida oferecida por Jesus (Jo 6,32). Um terço (12 em 36) das vezes que o tema vida aparece no quarto evangelho se encontra no capítulo 6, que visivelmente trata do dom da vida do próprio Jesus como Eucaristia.

Mas o que fazer para viver sempre, para ser eterno? A resposta a essa pergunta é dada por Jesus na ocasião da morte de Lázaro (Jo 11,1-26). Até esse momento, a vida eterna era apenas um forte desejo no coração da humanidade, alimentado pela doutrina judaica da ressurreição do último dia (Jo 11,24). No entanto, agora, as coisas mudam de figura, pois, com a presença de Jesus, não é mais necessário esperar. O dia é agora e a hora é sempre. É o que Jesus proclama: "Eu sou a ressurreição. Quem crê em mim, ainda que morra, viverá. E quem vive e crê em mim jamais morrerá" (Jo 11,25-26). Assim, onde Jesus está, a morte não prevalece.

Luz

A **luz** é mais um tema abundante nos escritos de João. Ela aparece em confronto com as trevas, que pareciam predominar no mundo. A palavra *luz* está presente 73 vezes no Novo Testamento, sendo 23 delas no quarto evangelho e 6 nas cartas joaninas. Mateus, Marcos e Lucas juntos tratam dela apenas 15 vezes.

João começa abordando consistentemente o tema da luz já no primeiro capítulo, dizendo que Jesus é a luz dos homens que brilhou nas trevas, mas que os que estavam nas trevas não compreenderam, não aderiram à luz (Jo 1,4-5). É evidente que as trevas só têm força na ausência da luz. João continua dizendo que João Batista veio para testemunhar a luz (Jo 1,7-9), e segue falando que a adesão ou não a ela é critério de julgamento. Quem rejeita a luz é porque age mal, mas quem age bem se apresenta a ela (Jo 3,19). Quem age na luz age em Deus.

Em João 8,12, logo depois de libertar a mulher adúltera do apedrejamento, Jesus proclama: "Eu sou a luz do mundo. Quem me segue não andará nas trevas, mas terá a luz da vida". E por ocasião da cura do jovem cego de nascimento, ele novamente afirma: "Enquanto estou no mundo, sou a luz do mundo" (Jo 9,5). Esse tema é retomado em João 12,46: "Eu, a luz, vim ao mundo para que aquele que crê em mim não permaneça nas trevas".

Como dissemos anteriormente, o mundo estava tomado pelas trevas, que simbolizam o pecado, mas a luz de Deus, que é Jesus, brilhou. O confronto foi estabelecido e, para a humanidade, foi oferecido o caminho da salvação. Desse momento em diante, só permanece nas trevas quem as ama, porque Jesus é a luz que se oferece a todos. Onde a luz prevalece, as trevas não têm vez. João apresenta uma agenda positiva e, embora mostre que a luz veio banir as trevas, isso não é feito automaticamente; cada pessoa precisa fazer sua escolha, pois ele não dispensa o protagonismo de cada um.

Água

Este é outro tema caro a João: 43 das 76 vezes em que o termo ocorre no Novo Testamento estão em seus escritos. Podemos dizer que João é o *evangelista da água*: Jesus é batizado nela (Jo 1,29-39); transforma-a em vinho (Jo 2,1-11); diz a Nicodemos que é preciso nascer da água e do Espírito (Jo 3,5); propõe-se a dar à samaritana uma água que vai resolver para sempre sua sede (Jo 4,10); dispensa o paralítico de se banhar na piscina de Betezda (Jo 5,1-8); e, no último dia da Festa das Tendas, promete fazer jorrar rios de água viva do interior dos que creem nele (Jo 7,37-39).

No quarto evangelho está bem clara a passagem da água que brota da fonte física e sacia a sede só momentaneamente para a que brota de Jesus e sacia a sede de vida eterna. Em João, Jesus usa uma imagem concreta e prática para falar da novidade que ele veio realizar: saciar a sede de sentido profundo da vida dos homens e fazê-los atingir a eternidade.

Entretanto, não se trata só de saciar a sede, mas de oferecer aos outros o que se recebeu de Jesus. Vejamos o que ele diz à samaritana: "Aquele que bebe desta água terá sede novamente; mas quem beber da água que lhe darei, nunca mais terá sede. Pois a água que eu lhe der tornar-se-á nele fonte de água jorrando para a vida eterna" (Jo 4,13). Dessa forma, ela deixará de buscar – símbolo da necessidade de completar um vazio –, mas terá de oferecer, pois agora encontrou a fonte do sentido que nunca mais vai se esgotar. Quem encontra ou se identifica com o dom de Deus passa de carente para crente, não tem mais carência de buscar, mas passa a ter uma imperiosa necessidade de oferecer, porque descobriu a gratuidade.

Na mesma linha está o que Jesus diz ao povo que o escuta no final da Festa das Tendas, em Jerusalém: "'Se alguém tem sede, venha a mim e beberá, aquele que crê em mim!' Conforme a palavra da Escritura: De seu seio jorrarão rios de água viva" (Jo 7,38). E, do alto da cruz, antes de morrer, ele profere sua última e misteriosa fala: "Tenho sede!" (Jo 19,28). Depois, transpassado por uma lança, deixa jorrar do seu lado aberto sangue e água (Jo 19,33).

Assim, segundo João, Jesus abre sua missão entre os samaritanos, simbolizando os outros povos, além dos judeus, com um pedido,

"Dá-me de beber" (Jo 4,7), e conclui sua missão em favor de toda a humanidade dizendo, "Tenho sede!" (Jo 19,28). Ele espera, assim, que, pelo dom total de sua existência, toda a humanidade encontre a fonte da vida. Sua missão é saciar todas as sedes da humanidade, particularmente aquelas do sentido profundo que a vida tem, no objetivo do Pai.

Ser do alto e nascer do Espírito

Sobre esse tema, destacamos especialmente dois trechos: João 3,1-21, no qual Jesus instrui Nicodemos a respeito do batismo cristão, e João 8,14-30, quando Jesus confronta as autoridades farisaicas. No primeiro texto, Jesus fala em nascer de novo e como nascer de outro modo, mas Nicodemos não entende. Então Cristo explica: "O que nasceu da carne é carne, o que nasceu do Espírito é espírito" (Jo 3,6). Já no confronto com os fariseus, ele diz: "Vós sois daqui de baixo e eu sou do alto. Vós sois deste mundo, eu não sou deste mundo" (Jo 8,22), evidenciando, assim, a razão da dificuldade do engajamento deles na Boa-Nova por ele apresentada. *Ser de baixo* é apegar-se às realidades terrenas; *ser do alto* é ir além delas: é transcendê-las.

1.4.3 Ações de Jesus

O entendimento e a denominação das ações de Jesus também são diferentes das dos evangelistas sinóticos. Enquanto Mateus, Marcos e Lucas narram os feitos maravilhosos de Jesus mostrando as reações de encantamento do povo, em João há sempre uma nota, para que as pessoas entendam aqueles eventos como sinais.

Segundo João, as ações de Jesus são obras que indicam a necessidade de um engajamento do povo. Não basta admirar Jesus encantando-se por suas ações; é necessário entrar na dinâmica dele para que a mão de Deus continue agindo naqueles que foram agraciados por Cristo.

Isso está claro na narrativa da multiplicação dos pães, quando Jesus diz aos que o procuram no dia seguinte ao acontecimento: "Em verdade, em verdade, vos digo: vós me procurais, não porque vistes sinais, mas porque comestes dos pães e vos saciastes. Trabalhai, não pelo alimento que se perde, mas pelo alimento que permanece para a vida eterna" (Jo 6,26-27). O que Jesus fez foi sinalizar e indicar o caminho para que o povo se engajasse, mas este não entendeu a mensagem e achou mais fácil ir atrás de Jesus para receber o alimento pronto; isso, porém, não faz parte da missão de Cristo.

Esse dado é explicitado por João sempre depois de cada obra milagrosa de Jesus. *Milagre* é entendido como uma ação maravilhosa, extraordinária, que leva o povo a se encantar e a admirar Jesus por seu extraordinário poder. *Sinal* é a ação grandiosa para levar o povo ao engajamento em sua dinâmica missionária. Podemos verificar isso nas narrativas da multiplicação de pães, comparando Marcos, Mateus e Lucas com João (Mc 6,30-44; Mt 14,13-21; Lc 9,10-17; Jo 6,1-15). Jesus não age para que as pessoas se tornem fãs dele, mas para que se engajem em sua missão, que é realizar a vontade do Pai (cf. Jo 5,19;6,28-40; 8,28).

1.4.4 Onisciência de Jesus

Onisciência significa conhecimento total. No Evangelho segundo João, Jesus nunca é pego de surpresa: ele está por dentro de tudo. É como diz o ditado: "Quando os outros estão indo para moer o milho, ele já está voltando com o fubá pronto".

Vendo a multidão faminta, Jesus sabe o que fazer (cf. Jo 6,1-12), mas não diz. Ele primeiro deixa os discípulos pensarem para encontrar uma solução. Jesus os questiona, sabe o que fazer, mas não quer resolver a situação sozinho. Aproxima-se de Filipe e diz: "Onde compraremos pão para que eles comam?" (Jo 6,5-6). Jesus sabe também qual vai ser a reação do povo ao final da refeição e por isso se antecipa, refugiando-se sozinho na montanha (cf. Jo 6,15). Isso revela que ele não veio para fazer as coisas, mas para ensinar a como fazê-las. Ele não quer aplausos, vivas e elogios, mas companheiros de caminhada, engajados na missão, com garra e fé.

Por isso, ele não se ilude com os discípulos nem se engana com o povo. Sabe quem está e quem não está com ele, e os desafia (cf. Jo 6,61-64). Isso não diminui as exigências nem as responsabilidades de quem quer que seja, pois Jesus não veio para fazer mais ou menos discípulos. A entrega total ao chamado de Deus é contemplada com a plenitude da graça e a realização absoluta ou o fracasso total dependem de uma resposta sem reservas.

Jesus sabe de onde vem (Jo 8,14); conhece o Pai que tem (Jo 11,42); sabe o que está para acontecer (Jo 13,1; 18,4); tem ciência de que vai ser traído e quem vai traí-lo (Jo 13,11). Ele quer tornar os discípulos participantes de sua sabedoria e insiste para que o entendam até que, finalmente, eles percebem a sabedoria de Jesus (Jo 16,30; 21,17).

Nesse sentido, João apresenta Jesus de forma bem diferente da dos outros evangelistas. Em Mateus, Marcos e Lucas, Cristo tem mais dúvidas e, às vezes, não percebe bem o que está acontecendo e, quando entende, tem dificuldade para aceitar (Mc 14,34-36; 15-34).

Como exemplo, os outros evangelistas apresentam a prisão como um dos momentos mais difíceis da vida de Jesus. João, por sua vez, menciona a prisão de Jesus, mas o mostra se comportando de maneira bem diferente – basta comparar as passagens de João 18,

1-11 e Marcos 14,43-52. João mostra Jesus enfrentando os soldados de maneira tão firme que os assusta. Judas não precisa beijá-lo, pois Jesus mesmo se apresenta e os encara de modo que eles recuam e chegam a cair por terra (cf. Jo 18,4-8). Ele não tem medo nem usa armas, mas impõe respeito.

Mas por que João apresenta Jesus assim? Porque, sobre o lado humano de Cristo, os outros evangelistas já haviam escrito. João quer falar do lado divino, por isso trata do assunto de modo particular. Jesus é humano sim, mas sua humanidade não o faz medroso, fraco e oprimido, pois ela está nas mãos do Pai. Ninguém supera as dificuldades e os desafios fugindo, mas os encarando. É necessário assumir que somos filhos de Deus e nos lançar confiando nele. Dessa forma, cada evangelista tratou dos pontos que mais lhe interessavam ou que eram mais necessários para suas comunidades.

1.4.5 Definições de Jesus: "Eu sou"

No Antigo Testamento, esta é uma declaração que só Deus faz a Moisés: "Eu sou aquele que é" (Ex 3,14) – esse é o nome do Deus que chama Moisés para, com ele, libertar seu povo da escravidão dos egípcios.

Segundo João, Jesus usa essa afirmação, com ou sem complemento, mais de 20 vezes[7]. No entanto, na maioria das vezes, ele completa a informação com algo muito experimentável. Isso mostra que Deus não é uma realidade divorciada do nosso dia a dia, pois nos relacionamos constantemente com o eterno e o definitivo. Em Jesus, Deus é sempre presente. Conhecedor da necessidade e da importância do alimento, Jesus diz: "Eu sou o pão da vida" (Jo 6,35.48; cf. Jo 6,41.51). Assim,

---

7 Cf. Jo 6,20.35.41.51; 8,12.24.28.58; 10,7.9.11.14; 11,25; 13,19; 14,6; 15,1.5;18,5.8.37...

o pão nosso de cada dia, pedido na oração que Jesus mesmo ensinou (Mt 6,9-13), direciona-nos para a vida plena.

No entanto, Jesus não para por aí e declara-se luz: "Eu sou a luz do mundo" (Jo 8,12), com a qual, segundo Mateus 5,14, também quer seus discípulos identificados. A luz é elemento primordial e está presente na origem da criação (Gn 1,3). Ninguém discute a importância da luz para realizar uma boa tarefa ou percorrer um bom caminho. Ela favorece a exatidão e a perfeição, além de nos favorecer em muitos outros aspectos.

Jesus continua com suas metáforas de identificação dizendo: "Eu sou a porta" (Jo 10,7.9). A porta tem dupla função: permitir ou barrar o acesso a algum lugar. Ela protege quem está no interior garantindo aconchego e intimidade. Porém, se ficar sempre fechada, será problema inclusive para os que estão do lado de dentro. Jesus acentua especialmente a dimensão do acesso a Deus Pai: ele é o acesso. A porta, nesse caso, tem papel semelhante ao que Jesus disse a Natanael em João 1,51: "Em verdade, em verdade, vos digo: Vereis o céu aberto e os anjos de Deus subindo e descendo sobre o Filho do Homem". Nessa mesma linha de raciocínio, podemos colocar outra afirmação de Jesus: "Eu sou o Caminho, a Verdade e a Vida. Ninguém vem ao Pai a não ser por mim" (Jo 14,6). Com base nessas afirmações, podemos dizer que Jesus é o único mediador entre a humanidade e Deus, entre Deus e a humanidade.

Merece especial atenção a afirmação de Jesus sobre o pastoreio. "Eu sou o bom pastor: o bom pastor dá a sua vida pelas suas ovelhas" (Jo 10,11). Mais além, ele repete a afirmação e a completa: "Eu sou o bom pastor; conheço as minhas ovelhas e as minhas ovelhas me conhecem". Trata-se aqui da missão de liderança, na qual Jesus é modelar. Esse aspecto retoma o Livro do profeta Ezequiel (cf. Ez 34,11-16), quando Deus promete assumir o pastoreio do seu povo. Finalmente, agora, o povo tem um pastor nos moldes do Criador.

No desafio de explicar o tipo de relação que deve prevalecer entre os membros da comunidade e os discípulos, Jesus diz: "Eu sou a verdadeira videira e meu Pai é o agricultor" (Jo 15,1). Isso significa, em primeiro lugar, que existe uma videira falsa. Mas quem é ela? Quem não produz fruto (cf. Is 5,2). Significa também que a relação entre os discípulos tem foco em Jesus e origem na relação dele com o Pai. Mais adiante, ele continua: "Eu sou a videira e vós os ramos. Aquele que permanece em mim e eu nele produz muito fruto; porque, sem mim, nada podeis fazer" (Jo 15,5). Dessa forma, o cristão não é e não tem consistência nem perseverança por si mesmo, e só pode ser em Cristo, com Cristo e por Cristo.

Além disso, Jesus afirma, categoricamente, diante de Marta, a irmã de seu amigo Lázaro: "Eu sou a ressurreição" (Jo 11,25). Mais tarde, ele afirma a Pilatos: "Eu sou rei" (Jo 18,37). Aos discípulos, assustados, ele se apresenta: "Sou eu" (Jo 6,20) e também aos que vão prendê-lo no Horto das Oliveiras: "Sou eu" (Jo 18,5.8). Assim, parece claro que João, em seu evangelho, quer levar os leitores a concluir que Jesus é Deus.

1.5 Evangelho, cartas e Apocalipse

Como podemos constatar, há três gêneros literários na tradição joanina. Por isso, vamos observar brevemente o que contém em cada um deles.

1.5.1 Evangelho

Evangelho é um termo que vem do grego e que na literatura cristã apresenta um sentido específico, entendido como *Boa-Nova*. Usamos a expressão *segundo João* porque o acontecimento histórico de Jesus de Nazaré, chamado de *Cristo*, é único, mas cada narrador o contou conforme a realidade que viveu e de acordo com o que quis passar para seus contemporâneos e as futuras gerações.

Existem muitas narrativas chamadas de *evangelho* consideradas apócrifas. As igrejas cristãs admitem só quatro narrativas como divinamente inspiradas, isto é, como normativas de conduta religiosa: as de Mateus, Marcos, Lucas e João.

O **Evangelho segundo João** é diferente dos outros e foi o último a ser escrito, muito provavelmente nos anos 95-100, aproximadamente 60 anos depois da morte de Jesus e 30 anos depois de ter sido escrito o Evangelho segundo Marcos. João não o escreveu todo de uma vez, mas por partes. Demorou pelo menos 30 anos para ele ser terminado.

O apóstolo João está na base desse evangelho, mas outras pessoas de sua comunidade contribuíram para a redação do texto final. Hoje, é comumente aceito que o capítulo 21 trata-se de um acréscimo posterior e que o texto de João 8,1-11 não pertencia ao livro – foi incorporado anos mais tarde. Segundo a tradição, com João nasceu uma escola bíblica na cidade de Éfeso, onde ele foi morar.

1.5.2 Cartas

São escritos breves destinados à orientação de comunidades ou de pastores e líderes das comunidades. Quem primeiro usou esse meio de comunicação foi Paulo de Tarso, para dirigir-se às igrejas fundadas por ele, pois estava impedido de visitá-las por outras ocupações ou por proibição dos líderes da região. Ele foi quem mais usou esse recurso: são treze as cartas, entre as autenticamente escritas por ele e aquelas que são a ele atribuídas. Os estudiosos atuais distinguem, entre elas, as cartas chamadas *pastorais*, porque tinham como propósito orientar os pastores das igrejas, especialmente de Éfeso e de Creta. Há na Bíblia ainda cartas de Pedro, Tiago, Judas e João.

Quem escreveu as cartas joaninas foi o mesmo João que escreveu o quarto evangelho. João as escreveu na última década do século I, quando estava morando na comunidade de Éfeso.

A primeira carta é dirigida às comunidades da região de Éfeso e das cidades circunvizinhas. João a escreveu para chamar a atenção e orientar os cristãos sobre algumas coisas graves que estavam acontecendo entre eles. Dentro da comunidade cristã, havia surgido um grupo que se considerava especial e superior aos outros. Já nos referimos a esse episódio na Seção 1.2.4, "Cartas".

A segunda e a terceira cartas são muito breves (as mais curtas de toda a Bíblia), mais parecem bilhetes. Foram escritas para resolver problemas entre lideranças da época.

1.5.3 Apocalipse

Conforme consta no próprio texto, o livro foi escrito para ser enviado às sete igrejas da região da Ásia Menor: Éfeso, Esmirna, Pérgamo, Tiatira, Sardes, Filadélfia e Laodiceia (Ap 1,10-11). De fato, cada uma delas é mencionada em sequência. Os destinatários são os servos de Deus e o conteúdo é a revelação do que deve acontecer muito em breve (Ap 1,1) – na verdade, muitos dos eventos citados já estão acontecendo. A mensagem é enviada pelo Filho do Homem descrito em Apocalipse 1,12-19, aquele que já venceu a morte.

Os servos de Deus (cristãos) precisam ser acompanhados para não se perderem no caminho que empreenderão. Eles fazem parte de igrejas localizadas na Ásia Menor, tendo como referência a cidade de Éfeso. Os capítulos 2 e 3 deixam claro o objetivo da orientação: fortalecê-los (Ap 2,2-3), corrigi-los (Ap 2,4-5) e incentivá-los (Ap 2,10) para que perseverem na fidelidade a Cristo e sejam vencedores (Ap 2,7.11.17.26-27; 3,5.12.21). Portanto, o livro tem o objetivo de ajudá-los a seguir em frente, de cabeça erguida, sem medo e sem revolta, diante do contexto que estão vivenciando. Isso é mostrado nas muitas insistências sobre a vitória, pois os servos são seguidores do Cordeiro, este é vencedor (Ap 5,5; 15,2-4; 17,14; 19,11-16). Tratamos desse assunto na Seção 1.2, "Autor, local, data e razão dos escritos", na qual abordamos também as motivações relativas ao contexto histórico da época.

1.5.4 Estruturas possíveis do Apocalipse

O modo como o Livro do Apocalipse está organizado, ou sua estrutura, depende do tipo de abordagem de cada estudioso. Conforme Tuñí e Alegre (2007), são quatro os modos de abordar a configuração do Apocalipse:

1. **Estrutura dupla** – Divide o livro em duas partes desiguais (Ap 1,9-3,22 e Ap 4,1-22,5), com uma introdução (Ap 1,1-8) e uma conclusão (Ap 22,6-21).
2. **Estrutura concêntrica** – Considera três técnicas que o autor do livro utilizou: os septenários; as visões dos dois livros (Ap 5,7; 10,2), junto com a visão inaugural; e o método da intercalação. Assim, além da introdução (Ap 1,1-8) e da conclusão (Ap 22,10-21), o livro ainda teria quatro partes: a visão inaugural e o septenário (Ap 1,9-3,22); (2) o livro selado com sete selos (Ap 4,1-9,21; 11,15-19;

15,1.5-16,21; 17,1-19,10); (3) o livro profético (Ap 10,1-15,4); e (4) as visões de juízo e de salvação (Ap 19,11-22,9). Para Elisabeth Schussler Fiorenza, teóloga feminista romena nascida em 1938, que trabalha essa estrutura, o centro do livro seria o trecho de Ap 10,1-15,5, em que se encontra o grande confronto entre as forças do bem e do mal. É o momento em que a hora do julgamento começa. O que vem antes apresenta uma sequência crescente, e o que vem depois, uma sequência decrescente. Assim, os trechos Ap 1,1-8 corresponde a Ap 22,10-21; Ap 1,9-3,22 corresponde a Ap 19,1-22,9; e Ap 4,1-9,21 corresponde a Ap 15,5-19,10.

3. **Estrutura septenária** – Segue os conjuntos de sete objetos, que pode ser assim organizada:
   - a introdução com prólogo (Ap 1,1-3), prescrito (Ap 1,4-6) e sentenças proféticas (Ap 1,7-8);
   - o primeiro ciclo de visões (Ap 1,10b-11,19): a epifania de Cristo a João e as sete cartas (Ap 1,10b-3,22); o pergaminho com sete selos (Ap 4,1-8,5); as sete trombetas (Ap 8,2-11,19);
   - o segundo ciclo de visões (Ap 12,1-22,5): as sete visões simbólicas revelando segredos do passado, do presente e do futuro (Ap 12,1-14,20; 15,2-4); as sete taças (Ap 15,1; 15,5-19,10); as sete visões dos acontecimentos finais (Ap 19,1-22,5);
   - as sentenças isoladas (Ap 22,6-20) e a benção (Ap 22,21).
4. **Estrutura doutrinal** – Leva em conta que todas as partes do livro estão orientadas para a plenitude escatológica da nova Jerusalém. Assim, cada seção se encaixa imediatamente na anterior: Ap 21,9-22,6 encaixa-se em Ap 12,1-21,8, que, por sua vez, encaixa-se em Ap 4,1-11,19. O trecho dos capítulos 4 a 21 contém dois apocalipses, seguindo os oráculos contra os judeus e contra os pagãos; os capítulos 4 a 11 referem-se às relações com Israel; e os capítulos 12 a 21, à relação com os pagãos.

1.5.5 Local dos escritos

No tempo de João, Éfeso era muito importante e rica e contava com mais de 250 mil habitantes. Era a capital da província romana da Ásia Menor e seu principal porto comercial. Ela tinha um dos maiores e mais bonitos templos do mundo, construído para Ártemis, a deusa grega da fecundidade.

O Templo de Ártemis era uma das sete maravilhas do mundo antigo. Tinha 50 metros de largura por 80 metros de comprimento. Os adoradores dessa deusa, os fabricantes de suas imagens e os magos foram os que mais criaram dificuldades a Paulo nas viagens missionárias. Eles se levantaram contra o apóstolo por conta de suas pregações anti-idolátricas (At 19,23-40). Além disso, os magos tentaram imitar as ações de Paulo (At 19,11-20).

Famoso era também o lugar da assembleia da cidade – da qual fala o capítulo 19 do Livro dos Atos dos Apóstolos – onde Paulo esteve. Nesse lugar cabiam 24 mil pessoas sentadas. Nos tempos de Domiciano (81-96), foi construído um templo em homenagem a ele.

A tradição coloca Éfeso como o local dos escritos joaninos, especialmente o evangelho e as cartas. A maioria dos estudiosos atuais concorda com isso.

Síntese

Os escritos joaninos são posteriores aos paulinos. Eles surgiram no recrudescimento da perseguição, que começou em Jerusalém, pelas autoridades do templo, como reporta Lucas, no Livro dos Atos dos Apóstolos (At 12,1-5), e também como podemos observar pelos confrontos narrados, por exemplo, nos capítulos 8 e 9 do Evangelho segundo João.

Não restam dúvidas de que as reações à intervenção do domínio político romano na Palestina tiveram consequências para a fé judaica e para a fé cristã, mas também é certo que isso favoreceu a expansão e o aprofundamento do cristianismo, obrigando seus adeptos a trabalhar mais profundamente sua identidade, retomando temas já conhecidos e tratando de um modo apropriado as novas condições das comunidades.

Quanto à relação com outras culturas ou à influência delas, constatamos muitos elementos ligados aos costumes e aos movimentos do século I do cristianismo para relacioná-los aos escritos joaninos, bem como uma variedade de hipóteses. No entanto, o que permanece mais evidente são os indícios que podemos encontrar nos próprios escritos. Nesse sentido, o substrato judeu derivado do Antigo Testamento é o ponto mais confirmado, desde o qual João avança para confirmar a fé em Jesus como o verdadeiro Messias. Isso está registrado como incentivo para a redação do evangelho (Jo 20,30-31) e é retomado na motivação da escrita da primeira carta (1Jo 2,1.12-14).

Os escritos joaninos, particularmente o evangelho e as cartas, apresentam uma comunidade de realidades diversificadas que busca a convergência no signo do amor de Jesus, por ele ensinado.

João escreveu em uma época posterior aos outros evangelistas, trazendo abordagens pertinentes ao seu tempo e um sentido de aprofundamento de acordo com sua escolha entre os muitos sinais de Jesus (Jo 20,30-31).

Na relação com os Evangelhos Sinóticos, podemos evidenciar os interesses da temática joanina. Especialmente quando tratamos das ações de Jesus presentes em João e nos sinóticos. Estes chamam de *milagre*, enquanto João chama de *sinais* e Jesus fala de *obras*, o que pode ser verificado, por exemplo, no evento da multiplicação dos pães (Jo 6,1-15; relacionar com Mc 6,30-44; Mt 14,13-21; Lc 9,10-17).

As cartas insistem na vivência testemunhal da comunidade dos discípulos e das discípulas de Jesus. Essa vivência não precisava ser uniforme, mas deveria evidenciar a filiação divina fazendo prevalecer o amor de Jesus nas relações mútuas.

No que diz respeito ao Livro do Apocalipse, a questão da autoria e da composição é ainda mais aberta e abrangente. Muito caminho se fez e muito ainda deverá ser feito à espera de uma definição convergente entre os estudiosos do assunto.

Atividades de autoavaliação

1. Segundo Brown (1984), a comunidade que deu origem aos escritos joaninos era constituída de:
    a) cristãos escondidos e samaritanos.
    b) cristãos vindos do judaísmo e de outros grupos.
    c) cristãos vindos do judaísmo, cristãos escondidos, cristãos vindos de outros grupos e samaritanos.
    d) samaritanos, gregos e cristãos vindos do judaísmo.

2. O que estava acontecendo no final do século I de nossa era, na região onde os escritos joaninos surgiram?
    a) Reação ao domínio político romano e expansão do cristianismo.
    b) Domínio grego e estruturação do cristianismo.
    c) Influência da filosofia grega no judaísmo e no cristianismo.
    d) Imposição das divindades romanas sobre os povos dominados.

3. Qual é a principal diferença na narrativa entre os Evangelhos Sinóticos e os de João sobre o encontro dos que vão prender Jesus no Horto das Oliveiras?
    a) Em João, Jesus os encara, eles recuam e caem por terra; nos outros evangelhos, isso não acontece.

b) Em João, alguém reage com espada em defesa de Jesus; nos outros evangelhos, não há reação.
c) Em João, os soldados foram guiados por judas; nos outros evangelhos, não.
d) Todos narram a prisão de Jesus durante a noite.

4. Em que estágio da elaboração do Evangelho segundo João foram desenvolvidas as narrativas dos sinais com o acréscimo dos discursos, como, por exemplo, a cura do cego na piscina de Betezda (Jo 5,1-30)?
a) Primeiro estágio.
b) Quinto estágio.
c) Segundo estágio.
d) Sétimo estágio.

5. Por quantos estágios redacionais passou o Evangelho de João para chegar a sua forma atual?
a) Três.
b) Sete.
c) Cinco.
d) Dois.

Atividades de aprendizagem

Questões para revisão

1. Assista ao filme *O manto sagrado* e observe o contexto histórico e cultural da época de Jesus. Procure perceber as semelhanças e as diferenças em relação ao relato de João.
O MANTO sagrado. Direção: Henry Koster. EUA: Fox Film do Brasil, 1953. 135 min.

O filme conta a história de um tribuno romano que comandou a unidade encarregada da crucificação de Jesus, fato descrito em João 19,23-24.

2. Confronte os textos que narram a entrada de Jesus no Templo de Jerusalém: Mateus 21,12-17, Marcos 11,15-19, Lucas 19,45-48 e João 2,13-22. Observe as diferenças e as semelhanças entre esses textos, especialmente entre os três primeiros em contraste com João. Pesquise as particularidades. Sugerimos a leitura do livro de Konings (2000).

Atividade aplicada: prática

1. Com base na leitura deste capítulo, organize um fichário, tendo em vista as particularidades dos três blocos de escritos joaninos: o evangelho, as cartas e o Livro do Apocalipse, relacionando-os e verificando a importância de cada um deles para nosso tempo.

2
João no conjunto do Novo Testamento

ste capítulo pretende mostrar a influência e a contribuição do Evangelho segundo João para a formulação da fé cristã. Para isso, buscaremos trabalhar elementos que favoreçam o entendimento do que é mais específico nesse escrito no Novo Testamento, como o interesse particular de Jesus em participar das festas judaicas e seu posicionamento dentro delas. Nesse sentido, veremos que o evangelista localiza grande parte de sua narrativa no contexto das festas, com especial destaque para a Páscoa, em que relata três acontecimentos.

Cuidaremos também de considerar o lugar do Templo de Jerusalém, espaço de celebrações, bem como a importância do sábado, tempo de festas. Abordaremos ainda a interessante temática joanina dos sinais e das obras de Jesus. Buscaremos evidenciar a prioridade que João dá ao testemunho dos discípulos sobre a pregação, bem como o lugar do discipulado na comunidade e na missão. Isso tudo nos auxiliará na aproximação de elementos específicos da fé cristã.

2.1 As festas judaicas

As três principais comemorações judaicas no tempo de Jesus eram a festa da Páscoa, a festa do Pentecostes e a festa das Tendas (Lv 23-25), as quais eram celebradas com peregrinação ao Templo de Jerusalém. Havia também a festa da Dedicação do Templo, celebrada durante o inverno (Jo 10,22-42).

João refere-se a *festas* em 17 das 25 vezes que o termo ocorre no Novo Testamento. Isso significa 68% das ocorrências. Os outros evangelistas só se referem à palavra duas vezes cada (Mt 26,5; 27,15; Mc 14,2; 15,6). Para eles, *festa* é a Páscoa e só falam de uma: a Páscoa em que Jesus foi crucificado. Lucas menciona ainda uma festa de Páscoa quando Jesus tinha 12 anos (Lc 2,41.42).

João, por sua vez, distingue várias ocasiões de festas. Segundo ele, Jesus começa o ministério numa festa de Bodas (Jo 2,1-11) e entrega a vida durante uma festa de Páscoa. No entanto, Cristo participa de várias Páscoas e também de uma festa de peregrinação cujo nome não é explicitado; porém, pela narrativa, julga-se ser Pentecostes (Jo 5). Jesus participa ainda da festa dos Tabernáculos ou das Tendas (Jo 7-8).

Antes, porém, de tratarmos das festas, vamos tecer algumas considerações sobre duas instituições de fundamental importância para a celebração delas entre o povo de Israel, uma ligada ao tempo e outra ligada ao espaço. Trata-se do sábado e do Templo de Jerusalém.

O sábado era visto como a excelência do tempo sagrado, no qual as relações com Deus deveriam ser desenvolvidas. O Templo era considerado a excelência do espaço reservado para estabelecer e cultivar a relação com Deus.

2.1.1 O sábado

Essa instituição, muito antiga em Israel, é constantemente atestada em todo o Antigo Testamento (Ex 16,23-29; 20,8-11; Dt 5,12-15). Fala-se do *sábado* mais de uma centena de vezes. Ele é evidenciado em todas as tradições do Pentateuco e está registrado no **código javista da Aliança** (965 a.C.-926 a.C.): "Seis dias trabalharás; mas no sétimo descansarás, quer na aradura quer na colheita" (Ex 34,21).

Aparece também no **código eloísta da Aliança** (850 a.C.-760 a.C.): "Durante seis dias farás os teus trabalhos e no sétimo descansarás, para que descanse o teu boi e o teu jumento, e tome alento o filho da tua serva e o estrangeiro" (Ex 23,12).

Podemos perceber a evolução do entendimento do sábado no **Decálogo deuteronomista da Aliança** (620 a.C.-587 a.C.):

> Guardarás o dia de sábado para santificá-lo, conforme ordenou Iahweh teu Deus. Trabalharás durante seis dias e farás toda a tua obra; o sétimo dia, porém, é o sábado de Iahweh teu Deus. Não farás nenhum trabalho, nem tu, nem teu filho, nem tua filha, nem teu escravo, nem tua escrava, nem teu boi, nem teu jumento, nem qualquer dos teus animais, nem o estrangeiro que está em tuas portas. Deste modo o teu escravo e a tua escrava poderão repousar como tu. (Dt 5,12-14)

Está, por fim, presente, com maior detalhamento sobre suas implicações, no **código sacerdotal da Aliança** (586 a.C.-538 a.C.):

> Iahweh disse a Moisés: "Fala aos filhos de Israel e dize-lhes: Observareis de verdade os meus sábados, porque são um sinal entre mim e vós em vossas gerações, a fim de que saibais que eu sou Iahweh, o que vos santifica. Observareis, pois, o sábado, porque é uma coisa santa para vós. Quem o profanar será castigado com a morte. Todo o que realizar nele algum trabalho será retirado do meio do povo. Durante os dias poder-se-á trabalhar; no sétimo dia, porém, se fará repouso absoluto, em honra de Iahweh. Todo aquele que trabalhar no dia do sábado deverá ser morto. Os filhos de Israel observarão o sábado, celebrando-o de geração em geração, como uma aliança eterna. Será um sinal perpétuo entre mim e os filhos de Israel, porque em seis dias Iahweh fez os céus e a terra; no sétimo dia, porém, descansou e tomou alento." (Ex 31,12-17)

O significado específico do sábado israelita é seu valor religioso. Ele é o dia santificado pela relação com Iahweh, o Deus da Aliança. O sábado é, então, para sempre, um dia consagrado a Iahweh. A violação dessa observância leva ao afastamento de Deus e à perda de suas bênçãos. "Também lhes dei os meus sábados para que servissem de sinal entre mim e eles, a fim de saberem que eu, Iahweh, é que os santifico" (Ez 20,12).

Por isso, o sábado é tempo de descanso, de graça de regeneração, um tempo em que as criaturas, a começar pelo líder delas, que é o ser humano, cultivam a veneração ao Criador. Deus é a fonte, e o sábado é o tempo especial, separado para cultivar especificamente a relação com essa fonte.

No **código deuteronômico**, o aspecto social, humano e de respeito a toda a criação toma lugar de destaque. Por ele, cultiva-se a graça da libertação, garantindo sua continuidade por relações fundamentadas no desígnio do Criador e aplicadas a todas as criaturas. Por isso, estabelece a lista nominal, no masculino e no feminino, de quem tem o direito e o dever de descansar. Razão da forte advertência do profeta Jeremias (Jr 17,19-27) na ocasião em que justifica e incentiva a reforma de Josias (622 a.C.). Porém, só no código sacerdotal encontramos a punição com a morte aos infratores.

Descansar no sétimo dia

Como se pode perceber pela legislação, *guardar o sábado* significa "descansar". Em sua origem, o sábado é descanso, o que os cativos hebreus não conheciam no Egito e que em nenhuma parte do mundo era admitido aos escravos. Ainda hoje, pode não ser permitido a servos e a todo o tipo de pessoas ou de seres submissos à vontade de um chefe. Essa foi a briga, em nome de Deus, entre Moisés e o faraó: "Disse Faraó: 'Eis que agora a população da terra é numerosa, e vós a fazeis interromper as suas tarefas!'" (Ex 5,5). O próprio autor do Livro do Gênesis coloca a motivação e o significado do sábado, ligando o descanso ao sétimo dia: "Deus concluiu no sétimo dia a obra que fizera e no sétimo dia descansou, depois de toda a obra que fizera. Deus abençoou o sétimo dia e o santificou, pois nele descansou depois de toda a sua obra de criação" (Gn 2,2-3).

Já a razão de ser o **sétimo dia** muito provavelmente está ligada às fases da lua, especialmente à lua cheia, que favorecia as celebrações festivas, inclusive à noite. É disso que trata o Salmo 81 a respeito da festa das Tendas: "Ele vai a música, soai o tamborim, a harpa melodiosa e a cítara: soai a trombeta pelo novo mês, na lua cheia, no dia da nossa festa" (Sl 81,3-4). Essa explicação também aparece na orientação das festas conforme o Livro de Levítico (Lv 23.24), o Livro de Isaías (Is 66,22-23) e o Livro de Ezequiel (Ez 46). Os profetas apoiaram a instituição sabática, mas desmascararam as intenções escusas cultivadas por trás dela. É nesse sentido que Isaías levanta a voz: "Basta de trazer-me oferendas vãs: elas são para mim incenso abominável. Lua nova, sábado e assembleia, não posso suportar iniquidade e solenidade" (Is 1,13). Sobre isso, podemos mencionar ainda o profeta Amós (Am 5,21-24).

O sábado em João

O maior problema criado por Jesus a respeito do sábado, conforme João, é trabalhar na cura das pessoas e, no caso do paralítico, dar ordens contrárias à Lei de Moisés. Isso diz respeito à cura do homem que há 38 anos sofria de paralisia (Jo 5,1-18). Além disso, há a cura do cego de nascença também em dia de sábado (Jo 9). Jesus precisa justificar sua ação desde o capítulo 5 até o 9. Inicialmente, ele diz: "Meu Pai trabalha até agora e eu também trabalho" (Jo 5,17). Mais adiante, Jesus afirma: "Se um homem é circuncidado em dia de sábado para que não se transgrida a Lei de Moisés, porque vos irais contra mim, por ter curado um homem todo no sábado? **Não julgueis pela aparência**, mas julgai conforme a justiça" (Jo 7,23-24, grifo do original). Dessa forma, o sábado não é uma instituição para que cada um faça dela o que quiser, o que bem entender e aja a seu bel-prazer. O sábado é uma instituição que deve ser lida e observada com o espírito salvífico, o espírito de Deus.

Não se trata somente de descansar do trabalho, mas de repousar das tribulações que destroem a graça de viver. Isso não diz respeito só aos direitos de quem os pode fazer valer, mas é direito universal, de toda a criação. É uma necessidade de todo ser vivo. Jesus muda o sentido da observância do sábado arvorando-se a autoridade de Filho de Deus (Jo 9,14.16). A morte de Jesus conforme seus algozes não violava o sábado, mas sim a exposição de seu corpo morto na cruz. Ironicamente, é necessário tirar seu corpo da cruz para limpar o sábado (cf. Jo 19,31). A observância cega ou interesseira da Lei leva a tais exageros.

2.1.2 O Templo de Jerusalém

O povo de Israel tinha o conhecimento e a experiência de ser surpreendido por Deus ao longo da história de sua formação, pois o Senhor não escolhia nem hora nem lugar para se manifestar. Por exemplo, no chamado a Abraão (Gn 12,1-4); no acompanhamento de sua missão (Gn 17,1-21); na confirmação do nascimento de Isaac (Gn 18,1-16); no novo entendimento do sacrifício (Gn 22,1-19); no cuidado com Jacó (Gn 28,10-22; 32,23-33); no chamado e no acompanhamento de Moisés em sua missão (Ex 3,1-20); na passagem do mar (Ex 14; 15); no dom da Lei (Ex 20). Israel, porém, após sua fixação na Terra Prometida, passou também a cultuar um Deus fixado, ou melhor, em um lugar fixo.

Mesmo com o protesto de Deus, transmitido a Davi pelo profeta Natã (2Sm 7,1-17), Salomão deu continuidade ao projeto, estabelecendo um lugar para Israel cultuar o Senhor e, ao mesmo tempo, para o Senhor manifestar seus benefícios (1Rs 6.8).

No tempo de Jesus, todas as festas de abrangência nacional ou que expressavam a identidade nacional aconteciam relacionadas ao Templo, que fora mandado erigir pelo rei Salomão em Jerusalém (950 a.C.). Esse Templo foi destruído por Nabucodonosor em 587 a.C. e construído novamente por Zorobabel entre 520 a.C. e 515 a.C. Desde Salomão até Jesus, mesmo com a divisão do reino de Israel em duas partes, o Templo de Jerusalém continuou como ponto de convergência das manifestações religiosas do povo eleito, pois estava impresso na alma dos judeus que Deus havia escolhido aquele local para sua morada. No tempo de Jesus, o Templo continuava indiscutivelmente sendo sede da presença divina.

Quando a arca da aliança foi introduzida no Templo, Deus tomou posse dele como sua casa e a nuvem que guiava o povo no deserto ocupou o local (1Rs 8,10-13). O Templo, desde então, tornou-se o centro da piedade judaica. Mesmo com suas devidas reservas, os profetas (Jr 9,10-11; Mq 3,12; e ainda Is 66,1 fazendo eco a 2Sm 7,5-7) reconheceram o Templo de Jerusalém como lugar da presença de Deus e, portanto, de segurança para seu povo. Insistiam, porém, que a presença do Senhor não era automática, pois dependia da fidelidade da população.

As celebrações foram centradas e aumentadas cada vez mais nesse lugar especial. De santuário central, o Templo de Salomão passou a ser santuário único, particularmente com a reforma do Rei Josias em 622 a.C. (cf. 2Rs 23; 2Cr 34-35). Assim, segundo Josias, estariam garantidas a ortodoxia e a fidelidade ao único Deus.

Contudo, se a instituição do sábado teve grande adesão das lideranças de Israel, o mesmo não aconteceu com a construção e a eleição do Templo. Lideranças proféticas levantaram vozes dissonantes. Miqueias (740 a.C.-736 a.C.) declarou em bom-tom: "Ouvi, povos todos, presta atenção terra, e o que a habita! Que Iahweh seja testemunha contra vós, o Senhor saiu de seu santo Templo" (Mq 1,2). Por conta dos crimes praticados pelo povo, Miqueias anunciou a ruína de Sião: "Por isso, por vossa culpa, Sião será arada como um campo, Jerusalém se tornará lugar de ruínas, e a montanha do Templo, cerro de brenhas" (Mq 3,12). Também Jeremias disse em nome de Deus: "Assim disse Iahweh. Se não me escutardes para seguirdes minha Lei, que eu vos dei, para atenderdes as palavras de meus servos, os profetas, que eu vos envio sem cessar, mas vós não escutais, eu tratarei esta Casa como a Silo e farei desta cidade uma maldição para todas as nações da terra" (Jr 26,4-5). Já os profetas Ageu (Ag 2,15.18), Zacarias (Zc 6,12-15; 8,9) e Ezequiel (Ez 44,1-48) falaram em favor do templo

O Templo em João

O evangelista João, ao contrário dos outros três descreve Jesus participando de uma Páscoa em Jerusalém, logo no começo da missão. Nessa

Páscoa, fica registrada a desconformidade de Jesus com as autoridades de então. Cristo reage à profanação do Templo, o qual chama de "casa de meu Pai", mas que, na verdade, estava sendo, naquele momento, uma casa de comércio (Jo 2,16). Não há compatibilidade entre uma e outra atividade. Entre aquilo que deve ser e aquilo que estão fazendo dela (Jo 2,14-15). A reação das autoridades é imediata (Jo 2,18), mas Jesus não se assusta e argumenta com uma profecia: "Destruí este templo, e em três dias eu o levantarei" (Jo 2,19). Jesus fala do templo de seu corpo (Jo 2,21).

O evangelista João nos direciona para uma radical mudança no culto, em que o lugar da presença de Deus, por excelência, não será mais uma casa construída por mãos humanas (At 7,48; 17,24), mas o íntimo de cada ser humano, pois foi aí, no coração de cada um, que ele escolheu fazer morada (1Cor 3,16; 6,19-20).

No capítulo 5 de evangelho, por ocasião de uma festa inominada, Jesus vai a Jerusalém, não priorizando o Templo, mas as pessoas mais necessitadas que se encontram à beira da piscina de purificação que possibilita a entrada no Templo (Jo 5,1-9). Mais tarde, por ocasião da festa das Tendas, novamente Jesus vai ao Templo para oferecer ao povo um ensino único, o Evangelho (Jo 7,14-19.28-29).

A missão de ensinar no Templo é prioridade: "Antes do nascer do sol, já se achava outra vez no Templo. Todo o povo vinha a ele e, sentando-se, os ensinava" (Jo 8,2). O ensino terminou em sério conflito com as autoridades, que se sentiam donas do Templo: "Então apanharam pedras para atirar nele; Jesus, porém, ocultou-se e saiu do Templo" (Jo 8,59). Encontramos ainda Jesus no Templo por ocasião da festa da Dedicação (Jo 10,23), ocasião em que também é ameaçado de morte.

Enquanto o Templo de Jerusalém se tornou o centro do culto, a Páscoa da saída do Egito se trasnformou na matriz de todas as festas, tendo a lua nova e o sábado como tempo de gravitação. No entanto,

Jesus, segundo João, vem devolver o Espírito para que as instituições sejam mesmo de Deus.

2.1.3 A festa das bodas

A festa de casamento ou aliança era muito importante para o povo de Israel, pois ela prefigurava a Aliança de Deus com Israel. Por meio dela, cumpria-se o mandamento de crescer e se multiplicar (cf. Gn 1,28), e pela prática desses preceitos se preservava o povo eleito de Deus, o povo da Aliança. Por isso, o casamento era celebrado durante uma semana inteira (cf. Gn 29,27; Jz 14,12-17), com vários rituais. João é o único evangelista a nos colocar por dentro de uma festa de bodas dos judeus daquela época.

A cerimônia principal era a entrada da noiva na casa do noivo, onde ocorria oficialmente a passagem do domínio sobre ela do pai para o esposo. O noivo, com um diadema na cabeça (cf. Ct 3,11; Is 61,10), acompanhado dos amigos, com tambores e muita música (cf. 1Mc 9,39), ia para a casa da noiva, geralmente à noite, para buscá-la. A noiva, ricamente vestida e ornada de muitas joias (cf. Sl 45,14-15), com o rosto coberto por um véu (cf. Ct 4,1.3; 6,7), aguardava. Ela só tirava o véu depois de ter entrado no quarto nupcial. É nesse ponto que Jacó teria sido enganado por Labão, que lhe prometera Raquel, mas lhe enviou Lia (cf. Gn 29,15-30).

As amigas, que vigiavam junto com a noiva, ajudavam-na a estar pronta para a hora anunciada. Partiam, então, rumo à casa do noivo, com cânticos que exaltavam as qualidades dos dois (noiva e noivo), como podemos ver no Salmo 45 e no Livro do Cântico dos Cânticos. Seguiam assim até o lugar onde estava preparado o quarto nupcial para realizar a consumação, considerada como selo.

A noiva era introduzida imediatamente na câmara nupcial, enquanto amigos, amigas e familiares se organizavam, esperando o anúncio da consumação. Ocorrido o despecho, o noivo dava o sinal ao encarregado e, então, começava a festa. Mais para o final, era obrigação dos noivos se apresentarem e saudarem todos os convidados. Daquela primeira noite se conservava um pano manchado de sangue, como prova da virgindade da noiva e da responsabilidade do noivo na "desvirginização", em caso de demanda do marido (cf. Dt 22,13-21). Ainda hoje há costumes semelhantes a esses nos casamentos entre os árabes da Palestina e da Síria.

Segundo Mateos e Barreto (1989), essa festa representa a inteira missão de Jesus, pois ele veio para que a vida prevaleça e seja uma festa contínua. A água simboliza a Antiga Aliança e, transformada em vinho, a Nova Aliança. Para esses autores, as bodas encerram a semana inaugural da missão de Jesus (Jo 1,19-2,11) imitando a semana da criação do Livro do Gênesis (1,1-2,4a). Segundo João, esse é o primeiro dos sete grandes sinais realizados por Jesus e selecionados por ele.

O que se celebra na festa de bodas? A aliança, é claro. O motivo da festa não é a comida nem a bebida, mas a união entre duas pessoas. Elas eram livres e independentes, mas escolheram dar-se uma a outra e formar uma unidade. E o que alimenta a unidade? A resposta é clara: **o amor**. A festa de bodas simboliza a Aliança de Deus com a humanidade. Uma união que vai permanecer e produzir muitos frutos.

No início, Deus criou o homem e a mulher, que se reconheceram numa só carne (Gn 2,23-24). No entanto, essa unidade pouco durou e as relações entre eles ficaram bastante prejudicadas. Dessa forma, Jesus começa sua missão pela parte mais necessitada de reparo e de resgate, que é a união dos casais. Não só por isso, mas também porque as boas significam a união da humanidade com Deus.

Isso torna evidente o alcance da obra de Jesus, que se caracteriza pela transformação, que tem a convocação de Maria, a mãe dele (Jo 2,3) e a colaboração dos serventes da festa (Jo 2,5). A transformação não é automática, mas participativa. Assim, quanto mais gente toma parte dela, mais novidade e mais qualidade acontecem. A transformação da água em vinho só foi constatada depois que as falhas chegaram ao mestres-sala (Jo 2,8-9), porque aconteceu enquanto os serventes caminhavam. O engajamento nas mudanças, por obediência a Jesus, traz a boa novidade a todos.

A vida é para ser festejada, mas, para que isso aconteça, é fundamental a participação de todos na realização do bem comum. O vinho simboliza o espírito que dá sentido à vida e o amor. Assim, para que a vida humana tenha graça, o vinho nunca poderá faltar.

O vinho é o próprio sangue de Jesus que, em João (Jo 19,34), é derramado em favor de toda a humanidade. A festa é de bodas, de aliança, e o que dá sentido a ela é o amor, que garante a fidelidade à Aliança.

2.1.4 A festa da Páscoa

Páscoa significa "passagem", e celebra a noite em que o anjo exterminador passou pelo Egito e feriu todos os primogênitos cuja porta da casa não estava assinalada com o sangue do cordeiro. O anjo pulou as residências que tinham esse sinal, deixando vivos os primogênitos que moravam nelas. Essas casas eram dos israelitas. Por esse motivo, a Páscoa passou a ser a festa da identidade de Israel, sua celebração mais importante, e faz parte do mandamento dado a Moisés (Ex 11-12). É constantemente relembrada ao longo da história da Aliança.

A Páscoa tem origem em duas vertentes: a dos pastores, celebrada com a imolação do cordeiro, e a dos agricultores, celebrada com o pão ázimo, isto é, sem fermento. A partir da saída do Egito, ela tomou um novo significado, e passou a ser a festa que celebra a libertação do povo de Israel da escravidão, realizada por Deus, com mão forte e braço poderoso, por meio de seu servo Moisés.

Essa festa era celebrada, em cada ano, sempre na primeira lua cheia da primavera. Um cordeiro macho, sem defeito, de um ano, era escolhido para a purificação no 10º dia do mês e imolado ao cair da tarde do 14º dia. O sangue era usado para aspergir os umbrais da porta de entrada da casa e a carne era assada e comida durante aquela noite. No dia seguinte, começava o ritual do pão sem fermento, que durava até o 21º dia do mês, no qual era celebrada uma assembleia, concluindo a festa. A Páscoa no tempo de Jesus era comemorada ao modo determinado pela reforma realizada pelo Rei Josias de Judá (640 a.C.-609 a.C.), conforme relata o 2º Livro dos Reis (2Rs 23,1-27). Ela é a mais antiga das festas, a primeira e a principal do povo de Israel. Hoje também para os cristãos, é a "mãe" das festas.

Em João 2,13-23, Jesus participa, pela primeira vez, da Páscoa dos judeus. Ele quer apresentar um jeito novo, ou melhor, pretende retomar o sentido original da festa, mas as autoridades o impedem. Em João 4,45, Jesus encontra-se na Galileia com pessoas que estiveram na festa em Jerusalém e faz sucesso entre elas. O evangelho deixa claro que se tratava da Páscoa dos "judeus" (cf. Jo 2,13-22) e, pela reação de Jesus, mostra como é a proposta da Páscoa que ele tinha em mente.

2.1.5 A festa de Pentecostes

Essa é, possivelmente, a festa sem nome, celebrada e descrita, segundo João, no capítulo 5 do evangelho. Originalmente denominada *festa da Colheita* ou *festa das Semanas*, passou a ser chamada *Pentecostes* em relação ao número 50, correspondente a sete semanas e mais um dia contados a partir da semeadura, também conhecida como a *festa das Primícias*, isto é, dos primeiros frutos (Ex 23,16; Dt 16,9-10; Nm 28,26).

O povo de Israel devia levar ao Templo os primeiros frutos da colheita para oferecê-los ao Senhor, pois foi por graça dele que as sementes frutificaram e os rebanhos foram fecundados.

Como aconteceu com a festa da Páscoa, os israelitas aplicaram sobre a festa do Pentecostes um novo motivo: a Aliança, a recepção do Decálogo no Sinai. A partir da Lei dada a Moisés, o Pentecostes passou também a ser a festa do dom da Lei, pois, ela passou a ser a primícia da organização do povo de Deus.

À festa referida em João 5,1 é dado o nome de *Pentecostes*, visto que João nomeia todas as principais festas judaicas, menos essa. Também porque a cura do paralítico está relacionada ao problema de interpretação da Lei, cujo dom é o motivo principal dessa festa. Por mudar a interpretação da Lei, Jesus sofre muita pressão a ponto de estar jurado de morte (cf. Jo 5,18). Fica novamente evidente a diferença entre o entendimento tradicional do Pentecostes e a proposta de Jesus. Para os israelitas, era a memória de um acontecimento passado; para Jesus, é a atualização da história. Pentecostes é nova organização, novo jeito de ver, entender e viver a vida no dia a dia.

2.1.6 A festa dos tabernáculos

Nas vésperas dessa festividade, os irmãos (parentes) de Jesus estavam caçoando dele, pois, como ele não havia ido a Jerusalém na Páscoa, queriam saber se ele também faltaria à festa dos Tabernáculos. Jesus, entretanto, apenas recusa as ofensas (Jo 7,2-8), pois sabe o que faz.

Embora não vá para a abertura da festa, Cristo aparece para seu fechamento. Ele sabe a hora de agir (Jo 7,10.11.14). No último dia, faz a solene declaração: "'Se alguém tem sede, venha a mim e beberá, aquele que crê em mim!' Conforme a palavra da Escritura: de seu seio jorrarão rios de água viva" (Jo 7,37-38; cf. 8,12-20).

A motivação religiosa dos israelitas é a memória da peregrinação, o tempo de caminhada pelo deserto entre a saída do Egito e a entrada na Terra Prometida, quando deixaram-se conduzir por Deus. Foi ele quem os levou para fora do Egito por meio de Moisés. Foi ele quem os conduziu pelo deserto e foi também ele que os fez entrar na Terra Prometida por meio de Josué.

A festa dos Tabernáculos era também conhecida como *festa das Tendas* e *festa das Cabanas* e, era a terceira das celebrações na sequência do ano, comemorada durante sete dias, a partir do sétimo mês depois da primavera (cf. Nm 29,12; Dt 16,13-15), com muito júbilo, alegria e gratidão, e nela se destacava a diversão popular. Era equiparada à Páscoa e ao Pentecostes, e também celebrada com peregrinação para Jerusalém. Os motivos históricos e teológicos da festa estão no Livro do Deuteronômio 26,1-11. Os rituais diários são determinados no Livro dos Números 29,12-38.

O Templo teria sido dedicado por Salomão durante essa festa (1Rs 8,2.65), que, por sua vez, coincidia com a festa canaanita da uva (Jz 9,26-27; 21-24). Os israelitas faziam a procissão da arca (2Sm 6,1-22) cantando o Salmo 24. Na primeira das sete noites, acendiam tochas, de modo a iluminar toda a área do Templo como a luz do dia. As danças rituais eram desenvolvidas à noite sob essa luz. Durante o dia, fazia-se a procissão ao redor do altar, com os devotos carregando um ramo numa mão e um fruto na outra, enquanto cantavam o Salmo 119.

No último dia (o sétimo), trazia-se água, em talhas, da fonte (piscina) de Siloé, para lavagem do altar dos sacrifícios. Esse era um ritual semelhante à lavagem das escadarias do Senhor do Bonfim, em Salvador, na Bahia. Os momentos mais solenes da festa eram marcados pelo toque da shoffar (chifre, berrante).

2.1.7 A festa da dedicação

Essa festa, também conhecida como *Hanukka*, narrada pelo historiador Flavio Josefo como *festa das Luzes*, era celebrada no final de dezembro. Alguns dizem que seria por ocasião da festa do Sol. Nessa data, os israelitas proclamavam a nova dedicação do Templo de Jerusalém, que havia sido profanado por Antíoco IV e depois retomado pelos irmãos macabeus em 164 a.C., e reinaugurado no mesmo dia em que foi profanado, isto é, dia 25 do mês de ceslau (dezembro) de 164 a.C. (cf. 2Mac 10,1-8; Jo 10,22).

A festa da Hanukka, celebrada a partir do dia 25 do mês de ceslau, durava oito dias. Constava de oferendas sacrificiais no Templo de Jerusalém, para o qual os peregrinos se dirigiam festivamente levando ramos verdes e palmas nas mãos para o altar dos sacrifícios (1Mac 4,54; 2Mac 10,6-8), cantando hinos de vitória, tais como o Salmo 30, que é intitulado *Cântico para a dedicação da casa de Deus*, e também os Salmos 113 a 118, próprios para a peregrinação. Outro bom espaço dessa celebração era dedicado à cerimônia da luz, retomada ou fortalecida por ocasião da Dedicação (1Mac 1,8-10.18-19).

Podemos concluir que, para Jesus, segundo João, o fundamental na celebração das festas não é cumprir a Lei nem realizar bem o ritual estabelecido, mas celebrar a vida libertada e transformada. A festa, particularmente a da Páscoa, é libertação em ato, é mudança presente. Não se celebra pelo que aconteceu em gerações passadas, mas pela adesão prática e ativa que a geração atual faz ao processo libertador iniciado no passado. Portanto, a festa faz parte da vida e a vida está no centro da festa.

2.2 A Páscoa em João

Como vimos anteriormente, a Páscoa é a mais significativa das festas judaicas. Por ela se cultiva a memória que identifica Israel como **povo de Deus**. Nela está inscrita a memória do êxodo, por meio do qual o Senhor libertou seu povo do Egito. Daí a legislação para que se cultive de geração em geração (Ex 12,1-51). O evangelista João nos dá notícias de três páscoas, que ele chama "dos judeus", e revela que Jesus tem uma atitude diferente em cada uma delas.

2.2.1 A Páscoa do início da missão

Em João 2,13-22, Jesus participa da festa da Páscoa e complica a situação, por manifestar sua inconformidade não só com o modo de celebração, mas também com a estrutura montada para isso e até mesmo com o lugar (Jo 2,18-19). A Páscoa, tão importante para a libertação e a constituição do povo de Deus, passa a ser usada pelas autoridades como instrumento de exploração para uma nova escravidão. A enérgica reação de Jesus expressa pelo uso do chicote é insignificante em relação à violência pela adulteração da Páscoa praticada pelas autoridades vigentes e é a melhor expressão dessa indignação.

2.2.2 A Páscoa do ano seguinte

Dessa vez, Jesus não vai a Jerusalém, como todos os outros bons peregrinos fazem, e celebra a Páscoa com a multidão às margens do mar da Galileia (Jo 6,1-13). Enquanto a Páscoa dos judeus acontece em Jerusalém, Jesus celebra uma nova Páscoa, sem Templo e sem as exigências estabelecidas pelas autoridades ao longo da história. Há, portanto, uma nova liturgia. A Páscoa de Jesus é partilha de vida, de tudo o que é necessário para viver; a de Jerusalém está sendo usada como exploração dos peregrinos, no cumprimento de um ritual. Assim, enquanto na Páscoa dos judeus, em Jerusalém, as autoridades aproveitam-se dos peregrinos, na Páscoa de Jesus, às margens do mar da Galileia, partilha-se tudo com os devotos e entre eles.

Jesus aproveita o momento para instruir os discípulos, provocando-os a se importarem com a situação do povo que o segue: "Levantando Jesus os olhos e vendo a grande multidão que a ele acorria, disse a Filipe: 'Onde compraremos pão para que eles comam?'" (Jo 6,5). É assim que Ele chama os discípulos à responsabilidade para com o povo. Filipe quer se desculpar (cf. Jo 6,7), mas André entende e sai à procura de algo que possa fazer a diferença naquela situação (cf. Jo 6,8-9). Porém, o achado de André é suficiente? Os discípulos precisam organizar o povo. Por isso, Jesus ordena: "Fazei que se acomodem" (Jo 6,10). Quando há partilha e participação entre as pessoas e Deus, o melhor sempre acontece.

Nesse ponto, somos desafiados a tornar mais visível e palpável a partilha e o serviço em nossas celebrações eucarísticas. Este é o papel da equipe de liturgia: fazer com que aconteça a celebração da vida (partilha e serviço) **da** e **na** comunidade presente.

2.2.3 A terceira Páscoa, em Jerusalém

Jesus vai para lá e lá será entregue e crucificado. João 11,55 conta que uma nova "páscoa dos judeus" se aproxima e que Jesus se aproxima de Jerusalém (Jo 12,1). Ele não vai à cidade para celebrar a Páscoa dos judeus, mas a sua própria Páscoa. Seis dias antes, ele celebrara em

Betânia com Marta, Lázaro e Maria. Um dia antes, ele celebrou a ceia, já em Jerusalém, com seus discípulos, ocasião em que explicitou a novidade com o testemunho do lava-pés.

O lava-pés na Páscoa (Jo 13,1-17)

Jesus sente que sua hora se aproxima, reúne os seus discípulos e manifesta-lhes seu último desejo, com um gesto que marca para sempre a história da humanidade. Esse texto possui afinidade com os que expressam a despedida de importantes personagens da história bíblica[1].

Enquanto todos comem, "Durante a ceia" (Jo 13,2), Jesus realiza o lava-pés. Todas as refeições tinham o "lava-mãos". Algumas especiais pressupunham o lava-pés antes de iniciar a ceia, como sinal de acolhida e de hospitalidade (Lc 7,44). Porém, Jesus realiza seu gesto enquanto a refeição está acontecendo, ou seja, no meio dela.

Isso pode significar que ele está estabelecendo uma relação muito estreita entre o comer e o servir, entre a Eucaristia e o serviço solidário. Até aquele momento, os convidados para uma refeição eram servidos e saíam satisfeitos. A partir de então, os convidados para a refeição servem-se mutuamente e saem da refeição para servir aos outros.

Com esse gesto, Jesus ensina que a graça recebida precisa ser partilhada. O dom não é propriedade nossa, não somos donos dele, mas administradores, pois o Senhor será Deus sempre. O gesto indica uma ordem: os mais necessitados primeiro.

Jesus levanta-se

Jesus "levanta-se da mesa, depõe o manto e, tomando uma toalha, cinge-se com ela" (Jo 13,4). Nesse cenário, podemos notar que ficar de pé expressa prontidão; tirar o próprio manto representa iniciativa livre e soberana, que procede do seu íntimo. Essas ações ensinam que, na dinâmica do Reino de Deus, para servir, é necessário se despojar.

---

1 Cf. Gn 27,1-45; 47,27-31; 49,1-33; Dt 33,1-29; Tb 4,1-21.

O que Jesus faz consigo diante dos discípulos é o que os discípulos precisam fazer diante do mundo.

A troca do manto pela toalha convoca a uma nova atitude, a uma nova prática. O serviço **do** Reino de Deus e **para** o Reino de Deus exige entrega total de si mesmo. E nós como servimos? Que instrumento simboliza nossa prática? Essa inversão ainda causa problema. A dinâmica cristã exige testemunho de solidariedade concreta, sempre aberto a atingir, o mais amplamente possível, tudo o que nos cerca.

Jesus começa a lavar

"Depois coloca água numa bacia e começa a lavar os pés dos discípulos e a enxugá-los com a toalha com que estava cingido" (Jo 13,5). O Senhor pode até lavar os pés de outro, mas é o servo que lhe prepara a bacia com água. Ele só se presta ao gesto pontual. Os preparativos ficam por conta de outros.

Porém, Jesus assume os preparativos, não faz meio trabalho. Enxuga os pés que acaba de lavar, com a toalha com que estava cingido, isto é, liga seu corpo todo ao serviço que presta. O gesto que faz expressa o que ele é: inteiramente servo. Todo o seu ser está a serviço, ou seja, ele se dá naquilo que faz, e faz o que propõe aos discípulos: lava-lhes os pés. Inclina-se até o chão. Isso pode significar reverência, mas representa, com certeza, submissão. Ser discípulo é estar submisso ao mestre, pois normalmente é aquele que serve a este e sente-se honrado em fazê-lo. Na Boa-Nova cristã acontece o inverso: o mestre serve, isto é, lava os pés dos discípulos. Eis a dinâmica que revela a novidade do Reino de Deus: lavar os pés dos discípulos é cuidar dos que servem os servos. Este é o grande e estranho desafio: para servir ao Senhor dos senhores é necessário inclinar-se ao Servo dos servos.

Os pés

Por que Jesus lavou os pés? Há um simbolismo nisso. Os pés são os servos do corpo, que aguentam nosso peso o dia todo e nos conduzem por onde quer que queiramos ir.

A sociedade do tempo de Jesus estava organizada de maneira que o servo servisse o senhor. Muitas pessoas se sentiam honradas com isso. No entanto, Jesus propõe outra dinâmica. A maior honra para ele, o sentido do Reino de Deus, exige que os servos sejam servidos. Foi isso que levou Pedro a reagir. Essa mudança é estonteante, sem precedentes, completamente fora da lógica até então vivida.

Todo mundo queria ser senhor ou, pelo menos, servo do senhor, mas Jesus veio e ensinou as pessoas a serem servos dos servos. Isso significou muito para Pedro e seus companheiros. Isso significa muito também para nós.

Pedro também conhecia o lava-pés como purificação, mas Jesus dá outro sentido a ele. Então, Pedro fica perdido. O lava-pés de Jesus nada tem a ver com purificação, mas com participação, com adesão à missão, isto é, com a construção do Reino de Deus.

Retoma o manto

"Depois que lhes lavou os pés, retomou o seu manto, voltou à mesa e lhes disse: 'Compreendeis o que vos fiz?'" (Jo 13,12). Ele retomou o manto, mas não tirou o avental/toalha. Isso mostra que servir aos outros é a verdadeira expressão do poder daqueles que se fazem seus seguidores. "Se, portanto, eu, o Mestre e o Senhor, vos lavei os pés, também deveis lavar-vos os pés uns dos outros" (Jo 13,14). É nessa prática que se situa a nova comunidade, a nova humanidade que vive aqui e agora o Reino de Deus.

Festejar não é só comer juntos e conversar, é também servir, é comprometer-se com as necessidades uns dos outros. Por meio da ceia, Jesus se dá. É missão dos discípulos continuarem seu dom, servindo-se uns aos outros. "Se compreenderdes isso e o praticardes felizes sereis" (Jo 13,17).

Verdadeiramente, a Páscoa de Jesus não é como a dos judeus. A Páscoa é a entrega da própria vida em resgate da vida da humanidade; ela não é uma lembrança, mas um acontecimento: lembrança não tem poder de fazer história, não faz acontecer. Por isso, Jesus prepara os discípulos para a Páscoa que o Pai quer, para aquela que realmente identifica seus obedientes seguidores. A última e definitiva passagem do pecado e da morte para a vida que nunca se acaba.

2.3 Sinais, palavras e obras

Abordaremos, agora, o significado específico de cada termo no Evangelho segundo João.

2.3.1 Palavra (Verbo)

A **Palavra** tem um sentido especial em João. "No princípio era o Verbo e o Verbo estava com Deus e o Verbo era Deus" (Jo 1,1). O semeador semeia a Palavra, diz Jesus em Marcos 44,14. Era com esse termo, muito provavelmente, que os cristãos designavam o Evangelho (At 8,25), que progredia mediante a pregação dos apóstolos, evoluindo até o significado que encontramos na narrativa joanina. Assim também no Livro do Apocalipse 19,11-16, como já se fez com a **sabedoria** (Ap 18,15), e é retomada no início da primeira carta: "**O que era desde o princípio, o que ouvimos**, o que vimos com nossos olhos, o que contemplamos e o que nossas mãos apalparam do Verbo da vida" (1Jo 1,1, grifo do original).

A *Palavra do Senhor* (*dabar* Iahweh) significa muito mais do que a palavra pronunciada; significa também "coisa", "evento", "ação", "acontecimento". Compreende, ao mesmo tempo, *palavra* e *ação*. Para os hebreus, *dabar* contém uma energia dinâmica, certo poder próprio (Brown, 1979). A palavra informativa é desafiadora, provocadora, e é impossível ficar indiferente diante dela. Para o deuteronomista, gênero literário cujo Livro do Deuteronômio é o principal representante, a *palavra* dá vida (Dt 32,46-47); para o salmista, a *palavra* tem o poder de curar o povo (Sl 107,2; Sb 16,12.26; Is 55,11; Jo 3,14; Jo 6); em João, o sentido da *palavra* vai por aí. Ele tem mais de 24% das ocorrências do termo no Novo Testamento[2].

Amém, amém

A solene confirmação da palavra *amém*, traduzida em português por "em verdade, em verdade vos digo", vem do aramaico *amém* duplicado. É uma expressão solene usada por Jesus unicamente na narrativa do evangelista João. Mateus, Marcos e Lucas usam a expressão "em verdade vos digo" ou "eu vos digo" (Mt 5,18.26; 6,2.5.16; 8,10). João, porém, usa duplamente a palavra *amém* por 25 vezes, o que significa uma intenção determinada.

A expressão é tão especial que Konings (2000) prefere não traduzi-la para respeitar o significado profundo dessa afirmação. *Amém, amém* traz ao mesmo tempo a afirmação e a confirmação da resposta, geralmente orante. Algo semelhante ao que a assembleia hoje responde aos pregadores. Isso pode ser verificado no Livro dos Números 5,22. O *amém* aí pronunciado é traduzido em português como "verdade", ou seja, quer assegurar que Deus é quem garante o que está sendo afirmado. A palavra que está sendo dita tem como fundamento Deus mesmo.

---

2 Jo 1,1-4; 2,22; 4,37.39.41.50; 5,24.38; 6,60, 7,36.40; 8,31.37.43.51.52.55; 1,19.35; 12,38.48; 14,23.24; 15,3.20.25; 17,6.14.17.20; 18,9.32; 19,8.13; 21,23; 1Jo 1,1.10; 2,5.7.14; 3,18 e 3Jo 10; Ap 1,2.3.9; 3,8.10; 6,9; 12,11; 17,17; 19,3.13; 20,4; 21,5; 22,6.7.9.10.18.19.

A primeira vez que Jesus se vale dessa expressão, segundo João, é para alargar em muito a visão de Natanael a respeito do que o homem que ele está vendo representa na história da salvação. Assim, o sonho de Jacó (Gn 28,10-22) se realiza no homem que está diante dos olhos de Natanael (Jo 1,51). Em seguida e por três vezes (Jo 3,3.5.11), a declaração é feita a Nicodemos, um notável entre os judeus, que se interessa pela novidade de Jesus, mas não quer perder os privilégios conquistados na instituição judaica.

A declaração aparece novamente por três vezes (Jo 5,19.24.25) no confronto de Jesus com os defensores do sábado, por ocasião da cura de um homem na piscina de Betezda, que estava paralisado há 38 anos (Jo 5,1-9). Jesus continua a solenizar sua declaração por quatro vezes (Jo 6,26.32.47.53) na instrução sobre o pão da vida dada aos que o buscam, depois de terem comido o pão de cevada (Jo 6,1-15).

Encontramos a expressão mais três vezes (Jo 8,34.51.58), para diferentes afirmações, no confronto de Jesus com as autoridades judaicas sobre o reconhecimento de sua autoridade. A partir de então, a solene afirmação se encontra no contexto da formação dos discípulos (Jo 10,1; 12,24; 13,16.20.21,38; 14,12; 16,20.23; 21,18) até a ressurreição de Cristo.

2.3.2 Sinal

João descreve, no texto do evangelho, só sete sinais – escolhidos cuidadosamente – para instruir e encorajar a fé dos leitores (Jo 20,30-31). Apenas três dos sete estão na tradição sinótica: a cura do filho de um oficial do rei Herodes Antipas, também em Caná (Jo 4,43-54); a multiplicação dos pães para 5 mil pessoas às margens do mar da Galileia (Jo 6,1-15) e a caminhada sobre as águas, também no mar da Galileia (Jo 6,16-21).

Os outros quatro sinais, presentes unicamente em João, são: a transformação da água em vinho, na festa das bodas, em Caná (Jo 2,1-12); a cura de um indivíduo paralítico há 38 anos, na piscina de Betezda, em Jerusalém (Jo 5,1-9); a cura de um adulto, cego de nascença, na piscina de Siloé em Jerusalém (Jo 9,1-7); e a ressurreição de Lázaro, em Betânia, próximo a Jerusalém (Jo 11,1-42). Existe ainda um sinal no apêndice (Jo 21,1-14), em que se narra a pesca milagrosa na Galileia.

Segundo o evangelista João, Jesus não se ocupa em expulsar demônios. Existem adversidades sim, mas Jesus se ocupa da instrução que possibilita a superação de todas as adversidades, na comunhão com Ele. "No mundo tereis tribulações, mas tende coragem, eu venci o mundo!" (Jo 16,33). O desafio aparece forte no capítulo 8, no confronto com os adversários da Boa-Nova que Jesus está trazendo. Aí encontramos acusações mútuas de endemoniamento. Para João, a prioridade é a adesão de fé, que se expressa no "Como eu vos amei, amai-vos também uns aos outros" (Jo 13,34). O sinal é uma mostra do que Jesus é capaz. O suficiente para que a humanidade e o mundo saibam que Deus está no controle. Jesus chama de *obras* aquilo que João chama de *sinais*.

Obra de Deus é a criação que Jesus, segundo João: "Meu Pai trabalha até agora e eu também trabalho" (Jo 5,17). De cabeça erguida, ele confronta seus opositores: "Eu vos mostrei inúmeras boas obras do Pai. Por qual delas quereis lapidar-me?" (Jo 10,32).

Há nesse evangelista uma estreita relação entre obras e palavras. As obras vêm primeiro, seguidas da palavra de interpretação. A instrução vem para inserir o povo presente na dinâmica de Jesus. Apenas os primeiros dois sinais, feitos em Caná (Jo 2,1-12; 4,43-54), não são seguidos de um discurso instrutivo, pois naquele local os espectadores estavam abertos aos sinais e aderiram a eles.

A cura do homem paralisado há 38 anos, na piscina de Betezda, em Jerusalém (Jo 5,1-9), é seguida de um discurso que vai do versículo

10 ao 47 (Jo 5,10-47). Essa fala tem como foco a superação do ritualismo na observância do sábado. Observar o sábado sem o fundamento, sem o espírito de sua instituição, de nada serve. Observar o sábado é, literalmente, descansar. Ora, um doente não tem descanso enquanto a doença não for anulada, pois, mesmo no sétimo dia, ele continua sofrendo. Não se trata, portanto, de não trabalhar, de gozar o descanso, mas de oferecer o sábado a quem não está em condições. O sábado, o *descanso*, é direito de todos e para todos. Podemos perceber na diferença da narrativa a intenção de Jesus, cuja ação ocupa nove versículos, enquanto a instrução ocupa 48.

Na multiplicação dos pães, a narrativa da obra ocupa 15 versículos e a instrução ocupa 56. O foco é a ressignificação ou a superação do maná miraculoso recebido no deserto, que aponta para Jesus, o pão da vida. O maná saciava a fome de cada dia. Jesus vem saciar a fome para sempre, dando-nos condição de eternidade.

Na cura do cego de nascença, a narração da ação ocupa apenas sete versículos, enquanto a instrução se desenvolve em 34. Nesse trecho, o sinal convoca para a superação da leitura determinista das doenças e das deficiências como castigo de Deus. É também uma grande oportunidade para mudar a mentalidade dos discípulos, inserindo-os na verdade de Deus. Porque, na maioria das vezes, as verdades humanas prevalecem sobre a divina e ainda se ousa reclamar de Deus.

Na ressurreição de Lázaro, porém, existe uma característica especial. A ordem se inverte, a obra acontece no final do discurso. O objetivo é a instrução dos discípulos (Jo 11,14-15) sobre a ressurreição na ótica cristã, que desloca a profissão de fé de Marta, do último dia (Jo 11,24), para a inserção em Cristo hoje (Jo 11,25). O último dia, portanto, deixa de ser uma questão cronológica e passa a ser uma experiência existencial. É preciso aprofundar essa verdade para superar o drama da morte física e biológica.

No caso de Lázaro, Maria indica o túmulo que está ocupado. Jesus ordena a remoção da pedra e a saída de Lázaro obedecendo a sua voz. No entanto, são os presentes que devem desamarrá-lo para conceder-lhe que ande livremente (Jo 11,34-44).

Na ressurreição de Jesus, Maria Madalena encontra a pedra removida. Pedro e o discípulo amado vão até o local e se certificam de que o túmulo está vazio, apesar de os panos e as faixas estarem lá arrumados (Jo 20,1-10). No caso de Lázaro, Jesus lhe devolve a vida, mas no seu caso, tendo a vida em si (Jo 10,18), ressuscita por própria conta.

A função fundamental do sinal (milagre), em João, é levar os participantes do acontecimento ao engajamento na obra de Jesus. Assim, eles podem perceber a grandeza do mistério que está diante deles. O sinal não diz tudo, mas indica o caminho que precisa ser feito para experimentar **o todo**. Ele dá menos importância à realização material do fenômeno maravilhoso. O sinal acentua a relação entre o acontecimento histórico e a ação do espírito. Jesus realmente trabalha o nível material, concreto, local, mas chama o povo a abrir-se, alargar horizontes, transcender. A transcendência é também real: o que falta no povo é o novo (Jo 4,46-54; 5,21.24; 9,35-41; 11,24-26).

Na escatologia de João, os sinais feitos por Jesus não só profetizam a intervenção de Deus, mas também já a contém. A intervenção é realidade presente. Assim, o sinal indica a realidade no espaço e no tempo. O que acontece antes da hora anuncia o que acontecerá depois da chegada da **hora**. Eis por que só encontramos sinais nos capítulos 2 ao 12. O sinal do capítulo 21 é um acréscimo posterior. A obra (milagre) é o sinal da presença de Deus em Cristo; o sacramento é sinal da presença de Cristo na Igreja.

Diante dos sinais realizados por Jesus, ocorrem basicamente quatro tipos de reação:

1. os que rejeitam ver os sinais com o mínimo de fé (Jo 3,17-20; 9,41; 11,47; 15,22);
2. os que veem sinais como prodígios e creem em Jesus como taumaturgo mandado por Deus; Jesus rejeita esse tipo de fé (Jo 2,23-25; 3,2-3; 4,45-48; 7,3-7);
3. aqueles que veem o verdadeiro significado dos sinais e chegam a crer em Jesus, conhecer quem é ele e entender sua relação com o Pai (Jo 4,53; 6,69; 9,38; 11,40);
4. aqueles que creem em Jesus mesmo sem ver sinais (Jo 17,20.24; 20,29).

Isso demonstra a importância das condições das pessoas que presenciaram os acontecimentos, pois cada uma fez a leitura de modo específico, influenciada pela condição em que se encontrava.

2.3.3 Obras

Embora, segundo Casalegno (2009, p. 255), exista uma correspondência entre o sinal e a obra de Jesus, em João, esta tem um alcance maior do que aquele, porque entre as obras estão incluídas também as ações de julgar e dar a vida, confiadas ao Filho pelo próprio Pai (Jo 5,20).

João indica também as obras feitas pelo Pai por meio de Jesus (Jo 10,25). "O meu Pai trabalha [opera] até agora e eu também trabalho [opero]" (Jo 5,17). "Eu, porém, tenho um testemunho maior que o de João [Batista]: as obras que meu Pai me encarregou de consumar" (Jo 5,36).

A qualidade das obras é o critério de discernimento de quem vem ou não de Deus. As obras más são camufladas, escondidas, mantidas nas trevas, e as boas são feitas e colocadas à plena luz do dia (Jo 3,19-21).

A *obra* é o foco da ação e da missão de Jesus: "Meu alimento é fazer a vontade daquele que me enviou e consumar a sua obra" (Jo 4,34).

Por ocasião da multiplicação dos pães, Jesus ensina aos que o procuram que o engajamento na obra de Deus acontece pela adesão a ele, que é o enviado do Pai (Jo 6,28-29). No entanto, as pessoas não conseguem ver, na ação de Jesus, as coisas que acreditam ser de Deus (cf. Jo 6,30).

Em seguida, por ocasião da festa das Tendas, Jesus faz saber, aos seus, que é odiado pelo mundo porque suas obras boas denunciam as obras más do mundo (Jo 7,3.7.21). Em João 7,21, Jesus dá a entender de qual obra está falando: trata-se da cura do homem paralisado há 38 anos (Jo 5,1-18).

Mais adiante, na continuidade do confronto, Jesus mostra que as obras no mundo têm uma origem, uma fonte, e é de acordo com a fonte que se revela o valor delas. As obras de Jesus têm origem em Deus Pai, mas as dos seus oponentes têm origem no diabo (Jo 8,38-44).

Em João 9,3-4, Jesus anuncia aos discípulos, curiosos, que fará a obra de Deus que lhe compete, justamente onde eles estão treinados a ver castigo. É necessário estar na luz para ver a graça; nas trevas, não é possível ter esse discernimento.

O conflito a respeito das obras chega a seu ápice por ocasião da festa da Dedicação, no capítulo 10 do Evangelho segundo João, depois que Jesus explicita o modo cristão de liderar, mostrando que seu modo é próprio de Deus (Jo 10,1-41). As autoridades se mostram irritadas com a mania de Jesus fazer as coisas e dizer que as faz pelo poder de Deus e que Deus é seu Pai. A acolhida ou a rejeição das obras de Cristo é critério de salvação ou de perdição (Jo 15,24).

A dificuldade de reconhecer as obras de Jesus, porém, não é só dos adversários. Os discípulos também precisam ser esclarecidos: "Há tanto tempo estou convosco e tu não me conheces, Filipe? [...]

As palavras que vos digo, não as digo por mim mesmo, mas o Pai, que permanece em mim, realiza suas obras" (Jo 14,9-11). Concluindo a obra do Pai, Jesus se entrega a ele (Jo 17,4; 19,30).

Em João, o termo *obras* é geralmente proferido por Jesus, enquanto *sinal* é especialmente usado pelo narrador (Jo 2,11.23; 4,54; 12,18.37).

2.4 O testemunho

A comunidade joanina insiste fortemente no testemunho. Evidentemente, a missão da testemunha é testemunhar, isto é, comprometer-se com o que viu. Das 37 vezes que o substantivo *testemunho* aparece no Novo Testamento, 21 vezes são no evangelho e nas cartas de João. Isso, na verdade, significa 57% das ocorrências.

O verbo *testemunhar* aparece em João 43 das 76 vezes de todo o Novo Testamento, o que equivale à mesma proporção do substantivo. Lembrando que não estamos contando as ocorrências no Livro do Apocalipse. Enquanto nos Evangelhos Sinóticos se destaca a pregação, no quarto evangelho o testemunho é ressaltado.

2.4.1 O testemunho de João chamado Batista

João abre o seu evangelho colocando João Batista com a missão de dar testemunho da luz, de indicar o caminho (Jo 1,7-8). Então, Batista proclama: "Este é aquele de quem eu disse: o que vem depois de mim passou adiante de mim, porque existia antes de mim" (Jo 1,15), e explica que, da plenitude desse homem, todos recebem abundância de graça (cf. Jo 1,16). No entanto, Batista também precisa desfazer o mal-entendido das autoridades judaicas sobre a pessoa dele, e então afirma: "Eu não sou o Cristo. [...] **Eu sou uma voz que clama no deserto: Endireitai o caminho do Senhor**" (Jo 1,13-23, grifo do original).

Batista continua respondendo às autoridades: "No meio de vós, está alguém que não conheceis, [...] do qual não sou digno de desatar a correia da sandália" (Jo 1,26-27).

No dia seguinte, ocorre mais testemunho: "Eis o Cordeiro de Deus, que tira o pecado do mundo. [...] Vi o Espírito descer, como uma pomba vinda do céu, e permanecer sobre ele [...]. E eu vi e dou testemunho que ele é o Eleito de Deus" (cf. Jo 1,29-34). Porém, não basta que Batista testemunhe às autoridades (Jo 1,19), ele precisa também declarar a seus próprios discípulos, fazendo com que passem da companhia dele para a de Jesus (Jo 1,35-39). Embora Batista tenha encontrado adesão, ela não foi o suficiente, e ele continua seu testemunho para desfazer a competição entre seus discípulos e os de Jesus (Jo 3,22-30).

2.4.2 O testemunho da Samaritana

A samaritana encontra Jesus no poço de Jacó e, numa conversa bastante confrontante abre-se para a expectativa messiânica. Então a mulher diz: "'Sei que vem um Messias [...]. Quando ele vier, nos anunciará tudo'. Disse-lhe Jesus: 'Sou eu, que falo contigo'" (Jo 4,25-26).

A experiência que a samaritana tem na conversa com Jesus é suficiente para oferecer testemunho aos seus. No entanto, ela faz isso numa importante estratégia, apresentando-se como necessitada de ajuda para certificar-se da novidade que pensa ter descoberto. Se ela tivesse afirmado ter encontrado o Messias, talvez não conseguisse colaboração tão imediata e resultado tão eficaz. "Muitos samaritanos daquela cidade creram nele por causa da palavra da mulher que dava testeumunho: Ele me disse tudo o que fiz" (Jo 4,39). O testemunho dela é o início de uma caminhada de fé que se aprofunda pela convivência com Jesus e a consequente multiplicação do discipulado, a ponto de não mais precisarem do testemunho da mulher (cf. Jo 4,40-42).

2.4.3 O testemunho de Jesus

Jesus mesmo testemunha ao mestre Nicodemos que quer ser seu discípulo, mas não consegue se entregar por inteiro. Confronta a verdade de Nicodemos com a verdade que é Deus. "Em verdade, em verdade, te digo: nós falamos do que sabemos e damos testemunho do que vimos, porém, vós acolheis o nosso testemunho" (Jo 3,11). Jesus fala no plural, o que significa que o Pai está nas palavras dele. O testemunho de Batista teve pouca adesão, mas também o de Jesus encontrou muita dificuldade (cf. Jo 3,31-33).

Jesus não precisa do testemunho de homens, mas os homens que ele evangeliza precisam (Jo 5,31-32). O testemunho, por excelência de Jesus, são as obras que o Pai o enviou a fazer (Jo 5,36). Porém ele também testemunha a maldade das obras do mundo e, por isso, é odiado (cf. Jo 7,7). Os fariseus colocam em xeque o testemunho de Jesus porque não corresponde às suas normas, das quais eles se declaram guardiães (cf. Jo 8,13-18).

As obras que Jesus realiza testemunham que o Pai está com ele (Jo 10,25) e também a verdade que o mundo não quer ouvir nem ver. É a resposta que Jesus dá à insistência de Pilatos: "Pilatos lhe disse: 'Então, tu és rei?' Respondeu Jesus: 'Tu o dizes: eu sou rei. Para isso nasci e para isto vim ao mundo: para dar testemunho da verdade. Quem é da verdade escuta a minha voz'" (Jo 18,37).

2.4.4 O testemunho da comunidade

Segundo o evangelista João, não era suficiente que os seguidores de Jesus dessem um testemunho individual. Por isso, o testemunho é creditado na comunhão que acontece entre os discípulos – uns com os outros, em Jesus e pela causa de Jesus.

O serviço mútuo a partir do jeito de Jesus servir (Jo 13,12-20)

Depois da ação lavar os pés dos discípulos, Jesus volta à mesa, repõe o manto, mas não o avental improvisado (toalha), e explica sua atitude, para que não restem dúvidas sobre o que ele quer passar. A pergunta "Compreendeis o que vos fiz"? (Jo 13,12) evidencia essa intenção. O serviço dele continua, pois ainda não chegou ao fim, porque Ele não acabou de dar a vida.

Com essa prática – sair da mesa para servir, lavar os pés dos convivas e voltar à mesa para servir-se ou ser servido –, Jesus explicita como precisa ser a vivência de seus seguidores. Assim, o discipulado caracteriza-se por uma vida em comunidade, na qual todos servem e todos são servidos, e as funções exercidas não criam nem justificam hierarquização. Cada qual serve livremente de acordo com sua competência e acolhe com liberdade o ser servido em sua carência. Se Jesus, o Mestre e Senhor, não se sobrepõe aos discípulos, logicamente isso não pode acontecer entre eles. Pelo contrário, a disponibilidade de servir na gratuidade precisa prevalecer sempre.

Segundo Mateos e Barreto (1989, p. 569), a frase "como eu vos fiz, também vós façais" (Jo 13,15) aponta para duas dimensões: a ação de Jesus tem, para os discípulos, validade permanente; a ação conserva a comunidade (comunhão) em que ela deve estar sempre em voga. Não se trata de um gesto passageiro, mas uma prática válida para todos os tempos.

O amor mútuo a partir do amor de Jesus (Jo 13,34-35)

A perícope de João 13,34-35 promulga o estatuto fundacional da nova comunidade humana e substitui o estatuto antigo do povo de Deus e de sua Aliança (Lei de Moisés). Jesus já mostrou e explicou que o amor de Deus consiste em servir, dando a vida, até o fim (Jo 13,1). Mesmo a traição de Judas não interrompe a sua missão, pois ela é incondicional. Deus não oferece o dom às pessoas sob a condição de aceitação ou de fidelidade, pois Jesus ensina que o Pai não opera no código do merecimento. Contudo, o dom só terá efeito nas pessoas se por elas for aceito e realizado. O amor que têm sua origem e sua plenitude em Deus é oferecido e experimentado historicamente em seu Filho Jesus.

O estatuto e a identidade do novo povo de Deus vão além da reciprocidade, porque não têm origem no querer nem no sentir de cada pessoa, mas no querer e no sentir do homem divino, Jesus de Nazaré, Filho de Deus. A referência do velho mandamento era o amor-próprio: "Amarás o teu o próximo como a ti mesmo" (Lv 19,18); a referência do novo mandamento é: "Como eu vos amei [Jesus], amai-vos também uns aos outros" (Jo 13,34). Se, na antiga comunidade, valia o amor que cada pessoa cultivava para consigo mesmo, isso não é mais válido para a nova comunidade, pois a centralidade do amor de Jesus e do modo que ele amou a humanidade é fundamento para tudo. Jesus é o amor de Deus em pessoa. Ele dá aos que aderem a ele a condição e a capacidade de amar como ele mesmo amou. E não se trata de um mandamento condicional – é um imperativo: "amai-vos" (Jo 13,34).

Jesus nada pede para si nem para o Pai, simplesmente ordena uma nova relação para com o outro, sanada de todo vício e libertada de todo egoísmo. Uma relação cultivada na consciência da origem e do destino comum, como se pode ver na abertura do Evangelho segundo João (Jo 1,1-3). Aqueles que acolheram Jesus foram por ele capacitados a se tornarem filhos de Deus (Jo 1,12). Mas como será isso possível? Comendo a carne e bebendo o sangue do próprio homem Jesus (Jo 6,53). Esse mandamento é tão novo quanto o amor dele.

Dessa forma, o que os discípulos aprendem de seu mestre não é apenas doutrina, mas comportamento, atitude e prática. Eles não se distinguem pelo que sabem nem pelo que pregam, mas pelo que praticam. Essa atitude não pode ser reservada só para os membros da comunidade, mas deve transbordar dela em todas as direções e para todas as dimensões, de modo que, a partir do amor de Cristo, todos os seres sejam atingidos e contemplados, pois onde o amor de Deus prevalece o pecado desaparece.

Só produz fruto quem permanece (Jo 15,2)

Começar qualquer empreendimento não é difícil. Difícil mesmo é perseverar. Segundo João, permanecer em Jesus é o segredo da fecundidade. Isso é expresso pelo termo grego *menein* – presente 68 vezes nos escritos de João, contra 118 vezes em que aparece em todo o Novo Testamento –, traduzido por "ficar" ou "permanecer", o que insiste no favorecimento da continuidade. É uma relação positiva e ativa de ambas as partes: de quem se oferece e de quem acolhe. Nesse vínculo, ninguém pode estar simplesmente passivo. O termo *ficar* tem para os tempos atuais um sentido absolutamente gregário que não corresponde à raiz da palavra. O termo grego aparece 52 vezes nos evangelhos, sendo 40 delas em João. Dessas 40 passagens, 11 estão em João 15,1-17.

Permanecer em Jesus é fundamental para produzir frutos: "Permanecei em mim, como eu em vós. Como o ramo não pode dar fruto por si mesmo, se não permanece na videira, assim também vós, se não permanecerdes em mim" (Jo 15,4). O evangelista Marcos diz que Jesus constituiu os doze apóstolos para que permanecessem com ele e para enviá-los em missão (cf. Mc 3,13), revelando a importância da convivência. Isso mostra que o aprendizado intelectivo não é suficiente para formar um discipulado fecundo, pois há um procedimento afetivo que precisa de outros recursos para ser assimilado.

Também o resgate de Zaqueu só foi possível pela permanência de Jesus na casa dele conforme nos relata o evangelista Lucas (Lc 19,1-10). É ainda Lucas que nos faz saber do convite feito a Jesus enquanto se dirigiam a Emaús – "Permanece conosco" (Lc 24,29) –, o qual foi imediatamente aceito e o levou à transformação da vida deles. Permanecer com Jesus faz a diferença, mas é caminho de mão dupla: ele permanece conosco, mas nós precisamos permanecer nele.

A figura da videira é paradigmática. Ela simboliza Israel (Is 5,1-7; Jr 2,21). No capítulo 15 de João, o novo Israel é apresentado. Se o de Isaías não correspondeu ao chamado de Deus, agora corresponderá, pois tem precedente, o Messias (Jesus). Ele é o garante fiel do novo povo. O mundo não mudou, mas a qualidade dos seguidores do Senhor sim, por meio do tronco, que é o seu Filho enviado ao mundo. A obediência caracteriza a verdadeira videira (cf. Jo 15,1.7).

"Não fostes vós que me escolhestes, mas fui eu que vos escolhi e vos designei para irdes e produzirdes frutos e para que o vosso fruto permaneça" (Jo 15,16). A escolha e a capacitação dos discípulos são iniciativa de Jesus. Ele não somente os chama, mas também não rejeita quem dele se aproxima (cf. Jo 6,37). O chamado não é aleatório, mas a busca também, de alguma forma, é contemplada, mesmo que deva ser redimensionada.

Jesus escolhe os discípulos para uma missão que corresponde à sua (cf. Jo 17,18; 20,21) e os admite em condição de amizade (cf. Jo 12,26; 15,15). Ele os envia com a incumbência de produzir frutos que permaneçam (cf. Jo 15,16). A comunidade dos discípulos e das discípulas de

Jesus precisa ser aberta para acolher e para sair do círculo e partir para outras regiões e outros povos. Os frutos que permanecem são frutos de salvação e se caracterizam pela "abundância", expressão presente duas vezes na passagem de João 15,5.8. Isso corresponde à missão do bom pastor: "Eu vim para que tenham vida e a tenham em abundância" (Jo 10,10).

Por fim, ainda há os testemunhos da multidão que acompanha a ressureição de Lázaro (cf. Jo 11,45) e a do próprio Jesus. Um grupo de mulheres – a mãe de Jesus, a irmã da mãe, Maria de Cleofas e Maria Madalena – e o próprio evangelista testemunham, ao pé da cruz, duas situações. Primeiro, a entrega da mãe ao discípulo amado e do discípulo amado à mãe (cf. 19,25-27). Depois, o sangue e a água que brotam do lado de Jesus ferido pela lança, já sem vida, ainda na cruz (cf. Jo 19,34-35). O apóstolo e evangelista é testemunha do que escreve (Jo 21,24-25), assim como também atesta em sua primeira carta (1Jo 1,1-4) e no Livro do Apocalipse (Ap 1,1-2). A pessoa e a prática de Jesus são para João a referência.

Para aprofundar o assunto sobre a missão de testemunhar, sugerimos as muitas passagens que se encontram na nota de rodapé[3].

2.5 O discipulado

Há uma variação de entendimento sobre o discipulado de acordo com os tempos e as culturas consideradas. Veremos aqui algumas dessas variantes.

---

3 Cf. Jo 1,7.8.15.32.34; 2,25; 3,11.26.28.32; 4,39.44; 5,31-33.36-37.39; 7,7; 8,13.14.18; 10,25; 12,17; 13,21; 15,26-27; 18,23.37; 19,35; 21,24; 1 Jo 1,2; 4,14; 5,6-7.9-10; 3Jo 3.6.12.

2.5.1 O sentido do termo até Jesus

Discípulo é a palavra que traduz o termo grego *mathetes* e indica a pessoa que direciona e aplica seu espírito ao aprendizado de alguma coisa. O discípulo, em um sentido mais amplo, também pode ser chamado de *aprendiz*. Entre os filósofos gregos, é o que se apropria de um conhecimento e se torna propagador dele. Não há discípulo sem mestre – existe, entre ambos, uma estreita relação, e o processo de formação do primeiro coincide com a ligação pessoal que ele tem com o segundo.

O mundo antigo conhecia a relação mestre-discípulo de uma forma dupla: na esfera da formação filosófico-ideológica e na esfera da atividade cultural-religiosa. Essas duas configurações se entrelaçam quando no mestre se encontram motivos filosóficos e religiosos, como aconteceu no caso do cristianismo.

Entre os rabinos, o elemento determinante na relação do discípulo com o mestre é o respeito que o primeiro tem pelo saber do segundo. Na relação com Jesus, o fator determinante é a fé que os discípulos têm nele. Além disso, o que liga o discípulo ao rabino é a Torá (Lei) que este interpreta, assim como o que liga o discípulo ao mestre grego é a ideia que ele defende. Jesus, porém, vincula os discípulos a sua pessoa e exige que o sigam (Mc 8,34).

2.5.2 O sentido do termo em João

Em João, o termo *discipulado* tem características particulares. Enquanto nos Evangelho Sinóticos é sempre Jesus que chama pessoalmente, por exemplo, Simão, André, João e Tiago (Mc 1,14-20; Mt 4,18-22; Lc 5,1-11), Mateus (Mt 9,913) e os doze (Mc 3,13-19; Mt 10,1-4; Lc 6,12-16), em João, Filipe é o único chamado por Jesus (Jo 1,41). Os demais são acolhidos por ele, enviados ou mesmo levados a ele por outros. Dois vão até Jesus indicados por João Batista (Jo 1,35-39): um deles, de nome André, logo procura seu irmão Simão para apresentá-lo a Jesus, que o acolhe (Jo 1,40-42). Filipe, que foi chamado por Jesus, logo apresenta Natanael a Jesus (Jo 1,44-47). João não trata da lista dos doze, mas fala de Simão (Jo 13,6-10; 18.10-11.15-18.22-27) junto com o discípulo amado (Jo 20,1-10).

Segundo João, o que caracteriza os discípulos de Jesus é a fé que eles têm em Jesus (Jo 6,64-66), particularmente no desafio de continuar ou não com ele (Jo 6,67-69). A fé manifesta-se não somente na adesão à pessoa dele, mas também na comunhão com todos aqueles que o seguiram, pela prática do amor mútuo (Jo 13,34-35).

É em João que mais encontramos referências aos discípulos: 78 vezes. Por sua vez, em Mateus, há 73 menções; em Marcos, 46; e em Lucas, 37. É também em João que Jesus mais se demora em ultimar a preparação dos discípulos. Isso pode ser constatado no discurso da despedida que engloba os capítulos 13 a 17.

João relata que Jesus começa sua jornada herdando discípulos de João Batista (Jo 1,35-39). Depois, chama Filipe (Jo 1,43) e forma os discípulos na missão, fazendo com que participem dos sinais do Reino (Jo 2,1-12), dos confrontos com os contrassinais (Jo 2,13-22) e do ministério (Jo 3,22). Levando consigo os discípulos, na retirada estratégica da Judeia para a Galileia, passando por Samaria, Jesus continua a formação deles (Jo 4,1-8), aproveitando para instruí-los sobre o discernimento missionário, no contato com os samaritanos, pois eles representam a responsabilidade para com os de fora (Jo 4,27-34).

Jesus também os faz participativos na missão de alimentar a multidão faminta que o segue. Enquanto Filipe se desculpa com Jesus por não ter dinheiro, André procura alimento entre a multidão e encontra cinco pães de cevada e dois peixinhos nas mãos de um menino (cf. Jo 6,8-9). Depois da refeição, Jesus ordena: "Recolhei os pedaços que sobraram para que nada se perca" (Jo 6,12). Em seguida, abandona a multidão e os discípulos à própria iniciativa; essa atitude parece um teste de aprendizado e de responsabilidade (cf. Jo 6,16-21.24). Reencontrado por eles, discípulos e multidão, Jesus procura colocá-los por dentro do sentido sobre o acontecido, pois não basta presenciar os fatos, é necessário entendê-los para aplicá-los nas diferentes situações. Nesse sentido, só a adesão incondicional pode trazer a salvação (cf. Jo 6,66-69).

Na medida em que a explicação sobre o seguimento se aprofunda, os seguidores vão tomando distância dele: "Essa palavra é dura! Quem pode escutá-la?" (Jo 6,60). Segundo o evangelista, "A partir daí, muitos dos seus discípulos voltaram atrás e não andaram mais com ele" (Jo 6,66). Contudo, isso não acontece coletivamente, nem mesmo pela adesão da liderança, como podemos conferir: "Simão Pedro respondeu-lhe: 'Senhor, a quem iremos? Tens palavras de vida eterna e nós cremos e reconhecemos que tu és o Santo de Deus'. Respondeu-lhes Jesus: 'Não vos escolhi, eu, aos Doze? No entanto, um de vós é um diabo!'. Falava de Judas, filho de Simão Iscariotes. Este, um dos Doze, o haveria de entregar" (Jo 6, 68-71). Dessa forma, percebemos que Jesus começa com uns poucos seguidores, depois vem uma multidão, que vai se dispersando e, assim, o grupo de discípulos fica bem reduzido.

No capítulo 11, a formação dos discípulos continua (cf. Jo 11,14). Eles precisam entender o mistério da morte ancorando-se na ressurreição. A instrução dada a Marta e a Maria precisa ser assimilada por todos. Os judeus esperam o último dia, mas, para os cristãos, o último dia já chegou: onde está Jesus a morte não tem mais poder. "Eu sou a ressurreição. Quem crê em mim, a vida que morra, viverá. E quem vive e crê em mim jamais morrerá" (Jo 11,25). A formação continua por ocasião da entrada triunfal de Jesus em Jerusalém. Conforme João, os discípulos acompanham, sem entender o significado do que está acontecendo, mas conseguem chegar a isso por ocasião da cruz (cf. Jo 12,12-16).

É na ceia do lava-pés que verdadeira motivação do discipulado é totalmente esclarecida e purificada: "Dei-vos o exemplo para que, como eu vos fiz, também vós o façais" (Jo 13,15). De fato, nesse momento, Judas, embora tenha sido chamado e confirmado por Jesus, toma sua posição própria e sai das fileiras do discipulado de Jesus (cf. Jo 13,22-30).

O discipulado purificado é aquele no qual o amor de Jesus prevalece sobre tudo e sobre todos. Eis o único referencial: "Como eu vos amei, amai-vos também uns aos outros" (Jo 13,34). Quem se torna discípulo de Jesus glorifica o Pai e dá muito fruto (cf. Jo 15,8). A instrução continua até chegar a uma resposta satisfatória dos discípulos: "Eis que agora falas claramente, sem figuras! Agora vemos que sabes tudo [...]. Por isso cremos que saíste de Deus" (Jo 16,29-30).

No envio dos discípulos, segundo João, prevalece a missão da reconciliação e da paz (cf. Jo 20,19-23), que é oferecida pelo ressuscitado e que os tira da perturbação da separação (Jo cf. 20,19). A paz que eles precisam levar a toda a humanidade pela missão de reconciliar os outros (Jo cf. 20,21-23), para a qual é preciso também estar reconciliado. Jesus confia aos discípulos a própria missão recebida do Pai (cf. Jo 20,21). A paz, fruto da reconciliação, é um trabalho exigente, e é necessário tecer novamente os fios do encontro e da comunhão. O perdão precisa prevalecer, assim, a paz será consistente.

Síntese

Neste capítulo, pudemos perceber que João tem interesse no alargamento e no aprofundamento da compreensão de Jesus em relação à prática judaica, principalmente no que diz respeito à primeira compreensão de Cristo pelos seus seguidores.

João faz isso ressignificando as festas tradicionais do judaísmo, bem como os sagrados ícones do tempo e do espaço que são o sábado e o Templo e Jerusalém. É necessário que transpareça nas festas a presença de Deus e, consequentemente, sejam fortalecidos os laços de unidade entre as pessoas, particularmente as que se fazem discípulas de Jesus.

Merece um especial destaque o modo de Jesus celebrar a Páscoa, apresentando uma mudança de nível em relação ao que até então era comemorado. As notícias da presença de Cristo relacionadas a três Páscoas certamente não são acidentais. Podemos ler nelas uma significativa mudança de posicionamento entre o foco até então estabelecido e aquilo que Jesus propõe.

As ações de Jesus que parecem ser escolhidas a dedo pelo evangelista (Jo 20,30-31) são chamadas de *obras*, por meio das quais João sinaliza a presença e a ação de Deus na história e que, por sua vez, impulsionam o protagonismo das pessoas. Não se trata somente de usufruir os benefícios das ações de Jesus, mas também de engajar-se nas dinâmicas que elas sinalizam.

A evangelização acontece predominantemente pelo modo de viver a verdade confessada. Nesse aspecto, o testemunho prevalece sobre a pregação. O discipulado ocorre por uma adesão pessoal de fé, mas tem implicações coletivas. Seguir Jesus e aderir a ele é acolher o outro e amá-lo como irmão com o amor de Cristo. Assim, ou o discípulo de Jesus forma uma comunidade, ou não seu discípulo.

Atividades de autoavaliação

1. Jesus participa praticamente de todas as festas judaicas de seu tempo. Assinale com qual delas ele está mais relacionado:
   a) Páscoa.
   b) Pentecostes.
   c) Tabernáculos.
   d) Dedicação.

2. Segundo João 2,13-22, o que Jesus diz sobre o Templo e os que trabalham nele?
   a) "Não está escrito: Minha casa será chamada casa de oração para todos os povos? Vós, porém, fizestes dela um covil de ladrões".
   b) "Entrando no templo Jesus começou a expulsar os vendedores dizendo: 'Está escrito: minha casa será uma casa de oração. Vós, porém, fizestes dela um covil de ladrões'".
   c) "Tendo feito um chicote de cordas, expulsou todos do Templo [...] e disse aos que vendiam pombas: 'Tirai tudo isto daqui; não façais da casa de meu Pai uma casa de comércio'".
   d) "Jesus entrou no templo, expulsou os vendedores e compradores que lá estavam e disse: 'Está escrito: Minha casa será chamada casa de oração. Vós, porém, fazeis dela um covil de ladrões'".

3. Segundo João 13,34-35, Jesus diz: "Dou-vos um mandamento novo: que vos ameis uns aos outros. Como eu vos amei, amai-vos também uns aos outros". Em Marcos 12,31, diz-se: "Amarás o teu próximo com a ti mesmo". O que João traz de novidade em relação a Marcos?
   a) O amor de Deus por nós.
   b) O amor que cada um tem por si mesmo.
   c) O amor único de Jesus por nós.
   d) O amor de uns pelos outros.

4. Que elementos caracterizam o discipulado de Jesus no quarto evangelho?
   a) O chamado pessoal e exclusivo de Jesus.
   b) O chamado pessoal de Jesus e a acolhida dos que a ele são apresentados.
   c) A apresentação dos discípulos a Jesus pelos seus pares.
   d) Nenhuma das respostas anteriores.

5. A função fundamental do sinal segundo João é:
   a) mostrar que Jesus é poderoso.
   b) adentrar os participantes do acontecimento na grandeza do mistério de Deus.
   c) levar o participante ao engajamento na obra de Jesus.
   d) mostrar que o Reino de Deus já chegou.

Atividades de aprendizagem

Questões para reflexão

1. Pesquise sobre os textos de João 13,1-20 e João 15,1-17 nos seguintes livros:

   MATEOS, J.; BARRETO, J. **O Evangelho de São João**: análise linguística e comentário exegético. São Paulo: Paulinas, 1989. (Coleção Grande Comentário Bíblico).

   KONINGS, J. **Evangelho segundo João**: amor e fidelidade. São Leopoldo: Sinodal; Petrópolis: Vozes, 2000.

   Em seguida, compare as análises feitas em cada livro dos trechos indicados.

2. Com base nos mesmos autores, elabore uma síntese do texto de João 9,1-41, especialmente no que diz respeito à evolução que o cego curado teve a respeito da pessoa de Jesus e à mudança de mentalidade que os discípulos precisam fazer.

Atividade aplicada: prática

1. Com base nas festas apresentadas neste capítulo, elabore perguntas para entrevistar pelo menos dez pessoas de diferentes idades, culturas e níveis de escolaridade a fim de verificar como essas comemorações são percebidas na atualidade. Compare essas percepções com sua própria experiência.

3
Literatura apocalíptica

Neste capítulo, trataremos do conjunto da literatura apocalíptica, abordando seu surgimento, suas motivações e suas aplicações. Buscaremos alargar os horizontes sobre a realidade apocalíptica que compreende quatro séculos: o primeiro e o segundo séculos antes de Cristo e o primeiro e o segundo séculos depois de Cristo. Nesse sentido, deteremos nossa atenção nos acontecimentos que ocorreram depois de Cristo.

Veremos a estrutura básica da literatura apocalíptica relativa ao dualismo e sua relação com o gênero literário profético no que diz respeito à meta a ser alcançada.

Visitaremos os textos apocalípticos do Novo Testamento e buscaremos estabelecer contato com a literatura apocalíptica apócrifa para termos uma noção de seu conteúdo. O conhecimento ampliado da literatura apocalíptica favorecerá o entendimento e a apreciação das particularidades próprias do Apocalipse de São João, cuja abordagem reservamos para o capítulo 4.

A literatura apocalíptica é extensa e está situada num período de muitas dificuldades e reações, especialmente dos povos dominados pela cultura grega e pela política romana na região da Palestina.

3.1 O que é *apocalíptica*?

Segundo Tuñí e Alegre (2007), *apolíptica* é um fenômeno frequente no Antigo Testamento, principalmente no mundo extrabíblico. Ele expressa um modo de narrar – trata-se de um gênero literário – os acontecimentos com uma tendência a revelar para o tempo presente os segredos da natureza, servindo para fixar calendários e para descobrir o que ocorrerá no futuro.

Além disso, é também um movimento que dominou a cultura da região nos últimos séculos antes de Cristo e nos dois primeiros depois dele.

3.1.1 Contexto de surgimento

Conforme Mesters e Orofino (2013), entre os séculos III a.C. e II d.C., o movimento apocalíptico produziu uma literatura talvez maior do que a profética, mas somente dois livros entraram na lista dos chamados *inspirados*. São eles o Livro do Profeta Daniel e o Apocalipse de São João. Segundo os autores, o movimento teve um longo período de gestação na época do domínio persa, nos anos 538 a.C. a 333 a.C. As utopias do profeta Isaías (Is 56,1-66,24) fizeram arder os corações dos que voltavam do exílio babilônico. A convivência com os persas levou-os a incorporar elementos fortes daquela cultura, tais como a presença dos anjos e a visão dualista da realidade situada na luta entre o bem e o mal como princípios absolutos, além da revisão, entre os judeus, dos motivos que os levaram ao exílio.

O contexto mais imediato está localizado no domínio da cultura grega e nos confrontos que surgiram com o controle dos selêucidas sobre Israel em reconstrução.

Alcance

Podemos perceber, no período de domínio dos persas sobre os judeus (entre 538 a.C. e 333 a.C.), a força das profecias de Isaías nos capítulos 24 a 27 e 34 a 35 de seu livro, conhecidos também como *Apocalipses de Isaías*. Os persas conheciam e admitiam o dualismo constituído por dois princípios de igual poder e proporção: um chamado de *bem* e outro, de *mal*, os quais constantemente lutavam entre si. Cada um tinha seu exército formado de anjos, que faziam a mediação entre os princípios de bem e mal e a humanidade.

3.1.2 Períodos de desenvolvimento da apocalíptica

Mesters e Orofino (2013) dividem o tempo da literatura apocalíptica em três fases. A **primeira**, situada no período do domínio persa (538 a.C.-333 a.C.), é chamada de *gestação*. Os exilados voltaram da Babilônia para Jerusalém trazendo na bagagem elementos culturais do tempo lá vivido e encontraram muitas dificuldades para restabelecer a Jerusalém de 50 anos atrás. Nesse cenário, as profecias de Isaías (40-66) foram importantes. Elementos do pensamento persa também entraram na reflexão.

Na **segunda fase**, ocorrida no período do domínio helenista-grego (333 a.C.-63 a.C.), com a invasão de Alexandre Magno no mundo asiático, a reação ao controle político e cultural veio como uma explosão, favorecendo o surgimento de um movimento de oposição e de renovação. Contra os desvios da classe dirigente se levantaram os Hassidim (piedosos), que se uniram aos macabeus (cf. 1 Mc 2,42; 7,13; 2Mc14,6). Podemos perceber isso também no Livro de Daniel (8,5).

Os judeus reagiram fortemente contra a helenização forçada de Israel pela Síria, particularmente sob o domínio de Antíoco IV, que se autodenominava *Epifanes* (175-164 a.C.). Foi nesse tempo que a nação judaica mergulhou no caos. Israel foi vítima da grande abominação após a morte de Judas Macabeu: "Foi esta uma grande tribulação para Israel, qual não tinha havido desde o dia em que mais aparecera um profeta no meio deles" (1Mac 9,27).

Portanto, era necessário confortar e animar o povo envolvido em tamanho sofrimento. Surgiram, então, vários movimentos de oposição e de renovação. Levantaram-se os macabeus[1] (167 a.C.), cuja ação está descrita nos dois livros que levam esse nome (1Mc 2,42; 7,13; 2Mc 14,6).

Quando Jônatas Macabeu abusivamente foi nomeado sumo sacerdote (1Mc 10,15-21), pois não era de família religiosa, levantou-se contra ele um grupo que se chamou de *essênios*. Em sinal de protesto, seus membros retiraram-se para o deserto de Qumran, onde procuraram viver radicalmente a pureza na liturgia e nos costumes. Foram eles que nos legaram muitos escritos, especialmente o Livro de Isaías, descoberto em 1947 nas grutas de Qumran, no deserto de Judá. Outro movimento, chamado de *fariseu*, organizou-se contra o relaxamento dos costumes, conclamando seus seguidores à estrita observância da Lei.

Começaram, então, as primeiras grandes obras apocalípticas, como é o caso típico do Livro de Daniel, que entrou no cânon das Sagradas Escrituras. Outras obras também são desse tempo, como *Os segredos de Henoque*, o *Livro dos jubileus*, o *3º Livro de Esdras* e a *Profecia dos setenta anos de Jeremias* (Jr 25,11-13; 29,10).

A **terceira fase** é marcada pelo início da dominação romana, mais especificamente pela tomada de Jerusalém pelo general romano Pompeu, em 63 a.C. Essa ocasião favoreceu o florescimento da literatura apocalíptica continuada pela perseguição provocada por Nero (64-68 d.C.), culminando com a destruição de Jerusalém, em 70 d.C. Nos anos 63 a.C. a 37 a.C., surgiram na Galileia seis revoltas contra o pesado tributo imposto pelos romanos. Herodes foi então nomeado para reprimir as rebeliões e garantir a coleta dos impostos.

Herodes conseguiu fazer a tarefa associando a repressão brutal aos revoltosos com alguns mimos, como o término e o embelezamento do

---

1 Conforme o 1º Livro dos Macabeus, a revolta dos macabeus teve início em 167 a.C., pelo velho Matatias (1Mc 2,15-28), e foi liderada pelos seus filhos Judas (1Mc 3,1-9,22), Jônatas (1Mc 9,23-12,52) e Simão (1Mc 13,1-15,35). Em 166 a.C., Jônatas assumiu a liderança e, em 165 a.C., conseguiu reconquistar Jerusalém e purificar o Templo. O domínio dos macabeus durou até 63 a.C., quando Roma conquistou a região.

Templo de Jerusalém. No entanto, Arquelau, filho de Herodes, quando assumiu o poder, em um domingo de Páscoa, massacrou 3 mil pessoas na praça do Templo de Jerusalém. Com isso, Roma o tirou do poder, transformou a Judeia numa província romana e decretou um recenseamento para atualizar o pagamento do tributo, colocando, então, governadores. Pôncio Pilatos foi um deles (26-36)

Essa fase continua ainda depois da destruição do Templo, marcada por resistências que se estendem pelo século II d.C., como podemos ver nas perseguições de Domiciano (81-96) e de Trajano (98-117). Logo depois da páscoa do ano 70, o general Tito, filho do Imperador Vespasiano, cercou Jerusalém com quatro legiões de soldados. O assédio foi de maio a agosto daquele ano. Durante esse período, muita gente morreu de fome e de sede. Jerusalém foi tomada e totalmente destruída. No altar dos sacrifícios do Templo, passou-se a oferecer sacrifícios aos deuses romanos. Um grupo de resistentes retirou-se para a fortaleza de Massada, próximo ao mar Morto, e ainda suportou por dois anos e meio, mas também foi destruído.

Conforme Mesters e Orofino (2013, p. 58):

> O trauma que ficou da destruição de Jerusalém provocou em ambos, judeus e cristãos, uma revisão e uma reorganização generalizada, cujo reflexo perpassa todos os livros do Novo Testamento, bem como os da tradição judaica, escritos depois do ano 70 d.C. O medo de novas divergências e rebeliões levou ambos a um controle mais rígido para impedir a ação de grupos e pessoas que não seguissem a orientação da maioria. De um lado, crescia a divergência; de outro lado, começava a insistência no controle da disciplina. Este foi um dos motivos por que a maior parte dos escritos apocalípticos não entrou na lista dos livros inspirados.

O surgimento do Apocalipse de São João se coloca nesta terceira fase da apocalíptica. Como podemos observar, trata-se de uma literatura que emerge nos momentos de fortes crises, de perseguições violentas e de desolação. A apocalíptica judaica pode ser situada em um período bem determinado: do fim do século III a.C. ao fim do século I d.C. Isso significa que nem toda crise forte desperta necessariamente uma resposta ou reação apocalíptica.

3.2 A relação com a profecia

Embora encontremos textos apocalípticos nos livros proféticos, como Ezequiel e Daniel, há uma significativa diferença entre os dois gêneros literários. Porém, podemos observar uma confluência no objetivo de superar a história.

A profecia interessa-se muito pela história, pelo que ocorre, porque visa ao presente – especialmente ao protagonismo do povo no presente. Dessa forma, as pessoas são protagonistas de seus processos e não há predeterminismo, como parece ser forte na apocalíptica, particularmente a extrabíblica. A apocalíptica interessa-se pelo futuro, especula sobre o que irá acontecer e se vale de mediadores – busca visionários para que possam ajudar a alcançar sua meta.

Na profecia, Deus quer o melhor para seu povo, mas é indispensável que este se engaje para que o melhor aconteça. O profeta ou a profetisa tenta ajudar seus interlocutores a viver a Aliança no tempo que se chama *hoje* e no lugar que se chama *aqui*. Ele (ou ela) só se interessa pelo futuro enquanto este dá sentido ao presente e fortalece a esperança. Porém, na profecia, futuro e presente estão bem definidos. O profeta tem diante dos olhos a situação do conjunto de seu povo e as relações internas de opressão. Ele percebe a realidade local na situação global e vice-versa, bem como o que deve ser feito em favor da justiça.

No entanto, quando a crise se aprofunda e parece não ter mais fim, marcada por fome, epidemias, terremotos, guerra, catástrofes, perseguição, quando a fé fica obscurecida e parece que Deus está distante, o povo se sente abandonado. Então, brota o desejo existencial de saber o que vem depois, de ver como tudo vai terminar. Nesse momento, surge a pergunta: "Até quando?" (Dn 12,6). Nesse ponto, a profecia se encontra com a apocalíptica. Deus vem levantar o véu que esconde o fim, mostrar a meta, antecipar o céu que renova a esperança e revigora a perseverança. Deus apresenta uma "amostra grátis" do objetivo realizado (Ap 6,9-11).

Nesse nível, a profecia passa a ver a conjuntura internacional e os impérios opressores, em que o futuro e o presente se misturam. A esperança dos justos volta-se para uma reviravolta universal, na qual tudo será transformado; os olhares voltam-se para "um novo céu e uma nova terra". A profecia e a sabedoria se unem numa nova expressão literária: a apocalíptica. É uma literatura de consolação para o momento de crise, uma mensagem de esperança escatológica, que reafirma a fidelidade de Deus quando a realidade a nega.

Enquanto a profecia incita o protagonismo das pessoas, o engajamento na causa de Deus para a transformação do mundo presente, que é também a demanda deles, a apocalíptica insiste em fazer o povo olhar para a gratuidade de Deus, que quer o nosso apoio sim, mas não exige nada além de nossas forças. O principal engajamento é a adesão de fé.

Se, por um lado, a apocalíptica coincide com o fim da profecia (cf. 1Mac 9,27; Dn 3,38; Lm 2,9b; Sl 74,9), por outro, são os próprios grandes profetas exílicos e pós-exílicos que fazem a ponte, dando início a esse movimento (cf. Is 24-27; 34-35; Ez 38-39; Zc 12-14; Jl 3-4; Dn 7-12). A apocalíptica tenta chegar aonde a profecia não mais consegue, ou melhor, é uma profecia de longo alcance que tenta trazer o céu para a terra ou então levar alguém da terra para espiar o céu e contar para os demais por meio das visões.

Conforme Paul (1981), com a apocalíptica, efetua-se a passagem do profeta que fala para o profeta que escreve, ou seja, a mudança do oráculo para o livro. O apocalíptico é um profeta que se exprime não mais em oráculos, mas em livros. No Apocalipse de João, ele se dirige também ao "leitor [...] desta profecia" (Ap 1,3).

A apocalíptica não é só uma questão de visões estranhas, anjos e mensagens secretas e formas literárias diferentes. É uma maneira de situar o povo na vida diante de mudanças, hostilidades e perseguições que questionam e balançam a fé. Dela é que nasce um movimento de resistência liderado por pessoas cansadas de esperar pelas autoridades oficiais que atravessa os séculos. É uma produção literária que não se esgota na interpretação racional (Mesters; Orofino, 2013).

O dia do Senhor

Trata-se de um tema muito recorrente nas profecias do Antigo Testamento e refere-se ao dia do julgamento do mundo. Alguns profetas falam de *vingança* (Am 5,18-20; Mq 1,2-16; Sf 1,14-18; Jl 1,13-20), mas Isaías mostra os dois lados desse dia (Is 61,1-9).

A vingança de Deus não é só destruição, aliás, é destruição sim, mas da mentira, da falsidade, do ódio e de todo o tipo de mal. É também o estabelecimento definitivo da verdade, da justiça, da vida ao modo de Deus e de tudo o que vem dele. O mundo aqui de baixo é passageiro com todo o seu esplendor, pois tudo vai desaparecer, assim como os impérios e todos os que quiseram fazer aqui morada permanente; então, será revelada a vitória de Deus, que já está definida lá em cima (Dn 7,9-10; Ap 21,1).

Jesus, lendo o capítulo 61 do Livro de Isaías na sinagoga de Nazaré, omitiu a expressão *dia da vingança* e encerrou a leitura antes dessa parte (cf. Lc 4,18-19), porque Deus não se vinga de ninguém, somente oferece a cada um o que cada um escolheu. Um deus que se vinga não é o verdadeiro Deus. Essa é uma revelação que a maioria de nós ainda não conseguiu assimilar. O dia do Senhor, portanto, é de resgate, em que a verdade, a justiça e a misericórdia triunfarão em tudo. Assim, o dia do Senhor é o dia em que ele manifesta seu senhorio.

3.3 Estrutura fundante

Trataremos agora de elementos básicos que identificam a literatura apocalíptica, especialmente no contexto desse gênero literário.

3.3.1 O gênero literário apocalíptico

Quando se pensa em apocalíptica, normalmente vêm à mente ideias como fim do mundo, catástrofes, destruição e caos, entre outras tragédias,. e surgem o pessimismo e o medo. Por isso, a apocalíptica é um fenômeno complexo. Ademais, é importante distinguir o gênero literário apocalíptico, isto é, a forma de escrita do pensamento apocalíptico, que constitui o conteúdo do texto e, ainda mais, o grupo religioso que vive baseado nesse pensamento.

Para Arens e Mateos (2004, p. 51), o gênero literário apocalíptico

> Trata-se de toda uma corrente teológica literária bem presente no mundo judaico que surge nos períodos de crise e perseguição. É uma literatura relacionada com as vítimas dos sistemas políticos dominantes; literatura dos oprimidos obrigados a repensar a esperança, pois, quanto mais desumana e catastrófica a história, mais se acredita numa maior proximidade do Reino. É também uma literatura de protesto, com profunda crítica às atividades políticas concretas e que, ao mesmo tempo, descobre a dimensão autêntica do humano, a transcendência. Liga-se à literatura profética, sobretudo pelos temas da soberania de Deus na história e, por conseguinte, sobre os impérios. Por ela se expressa a esperança

de Israel: do juízo de Deus para salvar seus escolhidos. Tem forte conotação religioso-política.

A apocalíptica pretende ser uma literatura de revelação, pois o termo *apocalipse* significa "desvelar", "tirar o véu" e, portanto, "revelar". É assim que começa o livro de São João: "Revelação de Jesus Cristo" (Ap 1,1a). Essa revelação pode acontecer por meio da visão ou da audição. No Apocalipse de João, recorre-se a ambas as formas: a revelação é narrada em forma de história, como neste exemplo de Daniel: "No segundo ano do seu reinado, Nabucodonosor teve sonhos" (Dn 2,1).

A revelação é feita por um mediador que está fora deste mundo, geralmente um anjo. No caso do Apocalipse de João, começa com a mediação do próprio Jesus Cristo (Ap 1,1), que abre os mistérios do livro dos sete selos (Ap 5,6-8), dirigida a um ser humano por meio de diálogo, discurso ou imagem. A revelação, portanto, vem de fora do tempo e da história humana: vem do céu, para iluminar a história e ajudá-la a entender por que as coisas estão assim, além de dar pistas para se chegar a um final em que o bem vencerá. Alguns apocalipses falam de uma viagem extraterrestre, como é o caso de Henoc.

A apocalíptica tem a função de ajudar a interpretar as circunstâncias históricas, em que o destinatário vive à luz do sobrenatural, isto é, à luz da fé, e de levá-lo a uma mudança de conduta, a uma conversão. Para conseguir esse objetivo, recorre-se à autoridade divina, apresentando como meta o mundo futuro, o Reino de Deus, acompanhado de um juízo histórico, chamado de *o dia do Senhor*.

Certos apocalipses usam um nome fictício (fantasia) ou pseudônimo, de forma que o verdadeiro autor não seja apresentado. Às vezes colocam o nome de pessoas famosas da história, que viveram em outros tempos, para dar crédito ao trabalho. São figuras que marcaram a vida do povo superando fortes crises com suas lideranças. É assim que surgiram os apocalipses de Adão, Henoc, Noé, Abraão, Moisés, Elias, Baruc e Esdras, entre outros.

É comum o autor escrever no presente de sua comunidade, apoiado num momento popular do passado, como as origens da humanidade, o êxodo, o exílio etc., e projetando seu texto a um futuro. Dessa forma, o autor aciona a memória da comunidade para que ela entenda que, assim como aquele passado foi superado, se também o momento atual o será, pois Deus é o mesmo e agirá do mesmo modo como daquela vez. Assim, o Apocalipse de Baruc fala da destruição de Jerusalém pela Babilônia em 586 a.C. para ajudar seus destinatários a interpretar a destruição de Jerusalém em 70 d.C.

Além disso, a apocalíptica é uma literatura que se expressa basicamente em símbolos, que desempenham um papel decisivo na interpretação das obras. É a força que vem da história, pois eles são quase todos tirados das Sagradas Escrituras, já conhecidas. O símbolo é pedagógico, trabalha a intuição e deixa espaço aberto para a fantasia e a criatividade, visto que ele provoca a memória do povo. Ao mesmo tempo, ele é útil para uma linguagem de resistência discreta, de forma que o inimigo possa ouvi-lo sem entendê-lo, possa vê-lo sem compreendê-lo (cf. Is 6,9). É uma forma de resistir ao opressor e à opressão sem ser notado. Além disso, o símbolo é aberto no tempo e no espaço, possibilitando que seu conteúdo seja sempre atual e universal, com várias aplicações, de acordo com a época e a cultura.

Dificilmente um texto apocalíptico apresentará, juntos, todos os pontos elencados, mas eles servem de ajuda para identificar uma obra caracterizada como *apocalíptica*.

Trataremos a respeito do entendimento do sentido apocalíptico dos símbolos em suas várias dimensões, de números, cores, animais e demais figuras na Seção 4.4, "Os símbolos".

3.3.2 Linguagem

Segundo Mesters e Orofino (2013), as três características principais da apocalíptica são:

1. Expressar tudo por meio de símbolos e visões. Isso nos causa muitas dificuldades hoje, porque não sabemos o fundamento dessas expressões no tempo do autor. No entendimento de hoje, elas podem ser manipuladas e deslocadas. No entanto, elas são chaves para lermos a realidade de um modo não convencional. Podem também provocar o alargamento de horizontes e, como no caso de João, favorecer a ligação com visões grandiosas para encorajar e confortar sua comunidade.
2. Usar uma linguagem de oposição radical entre o bem e o mal. Esse modo contrastante parece extremista, mas é intencional. Imaginemos estar no meio de uma violenta perseguição, em que não há meio-termo: o perseguido é o bom e o perseguidor é o mau. O espaço é de todos, mas uns querem ser mais donos dele do que outros, o que pode levar ao radicalismo e ao fanatismo.
3. Dividir a história em etapas para expressar o momento presente, sem conseguir manter-se nelas, misturando passado e futuro com o presente. Esse recurso está presente no Livro do profeta Daniel (7,1-28), situado no período das imposições do império helenista (175 a.C.-164 a.C.) e na revolta dos macabeus. Pode também ser percebido na abertura dos selos no Apocalipse de João (6,1-17). Esse é o meio de alargar os horizontes do momento, fazer ser visto o que já foi feito e projetar o que ainda poderá ser realizado. Se houve vitória do perseguido no passado, haverá também no futuro. Assim, não se perde a esperança.

Temos, assim, numa visão simplificada, dois grupos: (1) os bons, que são os bençoados, os eleitos, os destinatários da revelação, que a receberam de Deus para serem consolados e para resistirem até a prova final, quando o futuro aparecer; e (2) os maus, que são os amaldiçoados, os rejeitados, os voltados ao castigo por sua soberba, sua pretensão de se apoderar e submeter tudo aos seus gostos e caprichos.

O dualismo, como o nome diz, é dominado por duas linhas. Uma marcada pelo pessimismo diante do mundo presente e das possibilidades humanas, que não crê que o curso da história possa melhorar. Este mundo passa e outro vem; este é destinado à morte enquanto o vindouro propiciará o paraíso, com "novos céus e nova terra" (Is 65,17; 66,22; Ap 21,1). Este mundo não tem mais solução e caminha para um fim em terríveis convulsões. O ser humano é completamente impotente e inoperante diante disso e só lhe resta esperar pelo dia de Iahweh, que fará tudo. Por isso, só resta esperar em oração: aqui está o risco da fuga da realidade.

Essa mentalidade pode levar à resignação. Os essênios de Qumran podem ser um exemplo disso. Por que o mundo da cidade, especialmente de Jerusalém, era mau, esse grupo de judeus ligados à classe sacerdotal se desligou de Jerusalém e foi para o deserto da Judeia, fugindo da estrutura malvada e criando um mundo à parte. Bem diferente, porém, é a atitude do profeta Elias (1Rs 17,19-21), que se retirou ao deserto não como fuga, mas como estratégia de ação diante dos falsos profetas, da rainha e do rei. O mesmo se pode dizer de João Batista (Jo 1,19-34; Mc 1,1-8).

A outra linha, marcada pela consolação e pela resistência dos oprimidos, insiste na esperança de modo a dar fôlego aos sofredores e provocar neles o protagonismo da história. A situação sofrida pode abrir o ser humano para o futuro, para o agir divino. O sofrimento pode ser ocasião para que a pessoa veja que muitas contradições da vida encontram resposta na meta-história (além da história). Na verdade, o futuro do ser humano ultrapassa a história. Assim, a realidade presente deve dar lugar a outra melhor. Daí emerge uma absoluta confiança nas possibilidades de Deus. Os sofrimentos passam a ser vistos como anúncio do mundo novo, são as dores do parto que anunciam a chegada de uma criança, um ser humano novo (cf. Ap 12; Rm 8,22; Jo 16,21).

É nessa dimensão de oposição que encontramos também a abundância de anjos e demônios intermediando, praticamente, todos os acontecimentos. Algo que não é só da apocalíptica, mas nela torna-se particularmente intenso em quantidade e qualidade. No Antigo Testamento em geral os mensageiros de Deus são frequentes, às vezes sem distinção entre Deus e eles (cf. Ex 3,1-4). No apocalipse de Daniel (7-12), os anjos desempenham um papel-chave.

Cada país tem seu anjo: a Pérsia, a Grécia e Israel. O único que tem nome é o de Israel, e chama-se *Miguel*, os demais são anônimos (cf. Dn 10,20-21). O mais recorrente é a presença constante e determinante do anjo intérprete para o profeta (Dn 7,15; 8,15-19; 9,20-23; 10,9-19), encarregado de explicar a visão ou a mensagem a ele (Asurmendi et al., 2004). Com Moisés, Deus falava face a face, mas, na apocalíptica, a presença de um intermediário é fundamental. A condição do mundo está tão corrompida que o distanciamento se faz necessário, então a criatura humana precisa lançar mão de mediadores que lhe sejam favoráveis e confiáveis.

Paralelamente aos anjos bons, existem os anjos decaídos, responsáveis pela queda do homem, pelo mal e pelo pecado. Essa tendência já é encontrada no livro de Jó (capítulos 1 e 2) e está presente também no Apocalipse de São João (Ap 12,7-9).

É importante perceber que existe uma literatura apocalíptica dualista, etérea e de linguagem e simbologia confusa que aliena e conduz à resignação. No entanto, há também uma apocalíptica com uma teologia política, histórica e libertadora para animar a esperança do povo de Deus, particularmente os oprimidos que enfrentam período de crise e de opressão. É uma maneira própria de o cristão combater as adversidades do mundo que está voltado para si mesmo. Ora, a literatura dualista e fora da realidade, que corresponde, em grande parte, à mentalidade popular de hoje, não foi considerada canônica (revelada) e não entrou na Bíblia. É preciso prestar muita atenção para não aplicar os critérios da apocalíptica pessimista e dualista apócrifa na interpretação da apocalíptica bíblica canônica. Essa confusão é constante, transformando uma literatura de esperança e libertadora em um instrumento do pavor e resignação. Nessa hora, o discernimento é fundamental.

3.3.3 A visão de mundo segundo a apocalíptica

A visão de mundo da apocalíptica está baseada em um costume que tem suas manifestações no Antigo Testamento (cf. Nm 35,9-34). Quando alguém era perseguido, corria para a porta da cidade buscando asilo. Uma vez passado o limite, ele estava seguro até que se processasse o julgamento da questão. Na praça junto à porta da cidade, estava o trono do juiz ao qual o asilo era solicitado. Do lado direito do trono estava o defensor chamado de *Goêl*. Do lado esquerdo, havia um acusador chamado *Satã*. Ambos contribuíam para que o juiz pudesse tomar uma boa e justa decisão. Se fosse aceito o pedido de asilo, o refugiado estava salvo; caso fosse recusado, o refugiado era condenado. Assim, fora da porta da cidade, prevaleciam a insegurança e a incerteza, mas, dentro dela, prevalecia a verdade.

Esse é também o princípio que orienta a tradição da hospitalidade. Nesse caso, a cidade é a casa. Fora da porta, a pessoa está vulnerável, mas dentro dela, tem a proteção do dono, o qual garante, por meio do direito de residência e de inviolabilidade, a segurança do hóspede (Mesters; Orofino, 2013).

Nessa visão, o mundo é constituído em dois planos. No plano de baixo, está a terra, onde reina a hostilidade, a luta com as forças antagônicas e o constante desafio da vida. É uma realidade passageira. No plano de cima, reinam a paz, a tranquilidade e o bem-estar. É uma realidade definitiva. É no plano de cima que tudo é decidido, porque lá está o trono de Deus, o verdadeiro e único juiz de toda a história. A seu lado direito está o defensor da humanidade e, ao lado esquerdo, o acusador. O Livro de Jó (1-2) mostra a insistência do acusador chamado *Satã* ou *Satanás*, também traduzido por "Diabo". No entanto, não é somente em Jó que ele aparece, mas ao longo das Sagradas Escrituras (cf. Zc 3,1-2; Mt 4,1-11; Mc 1,12-13; Lc 4,1-13; 22,31-34; Ap 12,9). O livro de Jó mostra também a ação do defensor, Goêl (Sl 10,14; Is 19,20; Is 50,7-9; Dn 12,1; Rm 8,28-39; Ap 20,12). Então, para ter certeza do que acontece aqui na terra, é preciso dar uma espiada lá em cima, onde as coisas são decididas. Essa é a tarefa do vidente, e é, por exemplo, o que João, o autor do Apocalipse, viu e o que ele narra no capítulo 12. Nesse texto, ele anima e fortalece as comunidades perseguidas mostrando que, na decisão de Deus, as acusações, as hostilidades e as perseguições não procedem, pois são falsas.

3.3.4 Perigos da leitura apocalíptica

Segundo Mesters e Orofino (2013, p. 81-83), os perigos e os riscos de uma leitura malfeita do Apocalipse são basicamente cinco:

1. O infantilismo e o imobilismo apresentados por aquelas pessoas que acham que Deus já determinou tudo como deve ser e não adianta reagir porque assim será.
2. O isolamento e a alienação assumidos por aqueles que entendem que os perseguidos pelo sistema injusto são os eleitos de Deus, os únicos a serem salvos no dia do Juízo Final.
3. O fundamentalismo, isto é, o apego à letra fora de seu contexto, o que leva a um fanatismo que faz mal, em primeiro lugar, à pessoa que o pratica e, depois, a todos. Nem sempre o vidente entende a visão que recebe e pode fazer uma leitura errada dela, analisando tudo ao pé da letra, sem capacidade ou possibilidade de alguma interpretação.
4. O temor infligido ao povo com a manipulação das visões para dominar as consciências por meio de ameaças de castigo.
5. O controle do acesso a Deus pelos grandes sobre os pequenos, além da legitimação do poder daqueles.

A apocalíptica se debate entre estas duas forças: a criação e a construção, chamadas de *bem*; e a destruição, chamada de *mal*. Assim, há certa carga de pessimismo dentro dessa literatura em relação ao mundo presente. Parece que a solução é jogar fora o que existe e fazer algo novo. O domínio de Satã, por meio do controle do império, expressa toda a sua força, mas é preciso confiar em Deus e esperar.

Segundo a apocalíptica, essas duas categorias estão em combate desde Adão. Haverá um veredito final, um juízo, quando Deus aniquilará completamente as forças do mal, dará o poder ao povo dos santos (Dn 7), porá fim a toda crise e a todo sofrimento e os ímpios irão para a ruína eterna. No Apocalipse de João, esse conflito, desencadeado por Satã, e a espera da nova criação estão presentes, mas tudo é centralizado no Cristo. A luta do bem *versus* o mal já aconteceu no Calvário e o Cordeiro já foi imolado; por isso, a luta se dá no âmbito da história, e não fora dela, e o dia da vitória já se deu na ressurreição. A vitória já está garantida em Jesus, pois ele está de pé, ele vive (Ap 1,18; 5,6) e já começou a reinar (Ap 11,17). Isso impele a Igreja a um engajamento transformador para concretizar, na história, a vitória de Cristo. O dia de Iahweh já ocorreu no Calvário, no mistério pascal.

Nesse sentido, o Apocalipse de João está, ao mesmo tempo, em plena continuidade e descontinuidade com a apocalíptica judaica. Isso se explica porque, entre os apocalipses judaicos e o de João, houve um fato que mudou radicalmente as coisas: o mistério pascal, isto é, a paixão, a morte e a ressurreição de Cristo.

Nesses eventos, a nova criação já começou (2Cor 5,17). Portanto, o Apocalipse de João faz uma leitura cristã da apocalíptica judaica, e acrescenta a ela a figura de um intermediário sofredor, o Messias crucificado. O Apocalipse joanino lê a história humana à luz do mistério pascal. Nesse contexto, tudo ganha um colorido novo e não há mais arquibancada, pois todos jogam a favor ou contra o projeto de Deus. Esse é um princípio hermenêutico que deve nortear a leitura do Apocalipse de João.

3.4 A apocalíptica no Novo Testamento

É importante distinguir a *apocalíptica* do *apocalipse*. Existe uma literatura apocalíptica sem apocalipse, pois aquela é um jeito de narrar, de contar as coisas, e este é uma revelação. Uma narrativa apocalíptica pode não conter revelação, pode estar apenas eivada de fantasias e projeções de desejos pessoais ou delírios. Muitas narrativas, ainda hoje, que proclamam catástrofes e o fim do mundo são apocalípticas, mas não têm apocalipse, pois não há nelas verdadeira revelação. Basta lembrar quantas datas já foram marcadas para o fim do mundo e todas, sem exceção, não se confirmaram, deram em nada. Pelo contrário, as narrativas do profeta Zacarias e do Apocalipse de João são exemplos em que o apocalipse como revelação prevalece sobre a apocalíptica como narrativa (Asurmendi et al., 2004).

Tratando da apocalíptica e do cristianismo, assim se expressam Asurmendi et al. (2004, p. 460):

> Levando em consideração a concepção da história da apocalíptica, parece impossível ler o Apocalipse do Novo Testamento em chave apocalíptica. A concepção da história no Novo Testamento, e no último dos seus livros, é a de uma história aberta, nada determinista, nem dualista, nem pessimista. Por outro lado, a revelação de Jesus Cristo consiste precisamente no anúncio de sua morte e ressurreição e aí se radica precisamente esse "final", que a apocalíptica anuncia e aguarda.

No Livro do Apocalipse, a finalização já é realidade em Cristo e está em realização no seu corpo, que são os seguidores do Cordeiro (Ap 14,1.5). Assim, não há suspense nem surpresas, mas esperança e entrega para a realização.

Além do Apocalipse de João, encontramos outros pequenos e significativos apocalipses no Novo Testamento. Nos escritos do apóstolo Paulo, podemos destacar três:

1. 1ª Carta aos Tessalonicenses (4,13-18);
2. 2ª Carta aos Tessalonicenses (2,1-12);
3. Gálatas (1,12.16).

Temos ainda o capítulo 13 do Evangelho segundo Marcos, o capítulo 21 do Evangelho segundo Lucas, os capítulos 24 e 25 do Evangelho segundo Mateus e a 2ª Carta de Pedro.

3.4.1 O apocalipse na 1ª Carta aos Tessalonicenses (4,13-18)

Nessa carta, Paulo começa a desenvolver a teologia da eleição (1Ts 1,4). O texto pertence a um conjunto dedicado à **parusia**[2] e à atitude que se deve adotar durante essa espera (1Ts 5,1-11). Consolando a jovem comunidade diante da morte de alguns de seus irmãos, Paulo trata da ressurreição dos mortos e do dia do Senhor, exortando os cristãos recém-iniciados. Nesse sentido, segundo Cuvillier (2002, p. 12), a linguagem apocalíptica do texto tem objetivo pastoral.

A questão é: O que vai acontecer com os cristãos que morrem antes que o Senhor volte glorioso? Paulo responde não se atendo a questões físicas, mas a questões de fé: "Se cremos que Jesus morreu e ressuscitou, assim também os que morreram em Jesus, Deus há de levá-los em sua companhia" (1Ts 4,14).

A resposta de Paulo nos versículos 15 a 17, baseada na palavra do Senhor, é dada no estilo apocalíptico. Não se sabe exatamente qual é a Palavra, mas, pelo texto, podemos entender que se trata de uma realidade iminente: "os que ainda estivermos aqui" (1Ts 4,15). O texto da 1ª Carta aos Tessalonicenses (4,15) inclui Paulo, pois ele se coloca entre os que ainda estarão vivos na ocasião da manifestação. Nessa realidade os que já morreram têm prioridade: "os mortos em Cristo ressuscitarão primeiro" (1Ts 4,16). Estar com Cristo é essencial, não importa onde nem quando, pois o resto é especulação. Assim, Paulo não fala de juízo ou de julgamento, menos ainda de processo, mas dá continuidade à comunhão dos que são de Cristo. Não se trata de ver Deus face a face, mas de viver para sempre e plenamente na presença do Cristo Senhor (1Ts 4,17).

---

2 Termo originado de duas palavras gregas, *para* e *ousia*, que significam a manifestação do poder do além. Na ciência cristã, faz parte das últimas coisas esperadas na vinda gloriosa de Jesus Cristo.

Paulo utiliza a forma apocalíptica para responder à questão da comunidade de Tessalônica no versículo 16: "Quando o Senhor, ao sinal dado, à voz do arcanjo e ao som da trombeta divina, descer do céu, então os mortos em Cristo ressuscitarão primeiro" (1Ts 4,16). Deus e o arcanjo no céu; Paulo e os tessalonicenses na terra; Cristo no intermédio, fazendo a ponte. Paulo não diz se todos ressuscitarão nem se haverá juízo, pois está tratando especificamente dos seguidores de Jesus Cristo, os cristãos. Ele está focado na pastoral da consolação. Se o problema da comunidade é saber o que vai acontecer com os que morreram antes da vinda de Cristo glorioso, a resposta é: terão prioridade (1Ts 4,16).

A comunidade de Tessalônica está preocupada com o todo, pois não vive afastada. O isolamento pela morte precisa ter uma explicação convincente. A certeza da morte força o entendimento da provisoriedade da vida entre o nascimento na carne e a ressurreição, tendo como referência básica Jesus. Assim, a existência cristã está eternamente ordenada ao querigma pascal[3], cuja vivência terá seu pleno cumprimento no encontro último que é o estar "para sempre com o Senhor" (1Ts 4,17).

A exortação à esperança cristã apresentada por Paulo aos tessalonicenses está ligada a essa convicção que precisa prevalecer. Os tessalonicenses ainda veem a morte de um irmão como domínio do inimigo. Acham que quando se morre, tudo se acaba. Falta-lhes a esperança no querigma porque ainda estão presos a especulações subjetivas.

---

3 Querigma é o primeiro anúncio cristão que proclama o que Deus realizou em Jesus de Nazaré, como diz o discurso de Pedro no Livro dos Atos dos Apóstolos (3,13-16).

3.4.2 O apocalipse na 2ª Carta aos Tessalonicenses (1,1-12)

A questão escatológica[4] se coloca aqui de maneira diferente à da primeira carta. Paulo, agora, ocupa-se mais com o julgamento dos adversários do que com a salvação de seus destinatários (2Ts 2,6-12), e insiste na autenticidade da carta (2Ts 3,17) para distingui-la das falsas que podem estar circulando (2Ts 2,2). Foca na questão de base que é a explicação do atraso da parusia, isto é, da manifestação gloriosa de Jesus Cristo (2Ts 2,1.5.15). De fato, é no capítulo 2 que está o assunto principal da carta. Trata-se do **calendário escatológico**, que marca o dia da parusia. O entusiasmo cultivado por ela na verdade não traz benefícios à comunidade, que acaba se entregando a falsas expectativas e fica refém de espertalhões (2Ts 3,6.10-11). Por isso, diz o autor: "Quanto à Vinda de nosso Senhor Jesus Cristo, e à nossa reunião com ele, rogamo-vos, irmãos, que não percais tão depressa a serenidade de espírito, e não vos perturbeis nem por palavra profética, nem por carta que se diga vir de nós" (2Ts 2,1-2).

À medida que o tempo passa, cresce a inquietação sobre o dia do Senhor. É possível que algum acontecimento mais forte tenha contribuído para exaltar os ânimos dos que esperavam, ansiosos, o fim da perversidade. Para acalmá-los, o autor propõe o argumento do atraso mostrando que o mundo ainda não está no fim, mas marcha para ele, pois ainda não se manifestou o homem ímpio, o filho da perdição, o adversário (2Ts 2,3-4), porque algo o retém (2Ts 2,6). Não diz o que ou quem ele é, mas que será assinalado pela atividade de Satanás (2Ts 2,9). Quando o ímpio aparecer, o Senhor o destruirá pela manifestação de sua gloriosa vinda (2Ts 2,8).

---

4 Escatologia vem de duas palavras gregas: *escaton*, que significa "último", e *logos*, que significa "discurso". É o discurso sobre as últimas coisas da história do mundo.

A figura do homem ímpio pode ser tomada do livro de Daniel (11,21-45), que trata da destruição do Templo de Jerusalém por Antíoco IV Epifanes, ocorrida em 167 a.C. (1Mac 1,54). Para os cristãos, aquela é a figura do Anticristo (Cuvillier, 2002). Temos aqui um marco apocalíptico (falsamente) especulativo para apaziguar os entusiasmos e os desvios que a apocalíptica está proporcionando. Enquanto a 1ª Carta aos Tessalonicenses trata de reconfortar os cristãos diante da morte dos irmãos, a 2ª busca corrigir uma comunidade que corre sério risco de desvio, sectarismo, afã elitista e separação do mundo. O autor pede a ela que permaneça no mundo (2Ts 2,13-17). Ao retardamento da parusia, a comunidade precisa responder com a vida e a atividade normal do dia a dia.

3.4.3 O apocalipse em Gálatas (1,11-17)

Nessa passagem, o apóstolo Paulo afirma anunciar um evangelho que lhe chegou diretamente por inspiração divina, sem intermediação de homem algum (cf. Gl 1,11-12). Por isso, o autor prossegue a pregação sem recorrer a conselhos humanos, anunciando o evangelho entre os pagãos (cf. Gl 1,16). O apocalipse (revelação) é a fonte da missão de Paulo entre os pagãos. Inicialmente, foi ensinado a não se tomar o caminho dos pagãos (cf. Mt 10,5) e, posteriormente, Jesus ordena isso a todas as nações (cf. Mt 28,19). Em Gl 1,16, no entanto, a revelação divina está prioritariamente voltada aos pagãos. Paulo poderia ter aprendido o evangelho anunciado por Jesus Cristo por meio da tradição, pelo ensinamento humano, mas não foi assim que aconteceu. O evangelho lhe foi comunicado diretamente por Cristo em glória (At 22,6-8; 26,13-16). Mas qual é o conteúdo desse evangelho? É que ninguém é justificado pelas obras da Lei, mas pela adesão de fé a Jesus Cristo, e nisso estão todos igualados, judeus e pagãos (cf. Gl, 2,16).

E quem são os destinatários desse evangelho? São, prioritariamente, os outros, os de fora, os pagãos. Paulo explica que essa missão específica lhe foi confiada, frente a frente, pelo próprio Cristo. Nesse ponto, a compreensão apocalíptica do mundo já não está ordenada à vinda gloriosa de Cristo como na 1ª Carta aos Tessalonicenses (4,13-18), mas à sua entrega por nossa salvação. Cristo luminoso vem a Paulo para inseri-lo em sua própria missão. O que antes era de Jesus, agora é de Paulo. Assim, ele não finaliza a obra, mas engaja pessoas, de carne e osso, rumo à finalização. Não se trata, portanto, de uma espera passiva, mas dedicada à realização do Reino de Deus.

A salvação já foi operada e definida pela entrega de Jesus na cruz. "Fui crucificado junto com Cristo. Já não sou eu que vivo, mas é Cristo que vive em mim. Minha vida presente na carne, eu a vivo pela fé no Filho de Deus, que me amou e se entregou a si mesmo por mim" (Gl 2,19-20). Assim, Paulo entende que os cristãos pertencem a uma nova realidade, engajam-se e vivem o evangelho do crucificado. Existe o Evangelho das maravilhas, dos milagres, e também o evangelho do amor, do sacrifício e da entrega. O mundo novo já é realidade na vida do crente, e não vem pronto, é atuado dentro de cada um, conforme a entrega feita. Vivemos o mundo novo na fé e pela fé no Filho de Deus. A primeira e principal mudança precisa acontecer dentro de cada um.

3.4.4 O apocalipse em Marcos (13,1-37)

O capítulo 13 do Evangelho segundo Marcos é conhecido como o *Apocalipse Sinótico*, mas faz parte da narrativa evangélica. Tudo começa por uma observação feita pelos discípulos em relação ao Templo de Jerusalém: "Mestre, vê que pedras e que construções" (Mc 13,1). Jesus aproveita para instruí-los: "Não ficará pedra sobre pedra que não seja demolida" (Mc 13,2). A palavra de Jesus incitou a meditação dos discípulos pelo caminho, desde o Templo até o monte das Oliveiras (cf. Mc 13,1.3). Aí veio a pergunta que não quer calar, feita pelos quatro primeiros chamados ao seu seguimento: Pedro, Tiago, João e André. "Dize-nos: quando será isso e qual o sinal de que todas essas coisas estarão para acontecer?" (Mc 13,4). Para colocá-los a par da novidade trazida por ele, Jesus usa os 32 versículos seguintes, especificando ponto por ponto. Inicialmente, Jesus não dá a resposta na lógica da pergunta.

Os sinais

Jesus começa pelos sinais com uma advertência: "Atenção para que ninguém vos engane" (Mc 13,5). Muitos sinais propagados pelos apocalípticos tradicionais não dizem respeito ao fim. Guerras, terremotos, fome, perseguições, divisões dentro da própria família são sinais de começo, e não de fim. Os que anunciam esses eventos como sinais do fim estão induzindo o povo ao erro. Além disso, os discípulos estão implicados, não serão apenas espectadores, pois as perseguições os atingirão, mas isso não será só mal, será oportunidade para pregar e dar testemunho do Evangelho. O fim só virá depois que o Evangelho tiver sido pregado a todas as nações (cf. Mc 13,6-13). A questão básica é que, diante de tudo isso, os discípulos devem perseverar em Cristo.

Então qual é o **sinal decisivo**? É aquele apresentado já pelo profeta Daniel (11,31; 12,11): quando a abominação da desolação se instala onde não deve, isto é, no lugar mais sagrado e acreditado possível. Contudo, enquanto, para Daniel, aquele acontecimento marca o início de um prazo (1290 dias), em Marcos sinaliza o início de uma atitude: manter-se no lugar onde cada um se encontra (cf. Mc 13,15-16). Mesmo esse sinal terrível não deve assustar o cristão, pois não é conclusivo.

Continua Jesus, advertindo para que não se deixem levar pelos aproveitadores das tragédias nem pelos falsos profetas que posam de salvadores (cf. Mc 13,21-22). Os discípulos deixam-se impressionar por algo caduco, que é o Templo de Jerusalém, mas não se contentam com a palavra de Jesus, pois querem pistas históricas, querem estar informados a respeito dos sinais. O Horto das Oliveiras, onde se encontram, é um sinal. Não foi à toa que Jesus os levou para lá, visto que é onde Jesus, depois de crucificado, morto e ressuscitado, ascenderá aos céus. O que tanto dificulta o entendimento dos discípulos são os velhos paradigmas apocalípticos que obscurecem a revelação.

A vinda do Filho do Homem é o sinal decisivo (Mc 13,24-27), único na história. Tudo o mais é especulação. No judaísmo, a expressão *Filho do Homem* significava simplesmente "da raça" ou "da condição humana". Em Daniel (7,13), o Filho do Homem é um ser celestial que no final dos tempos recebe de Deus o poder sobre todos os reinos da terra. Em Marcos, o Filho do Homem é Jesus Cristo.

A lição da figueira (Mc 13,28-37) é uma intimação para que os discípulos se mantenham em constante discernimento. Eles querem saber a receita pronta, mas Jesus os ensina a exercitar a sabedoria no dia a dia, acompanhando os acontecimentos. Eles precisam se capacitar para considerar as incertezas da história sem se deixar abalar ou seduzir por elas. O fim é certo e bom para os que perseveram em Cristo (Mc 13,30), e já está em andamento. O essencial não é saber o que vai acontecer, mas discernir o que já está acontecendo. Por isso, a longa advertência final (cf. Mc 13,18-37): "Atenção, e vigiai, pois não sabeis quando será o momento" (Mc 13,33). Ao que crê em Cristo, a promessa de sua vinda é suficiente e, por isso, não precisa se dar a especulações.

3.4.5 O apocalipse em Mateus (24,2-25,46)

Em Mateus, a pergunta dos discípulos é mais específica e mais desenvolvida do que em Marcos. Aqui, eles perguntam não só sobre o tempo e os sinais, mas também qual é o sinal da vinda de Jesus no fim do mundo (Mt 24,3). Em Mateus há, portanto, uma relação entre a destruição do Templo, a parusia e o fim do mundo. O autor alarga o material recebido do capítulo 13 de Marcos com pequenas unidades sobre a iminência do juízo (Mt 24,27-28.37-41) e acentua o caráter universal dos acontecimentos (Mt 24,30) e seu aspecto ético: o esfriamento do amor por conta de tamanha iniquidade (Mt 24,12).

As três parábolas – das dez virgens (Mt 25,1-13), dos talentos (Mt 25,14-30) e do Juízo final (Mt 25,31-46) – têm por objetivo fazer ao ouvinte uma interpelação radical para viver a lógica do Reino vindouro. Cada parábola propõe diferentes possibilidades de existência neste mundo, mas é o ouvinte que deve decidir que escolha fará e isso é questão de vida ou morte.

A primeira parábola ensina que os discípulos vivem na espera e da espera da vinda do Senhor, mantendo viva, em si, a memória do primeiro encontro, que tem força para levar ao último. A segunda ensina o discípulo a participar ativamente da seara de seu mestre. Isso implica acreditar e se aplicar ao dom recebido, fazendo-o frutificar. Finalmente, a terceira mostra que o evangelho da justiça de Deus precisa ser praticado, pois é essa atitude, simples e cotidiana, que fará a diferença final.

Benditos (Mt 25,34) ou malditos (Mt 25,41) não dependem de Jesus, mas da adesão à causa para a qual ele deu a própria vida. O uso que Mateus faz da apocalíptica é do tipo profético. Ele sabe que o Juízo Final, por meio da destruição de Jerusalém e do Templo, já aconteceu sobre Israel e, certamente, cairá sobre todas as nações. Por isso, convida os cristãos a colocar em prática a nova justiça, observando os personagens das parábolas.

3.4.6 O que Lucas faz com o apocalipse do capítulo 13 de Marcos?

Lucas adapta o Apocalipse de Marcos a seu projeto. No tempo de Lucas, o atraso da parusia perdeu força (Lc 19,11-28). Para o evangelista, a Igreja é a porta-voz de Deus na terra, encarregada de anunciar o tempo de salvação e a paciência de Deus para com o mundo. O autor segue o caminho do cumprimento das escrituras. Toda a história está acontecendo segundo o desígnio de Deus.

Lucas distingue bem entre a destruição do Templo e o fim do mundo. A pergunta dos discípulos é especificamente sobre a destruição do Templo: "Quando será isso, Mestre, e qual o sinal de que essas coisas estarão para acontecer?" (Lc 21,7). Nisso, o evangelista passa da apocalíptica para a escatologia. A queda de Jerusalém é um acontecimento conhecido e já perfeitamente integrado na história da salvação, por isso, Lucas não fala da abominação da desolação, como Marcos (13,14), mas, em lugar disso, fala da destruição de Jerusalém (Lc 21,23), observando que, tudo se cumpre conforme está escrito (Lc 21,22).

3.4.7 O tempo apocalíptico na 2ª Carta de Pedro (3,1-13)

Os textos de Paulo são da década de 50; os de Marcos, da de 70; Mateus e Lucas são da década de 80; o Apocalipse de João é dos anos 90; e a 2ª Carta de Pedro já é do começo do século II.

Mas de que trata a 2ª Carta Pedro? O autor quer passar aos cristãos um novo entendimento do tempo da promessa.

> Há, contudo, uma coisa, amados, que não deveis esquecer: é que para o Senhor um dia é como mil anos e **mil anos como um dia.**

> O Senhor não tarda a cumprir a sua promessa, como pensam alguns, entendendo que há demora; o que ele está é usando de paciência convosco, porque não quer que ninguém se perca, mas que todos venham a converter-se. O Dia do Senhor chegará como ladrão. (2Pe 3,8-10, grifo do original)

Fazemos parte da história humana, do calendário das criaturas, mas já agora estamos engajados em um novo referencial, o tempo de Deus, a eternidade. Por essa ótica, contemplemos agora os acontecimentos do mundo presente, não reclamemos da carência e entreguemo-nos à graça.

3.5 A apocalíptica apócrifa

É chamada de *apócrifa* a literatura apocalíptica que está fora do cânon bíblico. Na bíblia, a literatura apocalíptica aparece sobretudo no livro de Daniel (Antigo Testamento) e no Apocalipse de João (Novo Testamento), além de alguns pequenos textos dentro de outros livros. Porém, é fora dessas obras que ela floresceu abundantemente. Para o nosso objetivo, veremos alguns exemplares mais famosos.

3.5.1 Literatura apocalíptica apócrifa do século II a.C.

Nesta seção, veremos o *Livro dos Jubileus*, o *Livro de Henoc etíope* e o *Testamento dos doze patriarcas*, entre outros.

Livro dos Jubileus

Segundo Díez Macho (1984), o Livro dos Jubileus é um apócrifo etíope que procede de um original hebraico, por meio de uma versão grega. Com muita probabilidade, deve-se a grupos do início dos essênios de Qumran, próximos aos responsáveis pela composição do Livro de Daniel (10-12). Jubileus é uma reelaboração do Livro do Gênesis somado aos 12 primeiros capítulos do Livro do Êxodo e recolhe a revelação que o anjo da presença faz a Moisés no monte Sinai. É uma obra tipicamente apocalíptica.

Esse livro divide a história em jubileus, escritos em sete tábuas celestes, nas quais tudo já está predeterminado e Israel foi escolhido desde a eternidade. No entanto, as demais nações podem ser excluídas da salvação por conta dos pecados mortais cometidos contra Deus, como não observar a circuncisão, não guardar o sábado, não celebrar a Páscoa, praticar e permitir matrimônios mistos, causar danos contra outro israelita, comer carne com sangue e praticar o incesto. Segundo o livro, urge a celebração das festas estritamente nos dias marcados, e não em outros; apartar-se dos povos pagãos é um imperativo e Israel será restaurado na Palestina, em Jerusalém, ao redor do Templo.

Livro de Henoc etíope

Conforme Díez Macho (1984), o Livro de Henoc etíope é, na verdade, um composto de cinco obras: Vigilantes, capítulos 1 a 36; Parábolas, capítulos 37 a 71; Astronomia, capítulos 72 a 82; Sonhos, capítulos 83 a 90; Semanas e Carta de Henoc, capítulos 91 a 105.

Henoc é personagem bíblico presente em Gênesis (5,18-24), o qual se acredita que foi arrebatado por Deus e, além disso, que era ascendente de Matusalém, o homem de vida mais longa na terra. O Henoc etíope crê na imortalidade da alma, mas não considera a ressurreição dos corpos e conhece a narrativa da queda dos anjos e do dilúvio.

Inicialmente, Henoc atribui o mal no mundo ao plano de cima, a anjos que decaíram. Mais tarde, entende que a origem do mal tem a ver com a liberdade do homem.

O Livro dos Vigilantes ensina que Deus purificou a terra por meio do Arcanjo Miguel e estabeleceu um tempo final de bonança, fertilidade, ausência de mal e, inclusive, conversão dos pagãos.

Já o Livros das Parábolas fala dos justos, dos anjos, dos segredos astronômicos, do juízo do Messias sobre justos e pecadores, da felicidade eterna dos eleitos, da desgraça dos ímpios e, por fim, da assunção de Henoc ao céu.

Testamento dos Doze Patriarcas

Para Díez Macho (1984), esse testamento é um apócrifo escrito em hebraico, pois a versão grega que se conserva está tomada de hebraísmos. O texto se caracteriza como um discurso de despedida, e é tomado pelo dualismo e pela oposição entre o espírito do bem e o espírito do mal, que se reflete na vida dos humanos. Merece ser ressaltada a valorização da castidade na parte do Testamento do Patriarca José. O maior destaque, porém, está na caridade, visto que o amor ao próximo é tratado especialmente (não exclusivamente) entre os israelitas. O grande exemplo de caridade é José, que perdoou os irmãos que o haviam vendido. Nesse documento, existe uma boa aproximação para com o ideal evangélico do amor.

3.5.2 Literatura apócrifa do século I a.C.

Refere-se aos *Salmos de Salomão*, ao *Livro da Sibila* e ao *Apocalipse de Sofonias*, entre outros.

Salmos de Salomão

Esse livro se constitui de uma compilação de 19 salmos, hinos e elegias de origem hebraica, mas que chegaram até nós em grego, de origem farisaica. Tem caráter especialmente didático, mas sem o estilo e a inspiração dos salmos bíblicos. Trata do dualismo ético dos justos *versus* pecadores, da justiça e da misericórdia de Deus (Díez Macho, 1984).

Livro da Sibila

O oráculo sibilino é uma literatura de origem pagã desenvolvida entre os gregos. É constituído por um conjunto de nove livros. As sibilas costumavam predizer catástrofes, falavam por um impulso interior, não estavam ligadas a lugares determinados e não eram seres reais. A importância das sibilas cresceu especialmente no século II a.C., no Egito. Primeiro, os judeus e, depois, os cristãos usaram esse tipo de literatura para propagar sua religião. Um resquício dessa prática está na famosa Boca della Veritá (Boca da Verdade), em Roma. Em todos os oráculos, predominam o acento escatológico e apocalíptico que caracteriza os apócrifos judaicos (Díez Macho, 1984, p. 221-227).

Apocalipse de Sofonias

Desse livro, temos conservados apenas fragmentos. Clemente de Alexandria guardou um trecho no qual se diz que o profeta foi elevado ao quinto céu, onde contemplou os anjos chamados *senhores*, que cantam hinos a Deus. Outro fragmento, conservado em copta, fala de como Sofonias vê uma alma atormentada por 5 mil anjos e de como o anjo do Senhor a leva distante, onde o vidente pode contemplar numerosos anjos de rosto terrível. Um terceiro fragmento, em copta, descreve o vidente conduzido pelo anjo do Senhor, contemplando a terra inteira e o lugar da eterna luz, onde moram os justos (Díez Macho, 1984, p. 300-301).

3.5.3 Literatura apocalíptica apócrifa dos séculos I e II d.C.

A literatura apocalíptica apócrifa do século I refere-se ao *Livro de Henoc eslavo* (ou *Livro dos Segredos de Henoc*), *Testamento* (ou *Assunção*) *de Moisés*, *Apocalipse de Moisés*, *Apocalipse de Abraão*, *Quarto Livro de Esdras* e *Apocalipse Siríaco de Baruc* (também chamado *Segundo livro de Baruc*). Já do século II d.C., temos o *Apocalipse de Pedro*, escrito por volta do ano 125.

Livro de Henoc eslavo, ou dos Segredos de Henoc

Trata-se de um livro apocalíptico repleto de curiosidades sobre a obra divina da Criação, o mundo dos astros, os anjos e as realidades escatológicas. Apresenta-se como testamento de Henoc para seus filhos e relata a viagem de Henoc pelos sete céus.

O primeiro céu, chamado de *véu*, tem um imenso mar com depósitos de gelo, neve e geada, com seus respectivos anjos, dos quais 200 controlam as estrelas. O segundo, chamado simplesmente de *céu*, é um lugar de obscuridade onde moram os anjos rebeldes que curiosamente pedem a intercessão e a oração do visitante Henoc. No terceiro, chamado *céu de nuvens*, está o jardim do paraíso com a Árvore da Vida. Esse paraíso é reservado aos justos que estão dispostos a suportar todo tipo de calamidades, dando pão ao faminto, vestindo o nu, levantando os caídos e ajudando os órfãos.

O quarto céu é chamado de *morada* e é onde moram o sol e a lua, que saem por 12 portas. Durante o dia, o sol ilumina coroado; durante a noite, 400 anjos lhe tiram a coroa. Durante o dia, 15 miríades de anjos puxam o carro do sol; durante a noite, somente mil anjos permanecem.

O quinto céu também se chama *morada* e é onde estão os anjos vigilantes que se rebelaram contra Deus. Henoc exorta os rebeldes a darem culto a Deus.

O sexto céu se chama *estabelecimento* e armazena os tesouros da neve, do gelo, da geada, das tormentas etc. Hospeda sete formações de anjos que presidem e ordenam a marcha da natureza, pois cada criatura, cada objeto, tem o seu anjo. Por fim, o sétimo céu chama-se *Arabot* e é onde se encontram os anjos cheios de olhos, os serafins, as santas, os anjos servidores e o trono divino.

O livro trata ainda do imenso amor de Deus e da humanidade no tocante à caridade. Fala ainda da passagem dos sacerdócios de Melquisedec e de Matusalém (Díez Macho, 1984).

Testamento de Moisés

Também conhecido por *Assunção de Moisés*, reporta-se à época da perseguição de Antíoco IV Epifanes e pertence ao grupo dos textos apocalípticos motivados por essa perseguição. Tem por objetivo animar os judeus a se manterem fiéis à Lei, suportando, inclusive, o martírio, na esperança da realização do Reino de Deus e de Israel.

O livro é um comentário apocalíptico dos capítulos 31 a 34 do Livro do Deuteronômio, que tratam do anúncio e da morte de Moisés, além do testamento dado a Josué, seu sucessor. No texto, o autor aplica, por duas vezes, o seguinte esquema: pecado seguido do castigo de Deus realizado por meio dos gentios, que leva à conversão e à consequente salvação.

A primeira história fala do pecado do reino de Judá, cujo castigo foi a deportação para a Babilônia e cuja conversão foi o retorno a sua terra sob a graça de Deus. A segunda trata da trágica perseguição de Antíoco IV por conta de três pecados: a helenização dos judeus, o abandono da Lei e a profanação do Templo por parte dos sacerdotes, por terem assumido a cidadania antioquena, como os sacerdotes Jasão e seu irmão Onias III (175 a.C.). Depois da morte de Herodes Magno (30 d.C.), um autor revisou e atualizou o Testamento de Moisés aludindo aos acontecimentos de perseguição em Jerusalém (Díez Macho, 1984).

Apocalipse de Abraão

O livro se conserva em língua eslava e é obra do círculo dos essênios, posterior à destruição de Jerusalém. Surgiu entre o desastre e a dor do povo eleito e a esperança de um mundo novo.

Conta a lenda do monoteísmo de Abraão baseado em Genesis (11,31-12,3; 15,7). Abraão faz uma viagem mística até o trono de Deus e, arrebatado pela liturgia angélica, pronuncia com Yaoel os títulos divinos (mais de 20), os quais expressam que Deus está mais além de toda a compreensão humana. Anjos e demônios são representados, respectivamente, por Yaoel, defensor de Abraão, e Azazel, acusador, identificado com as aves de rapina do Genesis (15,11). No entanto, não são os anjos que determinam a história, e sim a liberdade e a vontade de cada indivíduo. O culto é fundamental nesse apocalipse e a liturgia angélica da qual participou Abraão é o modelo (Díez Macho,1984).

O Quarto Livro de Esdras

Esse livro existe em muitas versões: latina, siríaca, etiópica, árabe, armênia e georgiana, todas provavelmente originárias de um apócrifo grego. A obra foi composta no final do século I d.C. e reflete o pessimismo da época. Está situada na Babilônia, 30 anos depois da destruição do Templo de Jerusalém, portanto, em 557 a.C., protagonizada por Esdras. A parte inicial do livro é um diálogo em três partes. A primeira parte é de Esdras com o anjo Uriel, que atua como intérprete de Esdras. A segunda consta de quatro visões. Já a terceira trata da misericórdia e da justiça de Deus.

Na primeira parte, no primeiro diálogo (Esd 3,1-5,20), o vidente pergunta o porquê da destruição de Jerusalém, se os judeus não são tão pecadores como os gentios. Uriel responde que Deus tem seus caminhos incompreensíveis pelos humanos. O mundo está próximo do fim e a libertação do mal também. Assim, Esdras termina jejuando sete dias.

O segundo diálogo (Esd 5,21-6,35) segue o mesmo esquema do primeiro. Esdras pergunta por que Deus tem esse comportamento com Israel, que é sua vinha, sua parte, seu lírio, seu povo, sua ovelha? Uriel responde que Esdras é incapaz de compreender a justiça e a misericórdia que Deus reserva para o fim de Israel.

No terceiro diálogo (Es 6,36-9,26), Esdras recoloca seu lamento com nova força. Se o mundo foi criado por causa de Israel, por que os outros povos, que não são nada, o dominam? Uriel volta a recordar os últimos sinais, as tribulações da época messiânica, as dores de parto que vão reabilitar os filhos de Israel. Existem dois mundos. Neste reinam as consequências do pecado de Adão – angústias, dores etc. –, mas os justos herdarão o outro mundo, enquanto os ímpios serão condenados. O anjo exalta a justiça de Deus que deu aos homens a Lei para que soubessem como deveriam viver, mas eles a desprezaram e por isso pereceram.

Na segunda parte, que trata das visões, a primeira delas (Es 9,27-10,60) retrata uma mulher que vive 30 anos estéril com seu marido, então Deus lhe dá um filho, que morre quando ela se prepara para casar. A mulher desaparece pelos campos chorando desconsolada, e Esdras a recrimina. O anjo então faz entender que a mulher é Sião; os anos de esterilidade são o tempo que precedeu a construção do Templo; o filho é o Templo; a morte dele é a destruição do Templo; e a cidade edificada depois do desaparecimento da mulher é a nova Sião.

A segunda visão (Es 11,1-12,51) consta de uma águia e um leão. A águia é símbolo de Roma, e o leão é símbolo de Judá, que representa o Messias que vencerá a águia. Esdras se enche de esperança. A visão afirma que um resto de Israel se salvará para gozar dos tempos messiânicos até o dia do julgamento.

Na terceira visão (Es 13,1-58), aparece uma figura de homem que o vento levanta do mar e ele voa nas nuvens do céu. Trata-se do Messias preexistente, protetor do resto fiel, juiz e guerreiro. A visão é explicada pelo próprio Deus. O homem que sobe do coração do mar é aquele que o Altíssimo reservou durante muito tempo para libertar as criaturas por si mesmas e é encarregado de reunir as dez tribos deportadas por Salmanassar. Ele as fará cruzar de volta o Rio Eufrates a pé, enxuto, e as unirá às tribos que permaneceram na Terra Santa.

Na quarta visão (Es 14,1-47), Esdras é apresentado como um novo Moisés, conforme o capítulo 3 do Livro do Êxodo. Ele deverá reescrever os livros de Moisés que foram queimados no incenso do Templo, instruir o povo e transmitir aos sábios a ciência esotérica dos 70 livros.

Se, por um lado, o vidente Esdras está pessimista por não ver saída da situação presente, por outro, o intérprete Uriel atua no sentido de alargar os horizontes da visão e do entendimento de Esdras. O vidente representa o povo inconsolado com a situação de perseguição, de pecado e de terror no mundo em que vive naquele momento, enquanto o anjo insiste em mostrar que a última palavra é da justiça de Deus e se trata da salvação. Se nos diálogos reinava o pessimismo, nas visões, especialmente as duas últimas, reina a esperança, pois é suficiente cumprir a lei da aliança (Díez Macho, 1984).

Apocalipse Siríaco de Baruc

Também originado por ocasião da destruição de Jerusalém no ano 70 d.C., é, por temática e origem, paralelo ao Quarto Livro de Esdras. O verdadeiro autor é de obediência farisaica. O livro procura explicar por que os pecadores triunfam e os justos são deixados de lado. A resposta do autor se resume ao fato de que o futuro depende do juízo de Deus, a quem compete separar os maus dos bons em um mundo novo e incorruptível.

A discussão sobre a destruição do Templo e sobre a validade da Lei compõe a trama em que se desenvolve o diálogo do profeta com Deus, transcorrido entre jejuns e visões de Baruc. São quatro jejuns e quatro visões.

Baruc por três vezes exorta o povo a viver segundo a Lei para salvar-se. A destruição de Jerusalém e do Templo é castigo pelos pecados cometidos. O profeta vê a destruição de Sião e a diáspora dos judeus entre os gentios como uma missão para que os judeus façam bem aos pagãos. Bartuc oferece, desse modo, um novo olhar: há males que vêm para bem. Se a Jerusalém terrestre foi destruída, a celeste não será.

Foi Deus mesmo quem destruiu Jerusalém e o Templo, por isso os inimigos nada têm para se gloriar. Segundo Baruc, quatro anjos puseram fogo nos quatro cantos da cidade e um quinto anjo resgatou do Templo os objetos sagrados. A justiça de Deus será feita para todos no tempo devido, há de se aguardar. As obras más arrastam o castigo, mas as boas trazem a recompensa (Díez Macho, 1984).

Apocalipse de Pedro

Trata-se de um escrito do século II da nossa era, de tons helenísticos. O texto existe em duas versões incompletas de um original grego perdido: um grego popular e um etiópico que divergem bastante entre si. O manuscrito grego foi encontrado no Alto Egito e está no museu do Cairo.

No Cânon de Muratori, a lista mais antiga dos livros do Novo Testamento, que data do ano 150 d.C., encontrado pelo italiano Ludovico Antônio Muratori no século XVIII, o Apocalipse de Pedro aparece como livro do Novo Testamento, datado entre os anos de 125 e 150 d.C., entre 25 e 50 anos depois da morte do último apóstolo. O livro foi tido com grande estima por alguns escritores eclesiásticos da Antiguidade, como Clemente de Alexandria (150-215), que o considerava canônico (Eusébio de Cesareia, 2002).

O livro está estruturado como um discurso de Cristo ressuscitado a seus fiéis, oferecendo a Pedro a visão primeiro do céu e depois do inferno. Descreve com riqueza de detalhes as punições do inferno para cada tipo de crime, bem como os prazeres dados no céu a cada virtude. No céu, segundo a visão, as pessoas têm pele branca como leite, cabelos encaracolados e são geralmente bonitas e vestem roupas brilhantes, feitas de luz, como os anjos. Todas cantam suas orações em coro. A terra está repleta de flores e especiarias.

No inferno, os blasfemos são pendurados pela língua. As mulheres que se enfeitam para o adultério são penduradas pelo cabelo sobre um brejo borbulhante. Os homens que tiveram relações com elas são pendurados pelos pés com a cabeça no lamaçal, bem próximo à cabeça das mulheres com quem adulteraram. Os assassinos e os que concordam com eles são colocados num poço no qual criaturas rastejantes os atormentam. Os que emprestam dinheiro e cobram juro sobre juro devem permanecer de pé, num lago de sangue e podridão até os joelhos. Um fragmento grego desse livro encontrado em Akhmin (Alto Egito) em 1886-1887 descreve essas visões.

Nas grutas de Qumran, próximo ao mar Morto, foram encontradas algumas obras de cunho apocalíptico escritas pelos essênios, como o *Documento de Damasco*, um manifesto histórico, doutrinal e normativo datado do século I a.C. O texto se constitui de uma introdução histórica na qual se relata que, após o exílio babilônico, Israel reconheceu sua culpa e, então, Deus, considerando o arrependimento, enviou a seu povo o Mestre da Justiça. O documento consta ainda de uma exortação e uma legislação da comunidade.

Síntese

Como vimos neste capítulo, a literatura apocalíptica surgiu durante o domínio grego no Oriente (333 a.C.). No entanto, para Mesters e Orofino (2013), ela teve um longo período de gestação na época do controle persa, ou seja, ela não surgiu repentinamente. Os contatos com outras culturas e os desafios de explicar o sofrimento do povo hebreu nesse período levaram-no a criar um modo próprio de se expressar.

Essa literatura é rica em imagens que possibilitam as mais diferentes e criativas interpretações e dão asas ao fascínio de muitos estudiosos, escritores e leitores. Contudo, ela é um recurso apropriado para as diversas necessidades de comunicação e de expressão da esperança especialmente de determinado período histórico, mas que pode se estender por muitas gerações.

Dessa forma, a riqueza de imagens da literatura apocalíptica favorece uma grande variedade de interpretações sempre sujeitas às intenções, às angústias e às expectativas das pessoas que a leem. Assim como outros recursos, pode ser considerada uma ajuda ou um empecilho na história das comunidades.

Podemos perceber uma intensa atividade de escritos apocalípticos, tendo em vista a extensão do material elaborado ao longo dos anos, tanto dentro quanto fora do cânone bíblico. Um patrimônio cultural que precisa ser seriamente considerado, pois será sempre possível encontrar algumas ideias ou procedimentos originários de uma interpretação da literatura apocalíptica.

Fora da Bíblia, portanto, essa literatura é mais abundante. Os elementos mais significativos presentes no Novo Testamento, com exceção do Livro do Apocalipse, foram brevemente considerados neste capítulo. Eles abrangem os Evangelhos Sinóticos, algumas cartas de Paulo e as cartas de Pedro. Escritos que serviram e servem para colocar os cristãos na esperança ativa diante das expectativas da humanidade no que diz respeito à superação da violência, à continuidade da vida e ao estabelecimento da harmonia e da paz, na chamada *parusia*. O mesmo Deus que atua na história também pede o protagonismo dos que continuam nela.

Sobre os escritos apócrifos, apontamos apenas uma amostra do tanto que as gerações têm se valido dessa literatura na busca do entendimento dos tempos futuros.

Atividades de autoavaliação

1. Em síntese, podemos dizer que a apocalíptica é:
   a) um modo de narrar (gênero literário) acontecimentos com uma tendência a revelar para o tempo presente o que ocorrerá no futuro.
   b) um modo de denunciar os desmandos sem ser percebido.
   c) um meio de consolar e acomodar as pessoas, pois tudo já está definido pelo Criador.
   d) um modo de assustar as pessoas causando confusão a respeito do próprio futuro.

2. A principal diferença entre a *apocalíptica* e a *profecia* é:
   a) o modo de abordar a história: a profecia se interessa pela história, pelo aqui e agora, porque ela visa ao presente e incentiva o protagonismo; a apocalíptica visa ao futuro e depende de mediadores.
   b) o modo de pensar o futuro: a profecia incentiva o povo a construir o futuro, mas a apocalíptica incentiva as pessoas a esperar um futuro pronto que vem dos céus.
   c) o modo de encarar a realidade:. a profecia vê a realidade como algo que depende do posicionamento do homem no dia a dia; a apocalíptica vê na realidade um confronto entre as forças do bem e do mal.

d) o modo de entender Deus: a profecia entende Deus agindo nas pessoas e através delas, enquanto a apocalíptica entende Deus agindo por meio de forças celestes, anjos e outros seres.

3. A apocalíptica não é só uma literatura, é também:
   a) uma reação para sair da crise.
   b) um modo de demonstrar que Deus está no controle.
   c) uma denúncia para apontar responsáveis e saídas.
   d) todas as respostas anteriores.

4. Segundo Marcos 13,1-37, o que o sinal mais decisivo de apocalipse indicado por Jesus compreende?
   a) A grande incidência de guerras, terremotos, fome, perseguições e divisões dentro da própria família.
   b) A instalação da abominação da desolação onde não deve, isto é, no lugar mais sagrado e acreditado possível.
   c) A pregação do Evangelho a todas as nações, depois da qual virá o fim.
   d) A vinda do Filho do Homem.

5. O Quarto Livro de Esdras é constituído de quantos diálogos e quantas visões?
   a) Dois diálogos e três visões.
   b) Três diálogos e quatro visões.
   c) Quatro diálogos e três visões.
   d) Cinco visões e quatro diálogos.

Atividades de aprendizagem

Questões para reflexão

1. Assista ao filme *Quo vadis?* e analise o contexto que ele apresenta e sua relação com a literatura apocalíptica.

QUO VADIS? Direção: Mervyn LeRoy. EUA: Metro-Goldwyn-Mayer, 1951. 171 min.

O filme conta a história do general Marcos Vinicius, que, depois de três anos de campanha, volta a Roma e encontra Lygia, por quem se apaixona. Porém, Lygia é cristã e não quer saber do guerreiro.

Atividade aplicada: prática

1. Elabore perguntas para entrevistar pelo menos 30 pessoas sobre o entendimento delas quanto ao Apocalipse e à literatura apocalíptica. Confronte o seu próprio entendimento com o resultado das entrevistas e com o conteúdo do capítulo.

4
O Livro do Apocalipse

Neste capítulo, abordaremos de maneira específica o Apocalipse de João. Trabalharemos na ótica do resgate da criação pautada pelo caminho da esperança, pois o protagonismo nela se nutre.

O primeiro momento é reservado às questões básicas e introdutórias ao estudo do livro, tanto do ambiente quanto das intenções que podem ser captadas no material escrito. Por um lado, reconhecer que o medo divulgado em relação ao que o livro relata pode ser resultado de interpretações tendenciosas. Por outro, compreender que, na verdade, uma interpretação fiel às intenções do autor não é fácil de se conseguir, dadas as muitas variantes históricas, religiosas e culturais implicadas.

Estabelecida a abordagem introdutória, adentraremos na hermenêutica dos primeiros sete capítulos do livro, considerando a qualificação do revelador, as cartas às sete igrejas, a abertura dos primeiros selos, a marca de Deus no selo do Deus vivo e as sete bem-aventuranças.

O Apocalipse de João é de uma riqueza imensa, não só pelo lado misterioso das figuras, mas também pela capacidade de trazer e concentrar em si muitos elementos presentes ao longo da história de Israel descritos no Antigo Testamento, além de oferecer, ao longo dos tempos, inspiração a vários movimentos na história.

4.1 Contexto do escrito

Muita gente tem receio do Livro do Apocalipse porque alguns, que se fazem passar por entendidos, usam-no para colocar medo nos outros. O livro fala de um jeito estranho e assustador para aqueles que estão por fora da vida cristã; porém, para os que estão por dentro, é possível entendê-lo e segui-lo sem atropelos. O Apocalipse foi escrito exatamente para tirar o medo dos cristãos, para encorajá-los e enchê-los de esperança.

De modo resumido, duas forças estão em confronto constante, mas somente uma vencerá, e já sabemos qual: é a força de Cristo, o Cordeiro de Deus. O cristão sofre muito, mas não deve desanimar porque um dia todos os poderes da terra vão passar e todas as forças maléficas, isto é, voltadas só para si mesmas, serão vencidas pelo poder e pela força de Deus. É certo, como a luz do dia, que o discípulo de Cristo vai sofrer e enfrentar muita dificuldade, mas é também certo que ele vai vencer, vai se realizar e encontrar a felicidade plena que está buscando. Portanto, o Apocalipse não é o livro do medo, mas da coragem, da esperança.

É o livro da pessoa de fé, escrito para alimentar a esperança e manter a perseverança.

O autor do Apocalipse quer deixar claro, na consciência do cristão, que o seu caminho é o mesmo de Cristo. Jesus também disse verdades, exigiu justiça, sofreu e morreu assassinado por causa disso, mas ressuscitou. Assim será com todos os seus seguidores. João escreveu o livro para os discípulos de seu tempo, mas o texto continua válido para os cristãos de hoje também.

4.1.1 Origens

No início, os chefes da religião judaica perseguiram e mataram Jesus. Depois, o rei Herodes Antipas mandou matar alguns apóstolos e líderes da Igreja em Jerusalém (At 12,1-3). Mais tarde, os chefes expulsaram os cristãos de suas sinagogas, primeiro em Jerusalém, depois no resto do mundo. Assim, os cristãos se esparramaram pelo mundo. Então, chegou a vez dos romanos os perseguirem. A repressão dirigida diretamente aos cristãos pelos romanos começou com o Imperador Nero, que governou entre os anos 54 e 68, mas tornou-se mais brutal a partir do ano 64.

Durante o reinado de Nero, foram assassinados Pedro e Paulo, considerados duas colunas da Igreja nascente, e muitos outros cristãos, em Roma. Nero teria mandado incendiar a cidade de Roma e depois acusado os cristãos pela tragédia, para ter motivo para persegui-los, expulsá-los e matá-los. Nero via os cristãos como perigosos para o tipo de governo que queria fazer (Reicke, 1996).

Houve um tempo de calmaria quando Vespasiano se tornou imperador de Roma, de 69 até 81. Depois, veio o Imperador Domiciano, que não era visto com bons olhos pelos escritores romanos Suetônio e Tácito nem pelo Senador Plínio, o Jovem. Segundo Suetônio,

Domiciano mostrou sua índole quando substituiu, no governo de Roma, seu pai Vespasiano, que estava em viagem pelo Egito. Suetônio atribuiu a Domiciano o qualificativo de *dominus et deus noster*, isto é, "senhor e deus nosso".

Também segundo Suetônio, Domiciano exigiu que o chamassem de *dominus ac deus*, isto é, "senhor e deus". Em Priene, cidade da província romana da Ásia Menor, atual Turquia, existe uma estátua dedicada ao Imperador Domiciano em cujo pedestal consta a seguinte inscrição: "deus invencível, fundador da cidade" (Arens; Mateos, 2004, p. 81). Isso atesta a ideia de que César é o senhor e salvador do mundo, e diante dele se prostram "todos os habitantes da terra" (Ap 13,8.12).

Conforme Arens e Mateos (2004), Plínio, legado imperial do Imperador Trajano na Bitínia, escreveu uma carta no ano 112, pedindo ao imperador orientações sobre como proceder no julgamento dos cristãos. Nela, Plínio dava notícias de pessoas que renunciaram ao cristianismo nos mais diversos períodos, chegando até a mais de 20 anos – portanto, no período de Domiciano, nos anos 90. Plínio também falou de uma prática para descobrir quem era cristão fiel. Para isso, recorria-se à obrigação de prestar culto aos deuses e à estátua do imperador, o que um cristão fiel não faria de modo algum. Tal recusa era vista como prova de rebeldia à autoridade romana e devia ser exemplarmente castigada. O legado ainda relatou que povoados e distritos rurais estavam contaminados pelo contato com esse "culto desgraçado" – assim era chamado o cristianismo.

Conforme essas informações, o principal motivo da perseguição dos cristãos era a infidelidade política, e como o império unia política e religião, os cristãos não podiam aceitar nem suportar tal combinação.

Domiciano governou o Império Romano do ano 81 a 96. Foi um dos períodos mais violentos da perseguição dos cristãos na Ásia Menor, especialmente na região de Éfeso, onde estava concentrada a maior parte deles e seu modo de proceder influenciava a cultura e os hábitos pagãos (cf. At 19,21-40).

A diferença mais profunda entre o cristianismo e os costumes da época era, além da ética, a religião em si mesma, particularmente no que se referia ao culto oficial, por ser público e de caráter político. A grande dificuldade dos cristãos, naquele tempo, era a necessidade de andar no sentido contrário ao da cultura dominante e assim serem vistos pelos outros como ateus, inconformistas e antissociais. A insubordinação, em qualquer parte do império, era uma ameaça à política da Pax Romana.

A Pax Romana teve início em janeiro do ano 9 a.C., quando, por ordem do Imperador César Augusto, foi construído o altar da paz na cidade e, a partir daí, Roma tornou-se deusa. Assim os deuses abençoavam o povo de Roma com a paz. Foi, para os romanos, um tempo muito abençoado.

Segundo Arens e Mateos (2004, p. 337-349), a Pax Romana é outro modo de chamar a idade de ouro do Império Romano. Ela teve início com o Imperador Cesar Augusto e se estendeu até o ano 180, com a morte do Imperador Marco Aurélio. Durou praticamente dois séculos. Foi Sêneca, o educador de Nero, a criar essa expressão para sintetizar, em poucas palavras, todos os bens levados ao mundo pela ordem internacional estabelecida por Roma. Foi um período em que as conquistas deram lugar aos investimentos na cultura, particularmente o direito e a arquitetura, bem como na infraestrutura, sustentados pela carga de imposto recolhido entre os povos dominados – o imposto *per capita* era recolhido para Roma.

O objetivo real da Pax Romana era legitimar e expandir o domínio no mundo, favorecer o comércio internacional, garantir a cobrança tranquila dos impostos e dos tributos e, assim, intensificar a concentração da riqueza e do poder em Roma. João enumera 28 produtos importados por Roma em Apocalipse 18,12-13. O resultado foi a escravização crescente das periferias e o excesso de luxo no centro, em Roma, conforme podemos ler em Apocalipse 18,9-20. Nas palavras de Tácito (54-120), senador e historiador, a Pax Romana provocava medo, pois era uma paz imposta pelos que nasceram para mandar. Fala-se de 6 mil crucificados dos dois lados da Via Ápia por ocasião da revolta do escravo grego Espártaco e de 15 mil assassinados por Tito no avanço contra Jafa, antiga cidade portuária de Israel, de onde o romano levou ainda 2.130 prisioneiros, além de outras violências.

4.2 Autor, data e local de composição

A questão da composição do Apocalipse é importante, pois a obra não nasceu do vazio, ela tem um contexto e as motivações do autor estão nele.

Local

Com base em Apocalipse 1,9, costuma-se afirmar que o livro foi escrito na ilha de Pátmos, mas o próprio tempo do verbo na narrativa ("encontrava-me") dá a entender que o escrito aconteceu depois das visões e que, portanto, João pode tê-las tido num lugar e escrito o texto em outro. De qualquer modo, a região de Éfeso, da qual Pátmos faz parte, é o lugar mais apropriado.

Data

Quanto à data do livro, ela pode ser deduzida por meio de informações no próprio escrito e do contexto que ele representa. Alguns escritores como Eusébio de Cesareia (263-339), Vitorino de Pettau (250-304) e São Jerônimo (347-420) datam a obra no tempo do Imperador Domiciano (81 a 96). No texto do Apocalipse, Roma é cognominada *Babilônia*, o que já encontramos na 1ª Carta de Pedro, que foi escrita em Roma: "A [comunidade] que está em Babilônia, eleita como vós, vos saúda" (1Pd 5,13). Babilônia, como símbolo, aparece várias vezes no Apocalipse (14,8; 16,19; 17,5; 18,2.10.21).

A Babilônia do tempo do exílio, no tempo da escrita do Apocalipse, não passava de um povoado de gente simples e indefesa, dado suficiente para entender que o autor não está falando daquela localidade, mas de um lugar que hoje explicita os tempos áureos da cidade que destruiu Jerusalém e impôs a deportação e o exílio aos judeus. O que tem tudo a ver com Roma.

Na verdade, Roma, nos anos 70, destruiu e saqueou o Templo de Jerusalém, ou seja, fez o mesmo que Babilônia fizera no século VI a.C. – destruiu e saqueou o Templo de Jerusalém, além de deportar as lideranças. A preocupação com o culto imperial no Livro do Apocalipse é semelhante à que encontramos no capítulo 19 do Livro dos Atos dos Apóstolos, referente aos cristãos em Éfeso, acusados de muitos erros.

A publicação do Livro do Apocalipse, como o temos hoje, é do final do século I, entre os anos 90 e 100. Há um consenso de que o texto tenha sido escrito em etapas, talvez em pequenos trechos em épocas diferentes, desde a perseguição de Nero, em 64, até Domiciano, de 81 a 96.

Autor

Em Apocalipse 1,9, o autor, que é denominado *João*, deixa claro que o fato de ele estar longe, na prisão, não o impede de continuar unido aos demais. Ele se declara irmão e companheiro na tribulação, na paciência e na perseverança à espera do Reino. No final, afirma ser esse livro uma profecia que caracteriza a bem-aventurança dos obedientes (Ap 22,6-8).

Para João, a primeira etapa do reinado é o sofrimento. A segunda é a alegria da comunhão com Deus na paz. Por isso, é preciso perseverar, pois só quem persevera alcança o que busca. É importante saber que o sofrimento de João ocorre por causa da palavra de Deus que ele prega e do testemunho de Jesus Cristo que ele dá. Não é, portanto, sofrimento por capricho ou interesse pessoal, mas pela missão abraçada, pela entrega feita à causa de Deus em Cristo Jesus. João é foco de reação e perseverança na mudança.

Mas de que João se trata? Conhecemos um João Batista (Mt 3; Mc 1; Lc 3; Jo 1), um João filho de Zebedeu (Mt 4,21-22; Mc 1,19-20; Lc 5,10-11), o apóstolo (Mt 10,2; Mc 3,17; Lc 6,14). Conhecemos também um João Marcos (At 12,12).

Controvérsias

Durante um bom tempo, ninguém teve dúvidas de que esse João fosse o filho de Zebedeu, um dos doze apóstolos, o mesmo que escrevera o quarto evangelho. Essa realidade foi atestada já no século II d.C. por São Justino (100-165); seguido por Santo Irineu (130-202), bispo de Lyon, na França; por Clemente de Alexandria (150-215), teólogo e escritor; por Tertuliano (160-220), escritor cristão; e pelo Cânon de Muratori, do final do século II (por volta de 190).

Embora Dionísio de Alexandria (190-260) acusasse e anotasse diferenças no estilo e no linguajar entre o Apocalipse e o quarto evangelho, foi somente no século IV que Eusébio, bispo de Cesareia (263-339), considerado pai da história da Igreja, disse que o autor do Apocalipse era João, o presbítero, distinto de João, filho de Zebedeu. Também por esse período, Cirilo (313-386), bispo de Jerusalém, e João Crisóstomo (349-407), arcebispo de Constantinopla, não reconheceram o livro como canônico, isto é, como regra de fé, segundo eles, por não ter autoridade apostólica. Uma das razões dadas por Eusébio é a diferença de estilo literário entre os dois escritos. De fato, o escritor de cada livro tem um estilo próprio e dificilmente um autor é capaz de apresentar dois estilos tão diversificados. No Concílio de Trento (1545-1563), o livro entrou definitivamente no cânone das escrituras reconhecidas pela Igreja Católica.

Hoje, com um estudo mais aprofundado, podemos ver que, literariamente, o texto do Apocalipse tem muita diferença em relação ao texto do evangelho. No entanto, há também muita semelhança temática. Encontramos, com certa frequência termos comuns aos dois escritos, o que faz perceber uma relação mais estreita entre a autoria deles. Sabe-se, hoje, que o Livro do Apocalipse foi escrito um pouco por vez, isto é, por etapas.

Outra questão vai por conta das características do gênero literário, pois na apocalíptica usa-se pseudônimo. Assim, se a obra diz que o autor é João, certamente o nome verdadeiro é outro. No entanto, como o Apocalipse é também (acima de tudo) profecia, a primeira conclusão não é suficiente. Em Apocalipse 1,3, abre-se o texto com a bem-aventurança do leitor e do ouvinte da profecia. Em Apocalipse 22,7, fecha-se novamente com a bem-aventurança da observância da profecia. Tanto numa quanto noutra, insiste-se que o livro é uma profecia, pois está no singular. Então, há uma resposta específica e ela não pode se prestar para acomodar tanta especulação. A palavra *profecia* aparece sete vezes no livro (Ap 1,3; 11,6; 19,10; 22,7.10.18.19); em cinco delas, está tratando do conteúdo do livro, chegando-se a afirmar, em Apocalipse 19,10, que o testemunho de Jesus é o espírito da profecia. Aí está a dica, é por aí que precisamos seguir.

Contudo, a palavra *apocalipse* aparece uma só vez (Ap 1,1). Assim, as coisas se invertem, pois é característica da profecia a realidade histórica nua e crua. Considerando-se esse dado, podemos afirmar que o autor se chama de fato *João*, embora não possamos garantir que seja o filho de Zebedeu. Em nosso escrito, embora o livro se chame *Apocalipse*, prevalece nele o gênero literário profético.

Ainda não temos acordo a respeito de o Evangelho segundo João e o Apocalipse serem obras de um mesmo autor, mas também não temos certeza de que sejam diferentes. Conforme Tuñí e Alegre (2007), a questão continua aberta.

4.2.1 Por que o autor escreveu desse jeito?

Conforme Arens e Mateos (2004), João escolheu esse gênero literário para buscar, mover e comprometer os sentimentos dos fiéis a uma definição clara por Jesus Cristo. O Apocalipse apela para as emoções, por isso serve-se da força da linguagem das imagens, das metáforas e dos quadros. João conheceu o poder dissuasivo e persuasivo dos escritos de Daniel, Ezequiel, trechos de Isaías e também neles se inspirou. A finalidade do escrito não é simplesmente informativa, nem artística, mas exortativa, encorajadora e participativa na dinâmica de um reino cujo domínio não se esgota na terra.

O Livro do Apocalipse tem endereço certo. É para ser lido e entendido pelos cristãos reunidos em assembleia, na oração e na celebração, por isso, até hoje, é um livro para ser lido em comunidade. Só o entende quem entende a história dele ou quem vive uma profunda comunhão com Deus.

Em João, as visões são abundantes, mas não totalmente estranhas. Elas sempre têm alguma raiz, alguma ligação com o Antigo Testamento. O autor vai lá, encontra o fio da meada e o desenvolve em seu texto, para seus leitores. Ele se aproveita especialmente dos livros do Êxodo, de Ezequiel e de Daniel. Para verificar melhor o que está sendo dito, podemos comparar o capítulo 1 do Livro do profeta Ezequiel com o Apocalipse 4,1-8.

Outros trechos relacionados são os capítulos 7 a 10 do Livro do Êxodo com o Apocalipse 8,6-13 e o capítulo 4 do Livro de Daniel com Apocalipse 4,9-11. Dessa forma, quem conhece o Antigo Testamento compreende logo a mensagem.

Nada do que acontece hoje é totalmente desconhecido da história. Deus nunca nos deixa sem iluminação. Não se olha para trás para chorar a saudade, mas para alimentar a esperança. Por isso, é necessário olhar para trás; não se pode ignorar o que se viveu, mas não se pode ficar preso ao passado. É preciso acreditar e caminhar para construir o futuro, pois ele é feito de graça e engajamento.

Conforme Mesters e Orofino (2013), João fortalece as comunidades cristãs trazendo visões grandiosas como a de Jesus ressuscitado (Ap 1,12-18), a do trono de Deus (Ap 4,2-8), a do Cordeiro imolado (Ap 5,6-14) e a do dragão que enfrenta a Mulher (Ap 12,1-6). Com isso, ele desperta o leitor para a esperança. Tais visões revelam que o futuro não está perdido, pelo contrário, será vitorioso sobre todas as vicissitudes.

Assim, o autor convoca as comunidades a não deixar que o medo as domine e a descruzar os braços e colocar a mão na massa. Deus dá a força e, com a fé nele, fazemos a história. A visão não é uma fantasia do autor, mas um jeito de comunicar a verdade da história de alguém que não está somente mergulhado nela, mas que tem uma meta e que vai muito além dela. Assim, o objetivo da visão é bem mais do que ver, é ajudar a compreender a profecia e a protagonizar a história.

Os símbolos revelam uma dimensão mais profunda que não podemos ver a olho nu. Para isso, precisamos de recursos, pois o símbolo é, ao mesmo tempo, uma síntese e uma associação. Fala sempre muito mais do que representa à primeira vista. Os símbolos não podem ser simplesmente contemplados, precisam ser interpretados, decifrados.

Assim, o autor escreve usando símbolos para que os não iniciados não entendam a revelação. Os perseguidores não precisam saber disso.

4.3 A estrutura do Livro do Apocalipse

O Apocalipse consta basicamente de duas partes, desiguais em tamanho, com sentido próprio, somadas a uma pequena introdução (Ap 1.1-3), uma conclusão (Ap 22,6-15) e um epílogo (Ap 22,16-21). A primeira parte é constituída pelos capítulos 1 a 3, nos quais, depois de uma rápida introdução (Ap 1,1-3) e identificação de quem recebe a revelação (Ap 1,4-11), apresenta-se a figura do revelador (Ap 1,12-16) e a reação do recebedor (Ap 1,17-20). Nos capítulos 2 e 3, encontramos o primeiro conjunto de septenário. São sete mensagens que devem ser enviadas a sete destinatários, cada uma com seu próprio conteúdo, dirigidas ao anjo (líder) de cada uma das seguintes igrejas: Éfeso, Esmirna, Pérgamo, Tiatira, Sardes, Filadélfia e Laodiceia (2,1-3,22).

A segunda parte começa no capítulo 4 e se estende até o capítulo 22 (Ap 4,1-22,5). Consta do desenvolvimento de mais três septenários – o dos selos (Ap 6,1-8,1), precedido pela visão do trono e do Cordeiro (Ap 4-5); o das trombetas (Ap 8,2-11,19); e o das taças com as pragas (Ap 15,5-16,21), precedido pela grande luta entre Miguel e o dragão (Ap 12-14), do julgamento da grande prostituta chamada Babilônia e da vitória do Cordeiro (Ap 17,1-22,5). A obra fecha com uma rápida conclusão (Ap 22,16-21).

É também possível entender a segunda grande parte (Ap 4,1-22,5) em duas etapas. A primeira (Ap 4,1-11,19), tem nos versículos 15 a 19 do capítulo 11 uma conclusão, pois as vozes dos anjos ressoam no céu dizendo: "A realeza do mundo passou agora para nosso senhor e seu Cristo, e ele reinará pelos séculos dos séculos" (Ap 11,15). A segunda etapa vai desde a retomada do confronto (Ap 12,1) até o estabelecimento da novidade prometida (Ap 22,5).

Segundo Arens e Mateos (2004), a redação do livro aconteceu em várias etapas, provavelmente na seguinte ordem: primeiro foram escritos os textos de Ap 4,2-9,21 e Ap 11,15-19 e talvez Ap 10,1-7, no tempo de Nero; em seguida, Ap 12,1-21,5, no tempo de Domiciano, com o acréscimo de Ap 10,8-11,14, fazendo às vezes de introdução; um pouco mais tarde, foi incluído Ap 1,9-18 como introdução; posteriormente, depois de Domiciano, foram acrescentadas as cartas dos capítulos 2 e 3 junto com Ap 1,19-20 e Ap 4,1; em outro momento, acrescentou-se Ap 1,4-8 para dar forma de carta a todo o livro; por fim, agregaram-se Ap 1,1-3 e Ap 22,6-17; provavelmente um copista deve ter adicionado o final, ou seja, o trecho Ap 22,18-21.

4.3.1 Septenário

O Apocalipse está organizado tendo por base o número sete. Por que sete? Porque esse número simboliza tudo: o quatro, que corresponde a toda a realidade terrena, e o três, que corresponde a toda a realidade celeste. Somando terra e céu, temos tudo. Dezenove são as referências a séries de sete sinais, que, encaixadas umas nas outras, em forma de espiral, compõem a arquitetura do livro. Chamamos de *sistema espiral* quando um tema, já tratado em um nível, retorna em outro nível mais elevado ou aprofundado. Um exemplo disso são os desastres naturais dos capítulos 8 e 9 que aparecem em outro nível nos capítulos 16, 17 e 18.

O desenho arquitetônico do sete começa com o anúncio da primeira das sete bem-aventuranças (Ap 1,3). As outras seis ocorrem nas seguintes passagens: Ap 14,13; 16,15; 19,9; 20,6; 22,7; 22,14.

O desenho é fechado com a sétima bem-aventurança, situada, praticamente no final do livro (Ap 22,14). Duas delas nos orientam a focar a leitura na dimensão profética da mensagem (Ap 1,3; 22,7) e todas convergem para a quarta bem-aventurança (Ap 19,7-9), em que os convidados celebram as núpcias do Cordeiro, ponto culminante da narrativa. As bem-aventuranças anteriores e posteriores têm correspondência entre si: a primeira (Ap 1,3) com a sexta (Ap 22,7); a segunda (Ap 14,13) com a quinta (Ap 20,6); e a terceira (Ap 16,15) com a sétima (Ap 22,14).

Em seguida, João acolhe e nomeia a saudação de Deus às sete igrejas (Ap 1,4) para as quais recebe a incumbência de enviar o escrito da revelação: Éfeso, Esmirna, Pérgamo, Tiatira, Sardes, Filadélfia e Laodiceia (Ap 1,11), série que vai dominar os capítulos 2 e 3 do livro. A mensagem às igrejas é uma ação conjunta do Eterno, "Aquele-que-é, que-era e aquele-que-vem" (Ap 1,4), com os sete espíritos que estão diante de seu trono e de Jesus Cristo, "a Testemunha fiel" (Ap 1,5).

As mensagens são enviadas aos sete anjos, um de cada igreja (Ap 2,1.8.12.18; 3,1.7.14) que significam os líderes das igrejas nomeadas. Sete candelabros que formam um círculo com Cristo no centro simbolizam as igrejas (Ap 1,12.20.20; 2,1), cujo centro é o Senhor. Evidentemente, os candelabros não têm significado por si mesmos. Eles apenas são suporte das velas, que, acesas, proporcionam a luz, a verdadeira razão da existência deles. Isso concorda com a vocação cristã explicitada por Jesus em Mateus 5,14-16. As sete estrelas que estão na mão direita do revelador são também os líderes das igrejas (Ap 1,16.20.20; 2,1; 3,1). Hoje também, por vezes, as lideranças são denominadas *estrelas*.

João continua apresentando as sete lâmpadas de fogo que ardem diante do trono e explica que são os sete espíritos de Deus (Ap 4,5; 5,6). Sete selos (Ap 5,1.5; 6,1) guardam e controlam os mistérios de

Deus sobre a história e o futuro, não só da humanidade, mas de toda a Criação, e somente o Cordeiro tem condições e autoridade de abrir (Ap 5,6-10). Na verdade, o mistério atinge todos os tempos. Nem mesmo o passado está claro para a humanidade. Basta ver a variedade de explicações que ainda hoje são dadas para um mesmo fato ocorrido.

O Cordeiro é munido de sete chifres (Ap 5,6) e sete olhos (Ap 5,6), que são os sete espíritos de Deus enviados por toda a terra. Os mesmos espíritos que estão diante do trono de Deus (Pai) são enviados a toda a terra por meio do Cordeiro (Filho), que é o real protagonista de toda a revelação, favorável à esperança do perseguido.

Os sete anjos que agora aparecem já não têm o mesmo significado daqueles dos três primeiros capítulos. Aqueles eram seres humanos chamados de *anjos* pela responsabilidade de dirigir e guardar uma comunidade. Os anjos, agora, fazem parte da esfera celeste e estão prontos para atuar no juízo de Deus (Ap 8,2.6; 15,6.7.8; 16,1; 17,1). Lançam mão de sete trombetas (Ap 8,2.6) usadas como instrumentos de alerta sobre o perigo e como convocação para o engajamento na batalha contra as forças do mal. Elas são tocadas pelos anjos e começam a soar depois da abertura do sétimo selo. Assim, sete anjos tocam sete trombetas que anunciam sete flagelos da natureza.

Os sete trovões (Ap 10,3.4.4) acompanham a voz do anjo poderoso que carrega o livro e marcam o fim do tempo das criaturas, mas o conteúdo de suas falas permanece velado. A sorte está lançada. Depois de assassinarem as duas testemunhas de Deus na cidade chamada profeticamente de *Sodoma e Egito* (Ap 11,7-8), o vidente é convidado a subir novamente ao céu para contemplar o fim dos protagonistas do mal (Ap 11,7.12). A morte de 7 mil pessoas numa catástrofe (Ap 11,13) é mais uma oportunidade de resgate dos desviados. Pois Deus não quer a morte do pecador, mas que ele se converta e viva (cf. Ez 33,11; Lc 5,32; 15,7).

Finalmente, o princípio do mal é desmascarado e sua realidade pode ser percebida por todos. O dragão das sete cabeças (Ap 12,3.3; 13,1; 17,3.7.9) e com os sete diademas (Ap 12,3), simbolizado também pelas sete colinas (Ap 17,9) e pelos sete reis (Ap 17,9.11), está com os dias contados. Assim como no Egito, as pragas culminaram com a derrota das forças da opressão do faraó e a consequente libertação do povo de Deus, também aqui, no Apocalipse, as sete últimas pragas ou flagelos (Ap 15,1.6.8; 21,9) marcam o fim do domínio do mal em qualquer dimensão da Criação. As sete taças (Ap 15,7; 16,1; 17,1; 21,9) derramadas do céu, pelos anjos, purificam e libertam toda a Criação.

Vale ressaltar que existe a arquitetura original do sete, mas existe também a imitação dos sete[1]. Basta observar as sete cabeças (Ap 12,3; 13,1; 17,3.7.9), os sete diademas (Ap 12,3), as sete colinas (Ap 17,9) e os sete reis (Ap 17,9), que identificam a perversão e a perseguição que pode enganar os desatentos. Continuamos hoje também com estruturas seguras e com imitações fraudulentas. Por isso, devemos ter os olhos abertos e a mente ativa para discernir o perigo. Muita atenção para a qualidade das estruturas de nossas organizações, criações, relações, pensamentos e ações, para não cairmos na fraude da imitação.

4.3.2 O problema literário

Uma leitura atenta mostra que o Apocalipse não foi escrito todo de uma só vez. Ele se parece com uma casa popular que, depois de construída, sofreu várias ampliações ao longo dos anos, de acordo com as necessidades da família e com o material que tinham à disposição no momento. Assim, o livro cresceu conforme as carências das

---

[1] No Livro do Apocalipse, aparecem algumas imitações. Por exemplo, no capítulo 5, aparece o cordeiro autêntico, ao passo que no capítulo 13 a besta parece cordeiro; no capítulo 12, há uma mulher que dá a luz, ao passo que no capítulo 17 aparece a mulher que se prostitui.

comunidades. Por isso o Apocalipse não é uniforme (Mesters; Orofino, 2013).

Um novo desafio precisa de uma nova resposta, e isso é feito em continuidade com a resposta anterior. Assim, podemos conhecer melhor a história e as condições de vida dos primeiros cristãos. Naquele tempo, dava-se mais valor ao que era falado do que ao que era escrito, até porque existiam poucas pessoas preparadas para escrever e os recursos eram escassos. Por isso, circulavam pequenos escritos que iam recebendo acréscimos à medida que eram lidos e confrontados.

No Apocalipse, as sequências são bastante desiguais. Há sete cartas, uma para cada Igreja (Ap 2-3), e há muitas visões. O verbo *ver* aparece mais de 70 vezes no livro, enquanto o verbo *ouvir* aparece pouco mais de 40 vezes. Isso, por si só, mostra a preferência da narrativa. A imagem, portanto, prevalece sobre a fala. A imagem é o foco, e a fala é usada para introduzir a imagem. João nos convida a andar na fita da imaginação.

O livro conta ainda com algumas repetições, como as duas séries de pragas (Ap 8,6-9,19 e Ap 16,1-16) evocando as pragas do Egito (Ex.7,14-1,10), relidas e aprofundadas nos capítulos 10 a 19 do Livro da Sabedoria, em que se deixa claro que o objetivo de Deus não é a destruição, mas a conversão do pecador. O autor do Apocalipse aplica o mesmo entendimento quando fala das pragas, em seu texto.

Destacamos ainda algumas retomadas de assuntos, como as sete promessas do final de cada uma das cartas (Ap 2,7.11.17.26-28; 3,5.12.21), que só são entendidas com base em outras promessas espalhadas ao longo de tudo o que vem depois, nos capítulos 4 até o 22. Por exemplo: o fruto da Árvore da Vida prometido à igreja de Éfeso (Ap 2,7) só é dado em Apocalipse 22,2; a isenção da segunda morte prometida à igreja de Esmirna (Ap 2,11) só é entendida em Apocalipse 20,6.14; a promessa do nome novo feito à igreja de Pérgamo (Ap 2,17) só é compreendida em Apocalipse 19,12-13; a promessa feita à igreja de Tiatira (Ap 2,26-27) só é esclarecida em Apocalipse 12,5 e é retomada em Apocalipse 22,16; a promessa feita à igreja de Sardes (Ap 3,5) – nome no livro da vida e vestes brancas – é a de maior ocorrência e reaparece em Apocalipse 6,11; 7,9; 20,12.15; a promessa feita à igreja de Filadélfia (Ap 3,12) de ser coluna no templo de Deus aparece em Apocalipse 22,3; enfim, a promessa de sentar no trono feita à igreja de Laodiceia (Ap 3,21) se realiza em Apocalipse 20,4; 22,5.

Vale destacar um claro paralelismo entre as duas cidades-mulheres: a grande prostituta – Babilônia-Roma (Ap 17,1-28) –, e a esposa enfeitada para o enlace – Nova Jerusalém (Ap 21,9-27).

O Apocalipse está recheado de proclamações, aclamações e reverências litúrgicas. Parece uma grande celebração. É só prestar atenção aos seguintes textos: o louvor e a reverência diante do trono (Ap 4,8-11); a felicidade de encontrar quem possa abrir os selos e revelar o além da história (Ap 5,9-14); o triunfo dos assinalados com o selo do Deus vivo (Ap 7,9-17); a garantia oferecida por Cristo (Ap 11,15-18); a vitória sobre o dragão (Ap 12.10-12); a nova condição ao lado do Cordeiro (Ap 15,3-4); o triunfo definitivo (Ap 19,1-8). Esse material continua muito apreciado nas liturgias das atuais comunidades cristãs.

O ambiente em que se passam os acontecimentos narrados nos capítulos 4 a 11 é o céu, enquanto os fatos descritos nos capítulos 12 a 22 se passam, em grande parte, na terra, até chegar aos capítulos 21 e 22, nos quais aparece uma nova realidade. Isso dá a impressão de que os capítulos 4 a 11 existiam separadamente dos capítulos 12 a 22 e depois foram juntados. Nos capítulos 4 a 11, vemos o roteiro do êxodo como pano de fundo, enquanto nos capítulos 12 a 22 percebemos o roteiro do julgamento e da condenação por parte de Deus, o que pode-se relacionar com o profeta Daniel nos capítulos 7 e 10.

4.3.3 Cuidado para um bom entendimento do Apocalipse

Na interpretação do livro, é preciso ter boa dose de humildade e tomar cuidado para não forçar todas as narrativas a combinar com nossa lógica racional. O Apocalipse não é racionalmente lógico, mas, nem por isso, deixa de tratar da realidade. Por isso procuramos sinalizar, mais do que definir, seu entendimento.

Vejamos um exemplo em Apocalipse 5,6 (grifo do original), em que se diz: "Com efeito, entre o trono com os quatro Seres vivos e os Anciãos, vi um Cordeiro de pé, como que imolado. Tinha sete chifres e **sete olhos**, que são os sete Espíritos de Deus **enviados por toda a terra**".

Como um cordeiro pode estar de pé e imolado ao mesmo tempo? Como um cordeiro de pé e degolado está ocupando o centro do trono? Não dá para aceitar nem entender esse trecho se não houver mais explicações. Vejamos uma situação por vez.

Inicialmente, temos de saber quem é esse cordeiro. No Egito, quando o povo de Israel estava para sair de lá, cada família matou um cordeiro, tirou seu sangue e marcou as portas com ele, assou a carne e comeu (Ex 12,1-32). O sangue protegeu a casa, pois onde havia sangue na porta, a morte não entrou (Ex 12,23). O povo de Israel nunca mais se esqueceu disso.

Quando veio Jesus, ele deu a vida para o perdão de nossas faltas e ressuscitou para libertar-nos da morte e alguém entendeu (cf. Ex 12,5-7.12-13 e Jo 1,29): aquele cordeiro da Páscoa do Egito era a figura de Jesus Cristo, o verdadeiro cordeiro. Quem está marcado com seu sangue nunca morre. Então o cordeiro é Cristo. O cordeiro está de pé, isso significa que ele está vivo, ressuscitado. Só quem vive e tem saúde pode estar de pé. Cristo não é fraco, por isso vale a pena confiar nele.

O Apocalipse é o último livro da Bíblia, não só porque foi um dos últimos escritos nem porque fala de coisas estranhas que deverão acontecer no fim do mundo, como muita gente diz. O Apocalipse é também uma releitura da Bíblia toda. É um tipo de síntese da mensagem da Bíblia. Por isso, usa muitos símbolos. As palavras são limitadas e, quando queremos falar de muitas coisas de uma só vez, precisamos lançar mão de símbolos.

Hoje, muitos acham o Apocalipse muito difícil e ficam assustadas com as narrativas que estão escritas nele, porque não conhecem a Bíblia. É preciso, antes de tudo, ler outros livros da Bíblia para entender o Apocalipse sem medo e aproveitar bem sua mensagem. Quem não tem tempo para ler todo o Antigo Testamento, para entender o Apocalipse, deve pelo menos ler os livros do Êxodo e dos profetas Ezequiel e Daniel. Eles são muito importantes para essa tarefa.

4.4 Os símbolos

A simbologia é sempre usada na linguagem humana, qualquer que seja. Como a palavra indica, *syn-balos* significa "lançar com". É a representação de algo que vai além do que se pode tocar, mas que se pode imaginar. Para tornar essa realidade tão ampla, compreensível, lança-se mão de algo conhecido que possa transportar o leitor para ampliar sua visão e lhe oferecer uma ideia do desconhecido, da novidade que está sendo apresentada.

O símbolo tem mais poder de comunicação do que as palavras porque não limita, mas amplia os conceitos. Quantas vezes nos deparamos com situações nas quais nos faltam palavras e então usamos gestos e sinais. Além disso, a simbologia pertence a todas as culturas e, embora muitos símbolos, especialmente os ligados às necessidades humanas primárias, sejam universais, cada cultura tem sua interpretação específica.

Antigamente, quando se celebrava um contrato, principalmente comercial, entre duas pessoas, rompia-se uma pequena vara ou uma pequena peça de barro. Cada contratante guardava um pedaço do objeto. Quando uma pessoa quisesse renovar, rever ou anular o contrato ou buscar mais benefícios, levava para a outra parte o seu pedaço: no encontro, os dois pedaços eram conferidos e, se encaixassem, eram reconhecidos como verdadeiros.

No estudo do Livro do Apocalipse, precisamos levar em conta essas considerações. Procurar antes de tudo a parte que se encaixa com o símbolo que encontramos. Ela está em algum lugar do texto – se não estiver no mesmo livro, estará em algum outro lugar da Bíblia. É só ter a paciência de buscar. Há símbolos pertencentes à tradição bíblica e à vida das primeiras comunidades cristãs. Eles até podem ter em comum alguns elementos da nossa cultura, mas não devemos confundir com a interpretação de nosso conhecimento ocidental, latino, português, brasileiro. Vamos, em primeiro lugar, procurar entender o símbolo em seu tempo e em sua cultura.

Dissemos que o Livro do Apocalipse está cheio de símbolos. A seguir, vamos apresentar o significado daqueles que mais aparecem no livro, para facilitar o entendimento do texto.

4.4.1 Os números

Entre o povo hebreu, especialmente no Apocalipse, os números representam qualidade mais do que quantidade, como estamos acostumados a usá-los (para o simbolismo numérico) (Mesters; Orofino, 2013; Arens; Mateos, 2004).

1 – É o número de Deus, porque Deus é uno e único.

2 – Representa a natureza criada, porque ela existe aos pares. Há o lado masculino e o lado feminino em tudo.

3 – Representa o céu, tudo o que nele existe, o lado da realidade que permanece sempre. Para os cristãos, o número 3 representa Deus, porque Deus é a Trindade.

4 – Representa a terra toda, tudo o que existe nela. Por isso, fala-se sobre os *4 cantos da Terra* para dizer que são todos os lugares. Além disso, o 4 é também o número do equilíbrio, da sustentação, da garantia da criatura.

5 – Representa a mão de Deus agindo: os 5 dedos da mão. Os hebreus falam da ação da mão direita de Deus.

6 – Representa o fracasso, a carência. A totalidade é 7. Parar no 6 é nunca se realizar, mas isso não significa um acidente, pois é a opção de quem pensa bastar-se a si mesmo.

7 – Representa totalidade, todas as coisas, o Universo inteiro; quando se quer simbolizar tudo, usa-se o 7. É a soma de 4 mais 3, isto é, terra mais céu.

8 – Representa a plenitude. É aquilo que derrama depois de estar completo: o cheio é 7 e, quando começa a derramar e transbordar, torna-se 8. Por isso se diz que 8 é o número de Jesus Cristo.

9 – Representa a bem-aventurança, também chamada de *felicidade*, que realiza e completa os Dez Mandamentos, como se pode ver em Mateus 5,1-12.

10 – Representa ação humana. As pessoas precisam usar as duas mãos (10 dedos) para agir, por isso, o que elas fazem é representado pelo número 10. Também significa as coisas passageiras.

12 – É o número que representa o povo eleito. Era o número de Israel, com 12 tribos, e agora é da Igreja, com 12 apóstolos. Doze também é o resultado de 4 vezes 3, isto é, a terra multiplicada

pelo céu. Os 12 patriarcas somados aos 12 apóstolos formam os 24 anciãos que estão diante do trono (Ap 4,4).

40 – Representa uma geração, mas também o tempo necessário para preparar um acontecimento de grande impacto, como a libertação. Quarenta é o limite das forças de uma geração.

666 – Representa a imperfeição total. Para os judeus, bem como para os gregos e os romanos, os números representavam letras e as letras representavam números. Até hoje, cultivamos algarismos romanos que são letras com valor de números. Assim, por meio da soma das letras de um nome chegamos a um valor. É o caso do 666: como o alfabeto hebraico só tem consoantes, é possível pensar que o 666 do Apocalipse seja o número de "César Nero". Somando-se as consoantes – Q=100, S=60, R=200, N=50, R=200, W=6, N=50 –, temos 666. Nero, que governou o Império Romano dos anos 54 a 68, foi perseguidor dos cristãos. Contudo, Domiciano, imperador de 81 a 96, considerado o *Nero ressuscitado* (Ap 17,8-11), foi mais cruel. Esse número é também a soma da carga tributária imposta ao povo, recebida em Jerusalém, por ocasião da construção do Templo pelo rei Salomão (cf. 1 Rs 10,14).

1000 – Representa o tempo sem fim marcado, próximo de Deus. Afirmar que alguém *durou 1000 anos* significa que era uma ótima pessoa, que esteve muito perto de Deus. É isso que se quer sinalizar quando se diz que Matusalém viveu 969 anos (Gn 5,27).

Hoje também usamos essa linguagem e não nos damos conta de quantas vezes ouvimos expressões com números: "José viveu uma eternidade", quando na verdade ele viveu 80 anos; "Faz um século que estou esperando", quando na verdade faz 1 dia; "Tenho 1000 coisas para fazer", quando na verdade são 4 ou 5.

No Livro do Apocalipse, 144 mil é o número dos que foram assinalados antes da tribulação (Ap 7,3-4), que se mantiveram fiéis durante ela (Ap 7,9-10) e acabaram vencendo junto com o Cordeiro (Ap 14,1-5). Esse número é o resultado de duas multiplicações: 12, que representa o povo eleito, vezes 12, isto é, 12 ao quadrado, que dá 144, multiplicado por 1000, que é o número do infinito ($12 \times 12 = 144 \times 1000 = 144000$). Esse número tem uma correspondência com Apocalipse 7,9.

4.4.2 As cores

O branco significa vitória, vida e ressurreição; o vermelho, guerra, sangue, paixão, luta e destruição; o preto representa miséria, fome e pobreza; o esverdeado, morte e a podridão; o escarlate, a púrpura e o vermelho vivo simbolizam luxo e luxúria; o arco-íris, por sua vez, é a harmonia das cores e representa a Aliança de Deus com a humanidade (Gn 9,8-17).

Os tempos

Aparecem no Apocalipse as seguintes marcações de tempo: 42 meses (Ap 11,2 e 13,5); 1260 dias (Ap 12,6); 3 dias e meio (Ap 11,9). Além disso, um tempo, mais 2 tempos, mais meio tempo (Ap 12,14) significam sempre a mesma coisa, isto é, a metade de 7, o que quer dizer "tempo limitado", que acaba e que, por isso mesmo, não deve assustar. Tudo o que não chega a 7 é efêmero, passageiro, finito.

4.4.3 Outros símbolos

O trono que está no céu simboliza o poder de Deus. Existem o trono e os tronos ao redor dele (Ap 4,1-6). Os selos (Ap 5,1-2) são garantia de autenticidade e de preservação – o que está selado é autêntico e preservado. O chifre (Ap 5,6-7) significa força. A cabeça (Ap 12,3) representa inteligência. O diadema e a coroa (Ap 12,3) são símbolos do poder, mas a coroa é também símbolo de vitória; por exemplo, a coroa de doze estrelas que está sobre a cabeça da mulher (Ap 12,1) é vitória.

O dragão e a besta fera (Ap 12,3; 13,1-9) representam um poder maior que o do homem e menor que o de Deus. A fera no Apocalipse significa uma força que o homem não é capaz de dominar sozinho. Os cavalos (Ap 6,1-8) representam uma força extraordinária que pode ser usada e controlada pelas pessoas: eles fazem o que o cavaleiro ordenar. Os cavalos eram importantíssimos para o Império Romano realizar suas conquistas e ainda hoje continua sendo símbolo da força, medida básica da mecânica – a potência dos motores é medida em cavalos.

O trono dos capítulos 4 e 5 simboliza o poder de Deus. Os 24 tronos são a participação dos líderes do povo no poder de Deus. A taça (Ap 15,5-8) tem dois significados: comemoração solene e sofrimento. A trombeta (Ap 8,2-5) é instrumento de convocação para a oração ou para a guerra. A mulher vestida de sol (Ap 12,1-2.5-6.14) significa a comunidade solidária, fiel a Deus. A mulher prostituta (Ap 17,1-7) apresenta a sociedade egoísta, infiel a Deus. No final (Ap 21,9-22,5), há a esposa do Cordeiro, que é uma mulher e uma cidade ao mesmo tempo. O Cordeiro é Cristo revelador da verdade, vencedor e salvador do mundo (Jo 1,35). A noiva, esposa do cordeiro, é a humanidade vencedora com Cristo. O Cordeiro como Jesus Cristo (Ap 5,6-7) está presente mais de 30 vezes ao longo de todo o livro.

4.5 Abordagens hermenêuticas

O que marca o Apocalipse de São João e o diferencia de todos os outros apocalipses é a centralidade de Jesus ressuscitado. De fato, o Cordeiro, que depois de imolado está de pé, perpassa toda a obra.

Conforme Mesters e Orofino (2013), existem diferentes abordagens do Apocalipse de João. Elas não se excluem mutuamente. O importante é perceber o acento que cada uma destaca. Vejamos as quatro mais frequentes.

1. Entende o Apocalipse como a descrição e o desenvolvimento das etapas da história da humanidade. Essa abordagem pretende ver, no Livro do Apocalipse, a descrição dos grandes acontecimentos da história até o fim dos tempos.
2. Entende o Apocalipse como a descrição do fim do mundo, conhecida também como *milenarismo*. Para essa abordagem, o livro é um aviso de Deus e por isso repetiram "De mil anos passará, mas a dois mil não chegará". Agora, os adeptos dessa visão precisam encontrar uma nova data. Não faltam profetas com essa mentalidade.
3. Entende o Apocalipse como um estímulo às comunidades cristãs sofridas do final do século I de nossa era. O escritor do livro ajuda as comunidades a levantar a cabeça, superar os obstáculos e permanecer fiéis.
4. Entende o Apocalipse como a revelação de uma dimensão mais profunda da vida humana. Para essa abordagem, o livro quer revelar o lado de dentro dos fatos, em que se pode perceber a mão de Deus agindo em todos os acontecimentos, em qualquer hora, com qualquer pessoa, por toda a vida.

No entanto, o Livro do Apocalipse mesmo acentua a terceira abordagem. A ordem é precisa: "João às sete igrejas que estão na Ásia" (Ap 1,4). Observando os acontecimentos dos tempos na história e lançando mão da fé na presença do Filho de Deus nela, busca-se luz e força para dar passos concretos com Jesus.

4.5.1 Qualificação de João e apresentação do revelador (Ap 1,1-20)

O autor da revelação é Jesus Cristo (Ap 1,1). Dois são os mediadores da revelação: o anjo e João (Ap 1,1). João recebe aqui o qualificativo de *servo*, mas logo adiante ele se declara também "irmão e companheiro na tribulação, na realeza e na perseverança em Jesus" (Ap1,9). A tribulação de todos é a perseguição, mas a de João, no momento, é a prisão (Ap 1,9).

Ser irmão, considerar-se irmão e viver como irmão é obedecer à determinação do próprio Jesus: "um só é vosso mestre e todos vós sois irmãos" (Mt 23,8). O próprio Jesus se declara irmão por ocasião da ressurreição (Mt 28,10).

Os motivos da tribulação e da prisão são identificados: "Por causa da Palavra de Deus e do Testemunho de Jesus" (Ap 1,9). O conteúdo da revelação são **as coisas que devem acontecer** muito em breve" (Ap 1,1, grifo do original). Os destinatários são o leitor e os ouvintes da profecia (Ap 1,3).

O acontecimento é também localizado num tempo muito especial que não pode ser contido no calendário cronológico: "o dia do Senhor" (Ap 1,10). Os cristãos deram a este dia o nome de *domingo*. "Este é o dia que Iahweh fez, exultemos e alegremo-nos nele", já cantava o salmista (Sl 118,24), lembrando o dia da libertação da escravidão do Egito;

porém, agora se canta a libertação do pecado e da morte. Este é o dia dos dias: o dia do Senhor, o domingo.

Mas o que acontece nesse dia (Ap 1,9-20)? Jesus Cristo, aquele que veio do seio de Deus até nós (Jo 1,14), depois da ressureição, dá condições para que os discípulos e as discípulas entendam em profundidade os desígnios de Deus, a missão de Jesus, a responsabilidade e o futuro de cada um. Assim, o futuro que João está vendo já é presente, o dia do Senhor não é terrível como anunciaram os profetas no Antigo Testamento, mas glorioso e maravilhoso, que plenifica a Criação.

O revelador se encontra entre sete candelabros de ouro (Ap 1,12) que simbolizam as Igrejas (Ap 1,20). A descrição de Jesus Cristo feita por João (Jo 1,12-16) é a expressão da profissão de fé dos cristãos em Jesus Cristo ressuscitado. Cada imagem explica um elemento da fé, por isso, ela tem um alcance maior do que mera informação ou constatação histórica. Jesus Cristo é o centro e o sustento das igrejas. Todas estão relacionadas entre si a partir de Cristo, que ocupa o centro. Ele não está à frente, acima ou abaixo, mas no mesmo nível. Não destaca nem expressa superioridade, mas convergência e atração para a comunhão.

Filho do Homem é uma expressão que vem do profeta Daniel (Dn 7,13-14) que prevalece sobre os animais ferozes. *Filho do Homem* é também uma designação que Jesus gostava de dar a si mesmo (84 vezes só nos evangelhos), conforme podemos ver nos evangelistas Mateus (8,20), Marcos (2,28), Lucas (6,5) e João (1,51; 3,13).

Com a visão do Apocalipse (1,12-16), João responde à pergunta: Quem é Jesus para nós? A visão diz que Jesus é, ao mesmo tempo, Filho de Deus, Messias, Sacerdote, Juiz, Senhor da história, presente na comunidade, vivo para sempre. Ele orienta as Igrejas para sempre (cf. Mesters; Orofino, 2013).

4.5.2 As bem-aventuranças

Sete bem-aventuranças perpassam, como um fio, o Livro do Apocalipse. São proclamações solenes da proximidade do reino de Deus. Mesmo em outro gênero literário, o Apocalipse de São João também é Boa-Nova, também é Evangelho. O número sete combina com a arquitetura fundante do livro.

Existe uma estreita relação entre a primeira bem-aventurança, "Feliz o leitor e os ouvintes das palavras desta profecia, se observarem o que nela está escrito, pois o Tempo está próximo" (Ap 1,3) e a penúltima, "Eis que venho em breve! Feliz aquele que observa as palavras da profecia deste livro" (Ap 22,7). A ligação entre as duas está em mostrar que o livro não somente é uma profecia, mas conta com as expressões que acompanham cada uma delas. Na primeira a proximidade do tempo, e na sexta, a brevidade do tempo da chegada do Senhor. A primeira bem-aventurança (Ap 1,3), ainda, sugere um contexto litúrgico no qual se lê a profecia. A comunidade reunida, de fato, é o lugar apropriado para celebrar a fé e firmar a identidade e o compromisso com a vida cristã.

Também existe uma relação bem aproximada da segunda bem-aventurança (Ap 14,13) e a quinta (Ap 20,6). O tema da morte, bem como o da vida além da morte, identificam as duas felicitações. Está clara a intenção de exortar e encorajar os discípulos, diante das adversidades presentes, a enfrentarem com destemor inclusive a morte, porque o martírio, uma possibilidade real (Ap 3,10), não significa fracasso, mas vitória. Por isso, a voz manda escrever a segunda bem-aventurança. A ordem de escrever acentua a importância do anúncio. Condenados pelo império, morrem no Senhor e participam da ressurreição, primeira e única sobre a qual a morte não tem poder algum.

A segunda bem-aventurança brota no meio do calor do grande conflito, em que o autor exorta os cristãos a "perseverança e a fé" (Ap 13,10), o "discernimento" (Ap 13,18) e novamente a "perseverança[...] e a fé" (Ap 14,12). O tema é retomado no final do livro (Ap 20,6), quando se divisa a vitória definitiva.

Já a terceira bem-aventurança (Ap 16,15) e a sétima (Ap 22,14) estão ligadas pelo tema das vestes, por meio de três verbos– *vigiar, guardar* e *lavar* –, que convocam os fiéis a uma atitude proativa diante dos muitos desafios pelos quais ainda hão de passar, garantindo assim a definitiva conquista dos valores perdidos por Adão e Eva no paraíso (a Árvore da Vida). As imagens dessas bem-aventuranças ligam as igrejas de Sardes às advertências – "virei como um ladrão" (Ap 3,3) – e Laodiceia: "comprar [...] vestes brancas para que [...] não apareça a vergonha de tua nudez" (Ap 3,18). Só tem um jeito de garantir as vestes: lavá-las e alvejá-las "no sangue do Cordeiro" (Ap 7,14).

A quarta bem-aventurança é única. Trata do banquete das núpcias do Cordeiro e, embora evoque as vestes, fá-lo como assunto de preparação para participar dele. "Escreve: felizes aqueles que foram convidados para o banquete das núpcias do Cordeiro" (Ap 19,9). Como na segunda bem-aventurança, aqui também há a ordem de escrever, que significa atenção destacada, pois ela constitui o eixo central de toda a série.

O Cordeiro é o ponto de convergência, de sustentação, de perseverança e de vitória final. A veste é o dom do Cristo ressuscitado à sua esposa. Com a veste de linho puro, que são as obras dos santos, ela está apta a participar do banquete nupcial (Ap 19,7-8). No banquete, o foco é a aliança que está sendo selada e não a comida servida. A felicidade é estar incluído nesse determinante acontecimento, que marca definitivamente a vitória do Cordeiro de Deus no resgate da Criação e da humanidade. O convite não é só para assistir, mas para protagonizar a aliança, as núpcias.

4.5.3 As cartas às Igrejas (Ap 2,1-3,22)

No final do século I, a religião oficial do Império Romano, junto com outras tendências religiosas, invadiu também as comunidades cristãs, gerando tendências e confusão dentro delas, tanto na doutrina como na liturgia e na organização. Havia dentro delas os nicolaítas[2] (Ap 2,6.15), os seguidores de Balaão (Ap 2,14; cf. Nm 25,1-2; 31.16), os concubinos de Jezabel (Ap 2,20; cf. 1Rs 16,31; 2Rs 9,22), os que se apresentavam como judeus, mas não o eram (Ap 2,9; 3,9) e os que se apresentavam como apóstolos, mas não o eram (Ap 2,2). Nem tudo estava claro para todos. A situação política gerava confusão. O culto ao imperador como deus e a Roma como deusa crescia como uma cruzada contra o monoteísmo judeu e cristão. Era preciso agir. As cartas às sete igrejas do Apocalipse refletem esse contexto.

João foi o encarregado de escrever e enviar as cartas, que têm um objetivo preciso, repetido em cada uma: incentivar e apoiar o que está bem, corrigir o que não está certo e mostrar que ainda há muito caminho pela frente. As sete igrejas nomeadas – Éfeso, Esmirna, Pérgamo, Tiatira, Sardes, Filadélfia e Laodiceia (Ap 1,11) –, eram todas cidades históricas da região de Éfeso daquele tempo, hoje pertencentes à Turquia. Essas sete igrejas representavam todas as igrejas do mundo. Quem as sustentava era o Cristo ressuscitado, pois era ele quem estava no meio delas (Ap 1,12-16).

---

2 Poucas são as informações sobre esse grupo que atuava nas igrejas de Éfeso e de Pérgamo. É provável que se tratasse de pessoas que alimentavam ideias gnósticas e práticas menos ortodoxas (Mesters; Orofino, 2013).

Cada carta era endereçada ao anjo, isto é, ao principal responsável da comunidade. Tratava-se de pessoa que tinha a responsabilidade de liderar (Ap 2,1.8.12.18; 3,1.7.14). Na coroa da mulher (Ap12,1), as 12 estrelas representam os 12 apóstolos. Na mão de Jesus Cristo (Ap 1,20), sete estrelas representam os líderes das igrejas cristãs do mundo inteiro. Dessa forma, a mensagem é escrita para o anjo da igreja, e João é o intermediário.

Quem mandou escrever as cartas foi Jesus Cristo, aquele personagem visto e descrito em Apocalipse (Ap 1,12-16). É só conferir: para Éfeso, é aquele que segura as sete estrelas na mão direita e anda no meio dos candelabros de ouro (Ap 1,12.16); para Esmirna, é o Primeiro e o Último, que esteve morto mas voltou à vida (Ap 1,17.18); para Pérgamo, é aquele que tem a espada afiada, de dois gumes (Ap 1,16); para Tiatira, é aquele cujos olhos parecem chamas de fogo e cujos pés são semelhantes ao bronze (Ap 1,14.15); para Sardes, é aquele que tem os sete espíritos e as sete estrelas (Ap 1,16; 1,5); para Filadélfia, é o Santo, o Verdadeiro, aquele que não exatamente tem a chave de Davi, mas a evoca (Ap 1,18); para Laodiceia, ele é o Amém, a testemunha fiel e verdadeira, o princípio da Criação (Ap 1,5).

Jesus fala a todas as Igrejas conhecendo bem cada uma, como quem as acompanha por dentro. Assim, começando pela palavra "Conheço" (Ap 2,2.9.13.19; 3,1.8.15), ele as encoraja (Ap 2,2-3.6.9-10.13.19.24-25; 3,2.4.8-10), corrige (Ap 2,4.9.14-15.20-21; 3,15-18) e adverte (Ap 2,5.10.16.21-23; 3,3.11.19).

O chamado à conversão soa como um estribilho dentro das cartas (Ap 2,5.16.22; 3,3.19). Duas igrejas, porém, Esmirna e Filadélfia, não são chamadas à conversão, mas à perseverança (Ap 2,10 e 3,11).

Todas as cartas terminam com uma promessa ao vencedor, feita pelo espírito (Ap 2,7.11.17.26; 3,3.12.21). Promessa que vai encontrar sua realização no desenrolar dos acontecimentos ao longo do livro.

Todas a orientações começam com a palavra de Cristo ressuscitado e terminam com a palavra do Espírito Santo. Cristo revela a realidade em que a igreja se encontra; o Espírito Santo apresenta a promessa ao vencedor.

Fazia cerca de 50 anos que as comunidades vinham caminhando, desde sua fundação, enfrentando uma variada série de dificuldades: cansaço; perseguições; falsas lideranças e doutrinas; conflitos sociais, com judeus e com outras práticas religiosas; infiltração de realidades estranhas à vida de comunidade. Tudo isso as fazia esmorecer, desanimar, fraquejar e diminuir o vigor, o fervor e o amor, levando-as a fazer, por vezes, o mínimo necessário. As cartas tinham o propósito de provocar a retomada e o revigoramento.

Igreja de Éfeso (Ap 2,1-7)

Tem muitas obras, enfrenta a perseguição com paciência e perseverança, mas merece uma forte advertência porque se tornou uma comunidade de rotina. Ela se mantém fiel, porém, sem vibração, sem fervor, o que leva à falta de iniciativa e, consequentemente, a uma religião sem obras. Não basta ter feito, é preciso continuar a fazer; não basta fazer de qualquer jeito, é necessário fazer bem, com amor e alegria. Quando o amor entre o casal se esfria, a vida começa a perder o sentido. Assim acontece com a Igreja (Ap 2,1-7). O Espírito promete que o vencedor receberá, como alimento, a Árvore da Vida. Isso significa que não morrerá jamais.

Igreja de Esmirna (Ap 2,8-11)

É pobre materialmente, talvez a mais pobre de todas. Sofreu muito e ainda vai sofrer. Houve contra ela muitas calúnias e imposições. Vai ainda padecer com prisões e outros tipos de dificuldades. Basta que enfrente as tribulações com coragem e vencerá. O Espírito promete que o vencedor não sofrerá o dano da segunda morte, que é a morte espiritual ou o afastamento total e definitivo de Deus.

Igreja de Pérgamo (Ap 2,12-17)

Foi forte e continua firme na fé, mas não é pura. Dentro dela tem pessoas que fazem o mal, seguem outros deuses. Por isso, João diz: "sei onde moras: é onde está o trono de satanás" (Ap 2,13). Parece que o martírio de Antipas não foi suficiente (Ap 2,13). A comunidade aceita em seu meio pessoas que adoram ídolos, o que configura prática de prostituição. Ela precisa tomar a iniciativa da purificação imediatamente. O cristão pode viver no meio de pagãos e de todo tipo de gente, mas só pode fazer parte da comunidade quem se converte e persevera em Cristo.

O Evangelho é oferecido a todos, mas na comunidade só entram os que estão a fim de levá-lo a sério (Ap 2,12-17). Para quem perseverar até o fim, o espírito promete o maná escondido e também um novo nome escrito na pedrinha branca. A pedra é o prêmio do vencedor e o nome novo, o título do campeão, o nome cristão.

Igreja de Tiatira (Ap 2,18-29)

Essa igreja tem muita coisa boa – obras, caridade, fé, serviço, paciência –, mas apresenta um problema sério: pessoas que ensinam e praticam doutrinas pagãs. Uma religião que é puro materialismo e pura idolatria. Deve-se chamar essas pessoas e lhes oferecer o arrependimento. Se elas não se arrependerem, serão mortas, isto é, deverão ser cortadas da comunidade. Prostituição é todo tipo de infidelidade e incoerência. A pessoa que assume a vida cristã e se comporta como ateu ou adora ídolos é prostituta (Ap 2,18-29). Àqueles que perseveram até o fim nas obras de Cristo, o Espírito promete poder sobre as nações. Governarão junto com Cristo.

Igreja de Sardes (Ap 3,1-6)

Está numa situação muito crítica. A maioria de seus membros traíram o Evangelho na prática. Na cabeça deles, continuam cristãos, mas suas obras são más, são contrárias ao Evangelho. Por isso, diz-se que a maioria está morta, mas resta alguma esperança. É preciso reagir com urgência: ou a comunidade corrige os erros, ou será riscada do livro de Cristo. É como aqueles grupos que pensam estar tudo bem, porque conseguem construir templos e salões de festas, mas não exercitam a caridade. O Espírito promete a quem perseverar uma veste branca, com nome reconhecido por Cristo diante de Deus e dos anjos.

Igreja de Filadélfia (Ap 3,7-13)

Mesmo fraca e pequena, guardou a palavra de Jesus e não negou seu nome de cristã. Por isso, o próprio Cristo levou pessoas más, mentirosas e avessas a se converterem diante do exemplo dessa comunidade. Ela vai passar por provas ainda mais difíceis, mas vai vencê-las. O Espírito promete a quem perseverar até o fim ser uma coluna do templo de Deus, com o nome dele e da cidade escrito sobre ele (Ap 3,7-13).

Igreja de Laodiceia (Ap 3,14-22)

É a mais rica materialmente e a mais pobre e miserável espiritualmente. Está ocupada só consigo mesma. Trocou os bens espirituais pelos bens materiais. As palavras de Cristo para ela são fortes e severas: "Assim, porque és morno, estou para te vomitar de minha boca" (Ap 3,16). Jesus exige uma conversão total e deixa claro o porquê. Ele repreende e corrige os que ama (Ap 3,19). O Espírito promete ao vencedor a partilha no trono. Promessa parecida com aquela da igreja de Tiatira. Quem vencer vai tomar parte no mesmo trono de Jesus Cristo (Ap 3,21).

4.5.4 O trono

Na segunda parte do Apocalipse, bem mais extensa que a primeira, pois conta com 19 capítulos, João fala de Jesus Cristo, das perseguições sofridas por ele e por seus seguidores e encoraja a todos para seguirem firmes na fé, pois a vitória dos que se mantiveram fiéis é certa. Até esse ponto, falou-se mais do presente. Daqui para a frente, vai prevalecer o futuro, que é a meta dos cristãos. Na verdade, o Apocalipse é uma mistura de presente, passado e futuro orientados pelo próprio nome de Deus, "Aquele-que-é [presente], que-era [passado] e aquele-que-vem [futuro] (Ap 1,4).

Segundo Mesters e Orofino (2013), os capítulos 4 a 11 do Apocalipse foram escritos na província romana da Ásia, cuja capital é Éfeso, na época da perseguição de Nero (64) ou, mais provavelmente, na época turbulenta da revolta dos judeus contra Roma por causa de perseguições e massacres (Ap 66-70). De qualquer maneira, o escrito reflete uma situação de desalento e perseguição que levou as comunidades a perguntar: "Até quando, ó Senhor [...]?" (Ap 6,10). A grave crise do Império Romano dos anos 68-70[3], provocada pelas tentativas de golpes militares em quase todas as províncias, e a guerra judaica, que levou à destruição de Jerusalém, criaram nas comunidades um sentimento de fim de mundo. Os capítulos 4 a 11, inspirados no êxodo, descrevem a caminhada do povo de Deus. Assim as comunidades poderão descobrir onde se encontram.

Descrição do trono (Ap 4,2-9)

João usa muitos símbolos para falar do trono, porque todas as palavras que ele conhece são pobres para expressar a grandeza e a beleza do que ele vê e sente.

Ele diz que viu uma porta aberta no céu e que foi convidado a subir para saber das coisas futuras (Ap 4,1). Ele aceitou em espírito (Ap 4,2), porque entrou em êxtase. Isso quer dizer que, corporalmente, estava na terra e, espiritualmente, no céu, tudo pela força de Deus.

---

3 Só em Roma, foram quatro tomadas de poder entre junho de 68 e dezembro de 69. Por isso, nesse período, houve quatro imperadores: Galba, que governou sete meses; Otão, que governou três meses; Vitélio, que governou oito meses; e Vespasiano, que governou de dezembro de 69 a junho de 79.

A primeira imagem que João viu no céu foi um trono e alguém sentado nele. O autor não descreveu o rosto e as feições dessa pessoa, só falou do brilho e das cores encantadoras que saem dela. João não definiu a imagem que estava no trono porque nós já temos essa imagem. Em Gênesis (1,26), Deus disse: "Façamos o homem à nossa imagem como nossa semelhança". Ora, a imagem daquele que estava no trono é de homem: é Jesus Cristo. Isso todos sabem, mas ninguém tinha ainda visto o brilho e a glória de Deus, a não ser Jesus (Mc 9,2-8).

Um arco-íris semelhante à esmeralda rodeava o trono. A esmeralda é uma pedra verde e brilhante. Das cores do arco-íris, a mais forte é a verde, que é símbolo da esperança e do futuro feliz. É em Deus que está o futuro. Só nele vale a pena depositar nossa esperança. Esse arco-íris lembra a Aliança que Deus fez com Noé e a promessa de nunca mais destruir a humanidade (Gn 9,12-17).

Os 24 Tronos (Ap 4,4)

O céu estava cheio de tronos. Ao redor daquele em que Deus se sentava, havia outros 24. O trono é o maior símbolo da glória. No tempo de João, o homem mais realizado e feliz era aquele que chegasse a sentar-se em uma dessas cadeiras para ser rei ou imperador. Eram conhecidas de todos as brigas e as disputas pelo trono do Império Romano. Ainda hoje, muita gente briga, odeia e mata, disputando o direito de sentar-se num deles.

Para João, o verdadeiro trono que nós conquistamos é o que permanece sempre e pelo qual vale a pena lutar: o trono do céu. É nele que está a verdadeira glorificação do homem. A ele, o acesso é facultado a todos, enquanto aos da terra, somente alguns podem chegar. Deus faz questão de colocar todas as pessoas no trono, enquanto os homens fazem questão de colocá-lo sobre as pessoas.

E quem são os 24 anciãos? São os chefes das 12 tribos de Israel somados aos 12 apóstolos. Representam todo o povo da antiga e da nova Aliança de Deus com a humanidade. Podem também representar os 24 livros do Antigo Testamento, assim como os judeus os usavam.

Anciãos são pessoas experientes, provadas na vida, pessoas dignas de confiança. Eles estavam vestidos de branco porque o branco é a cor da vitória e da ressurreição. Eles tinham coroa de ouro na cabeça. A coroa do cristão só é obtida depois de ele entregar sua vida pela causa de Deus. Assim, os anciãos faziam parte do trono de Deus e repartiam com ele a honra, a glória e o poder. Esses 24 anciãos representam a humanidade fiel a Deus e a Cristo.

Do trono principal no qual estava Deus saíam relâmpagos, vozes e trovões. Sabemos que, segundo os escritores do Antigo Testamento, esse era o jeito de Deus se mostrar. Segundo o Livro do Êxodo (19,16-24), Deus se manifestou a Moisés e a todo o povo que estava ao pé da montanha, no meio de relâmpagos, trovões, nuvens e fogo.

O mar de vidro diante do trono pode significar o contrário do mar Vermelho, com suas águas escuras, uma grande ameaça de morte e que só por intervenção de Deus o povo de Israel foi salvo. O mar que é preciso atravessar para chegar ao trono é transparente e cristalino, nele ninguém pode se esconder. No céu, o mar que assustou o povo do êxodo (Ex 14,15-31) não amedronta mais ninguém (Ap 15,2 e 20,13).

Os quatro seres vivos (animais) (Ap 4,6-11)

Eles representam toda a Criação, como os quatro ventos são os quatro pontos cardeais. O rosto de homem representa a humanidade; a águia simboliza toda a natureza que está entre a terra e o céu; o leão significa toda a natureza selvagem; e o touro, a natureza doméstica. Outros significados ainda foram dados a esses animais: águia significando inteligência e perspicácia; leão representando poder, governo e reinado; touro simbolizando força e potência; e homem retratando amor, sensibilidade e síntese dos outros.

Outra interpretação relaciona os quatro seres vivos aos quatro elementos básicos constituintes da Criação: o leão representa o fogo e tudo que a ele se relaciona; o touro simboliza a terra e os elementos que a ela se associam; o homem significa a água com todo os seus correlatos; e a águia representa o ar com tudo o que lhe diz respeito.

Santo Irineu de Lyon (130-202) entendeu que os quatros seres vivos significavam os quatro evangelistas: João, a águia; Mateus, o homem; Lucas, o touro; e Marcos, o leão. Cada ser vivo estava cheio de olhos na frente e atrás. "A lâmpada do corpo é o olho", diz Jesus (Mt 6,22). O corpo cheio de olhos significa a natureza toda vigilante, da qual nada escapa. Nenhuma ação que parta do trono de Deus passa despercebida. Ao contrário do que acontece entre nós humanos, que muitas vezes não percebemos os sinais de Deus que estão diante de nosso nariz.

Os quatro seres vivos tinham também seis asas, do mesmo modo visto pelo profeta Isaías (Is 6,2; cf. Ez 1,5-14). As asas são símbolo da liberdade. Isso significa que a Criação toda vai superar a limitação que agora está vivendo (Rm 8,19-22). Essa superação dos limites faz parte do programa que Deus tem para o mundo. Deus será reconhecido por todos e em tudo. Será uma eterna ação de graças (Ap 19,1-8).

4.5.5 A liturgia baseada no trono

Há entre os estudiosos do Livro do Apocalipse a certeza de que ele foi escrito em chave litúrgica, apresentando uma comunidade que, ao celebrar a liturgia na terra, se une a uma liturgia celeste. As muitas aclamações encontradas e particularmente os vários hinos comprovam isso. O livro já começa com uma espécie de diálogo litúrgico em que há um leitor e uma assembleia que escuta: "Feliz o leitor e os ouvintes das palavras desta profecia, se observarem o que nela está escrito, pois o Tempo está próximo" (Ap. 1,3).

É possível que tenha sido escrito às igrejas (Ap 1,4.11) para ser lido durante as reuniões dominicais (Ap 1,10). Não se trata, porém, de uma liturgia elaborada, pois, nesse tempo, os cristãos não tinham templo nem lugar específico para seus cultos. Prevalecia a celebração em domicílio. Destaca-se, então, uma liturgia de caráter profético, pois o centro do livro não é o altar, mas o trono. A palavra *trono* aparece 44 vezes, enquanto *altar*, apenas 8. Muitas aclamações hínicas acontecem partindo do trono. Com surpresa, vemos que, na Jerusalém celeste, não existe templo (Ap 21,22).

Segundo Arens e Mateos (2004), a liturgia profética implica quatro importantes elementos:

1. A proclamação e o reconhecimento, no culto, da soberania de Deus na história humana, pois ele não é um deus fechado no templo e no culto. Na verdade, o templo não pode contê-lo (Is 6,1; 66,1). Bem próximos dele, porém, estão os que foram imolados por causa da Palavra e do testemunho, clamando por justiça.
2. No culto se proclama e se antecipa o mundo novo que se espera.
3. Com essa certeza, celebrada no culto, os cristãos podem sentir-se fortes para denunciar a ideologia reinante, de César como senhor, salvador e deus.
4. Tanto a proclamação quanto a antecipação do mundo novo e da soberania de Deus exigem do crente fidelidade incondicional. A celebração litúrgica, portanto, é a da sua própria fé e de seu compromisso no mundo.

Hinos

O Livro do Apocalipse é a obra do Novo Testamento que mais contém cânticos. Eles começam no capítulo 4 e se estendem até a vitória do Cordeiro, no capítulo 19. Tenham eles sido iniciados por quem quer que seja, sempre são um convite à participação de outros. Tomam parte deles todos os que, de alguma forma, identificam-se com a ação salvadora, acontecendo ao longo da revelação do poder misericordioso do verdadeiro Deus.

No capítulo 4 (Ap 4,8.11), há uma solene aclamação a Deus (o que está sentado no trono), que é iniciada pelos quatro seres vivos (Ap 4,8) e continuada pelos 24 anciões (Ap 4,11). Os quatro seres vivos retomam a contemplação do profeta Isaías (Is 6,2-3). Eles todos apontam para o verdadeiro centro do poder, o trono, para onde todas os seres devem convergir e de onde parte todo o poder da criação e da plenificação.

No capítulo 5, novo hino é iniciado pelos mesmos que louvaram ao que estava no trono, no capítulo anterior. Entoam diante dele um canto novo, recheado de temas do êxodo (Ap 5,9-10) e são seguidos, em forma de onda circular, por uma imensidão de seres que circundam os quatro seres vivos e os 24 anciãos (Ap 5,12-13).

No intervalo entre o rompimento do sexto e do sétimo selos, a aclamação hínica se apresenta agora iniciada por uma multidão, postada diante do Cordeiro, no céu (Ap 7,10) e acompanhada por uma multidão de anjos e outros seres vivos, especialmente os que se encontravam desde o começo ao redor do trono (Ap 7,12), reconhecendo a realização da salvação.

Com o toque da última trombeta, o hino começa no céu e ressoam altas vozes no céu (Ap 11,15). Os 24 anciãos dão continuidade (Ap 11,17-18) até a preparação para uma nova etapa da revelação.

Já no capítulo 12, encontramos o hino que celebra, lá do céu, a vitória sobre o dragão (Ap 12,10-12). É um hino entoado no céu, mas com o olhar dirigido para a terra. Consta de duas partes. A primeira aborda a instauração do reinado de Deus e de Cristo, com a vitória dos seguidores do Cordeiro, no céu. A segunda é um lamento dos que ainda estão na terra vítimas da perseguição desencadeada pela fúria do dragão desalojado.

No capítulo 15, inicia-se um novo hino, considerado, ao mesmo tempo, de Moisés e do Cordeiro (Ap 15,3-4), que se completa em Apocalipse 16,5-7, trecho em que se exalta particularmente a justiça de Deus.

O último hino encontra-se no capítulo 19 por ocasião da vitória definitiva do Cordeiro (Ap 19,1-8), cantado antes mesmo de ela acontecer. Esse hino está recheado de aleluias e améns. Tem, como os anteriores, seu início no céu.

Assim, cada etapa da caminhada é celebrada, o que recarrega as energias e aprofunda a confiança para o próximo passo, pois a vitória é realizada em fases, progressivamente, com a entrega perseverante.

4.5.6 O livro selado (Ap 5,1-14)

Livro é um tema caro ao autor do Apocalipse; ele está presente 23 vezes, com grande concentração nos capítulos 5 (7 vezes) e 22 (7 vezes). Por 5 vezes, é chamado *livro da vida* (Ap 3,5; 13,8; 17,8; 20,12; 21,27). Em Apocalipse 13,8; 21,27, especifica-se que é o livro da vida do Cordeiro. A salvação depende de se ter o nome escrito nele. O selo que o protege, que só o Cordeiro pode abrir, protege, na verdade, os nomes que nele estão guardados. Esse livro ocupa agora, no capítulo 5, o centro da atenção (Ap 5,1.2.3.4.5.8.9). A grande questão que gera uma crise de choro em João é encontrar alguém que seja digno de abrir o livro. É do conteúdo dele que se fala desse ponto até o final do Apocalipse. O capítulo 22 volta a centrar no livro, agora revelado (Ap 22,7.9.10.18.18.19.19).

Que livro é este?

Uns dizem que é a Bíblia, outros que é o Evangelho. Segundo Mesters e Orofino (2013), o livro simboliza o projeto de Deus a ser realizado ao longo da história. O Cordeiro abrirá o livro, isto é, conduzirá a história segundo o desígnio divino.

Os selos são o lacre de Deus. São sete; portanto, mais selado que isso é impossível. Agora, é preciso encontrar alguém autorizado a tirar o lacre. Não pode ser qualquer um. Deve ser alguém vindo da parte de Deus, alguém digno. João caiu no desespero porque esse alguém não aparecia. O livro corria o perigo de ficar selado para sempre se Deus não encontrasse alguém que pudesse revelar ao homem sua história. No entanto, o Filho se apresentou, fez de sua inteira humanidade uma oferenda ao Pai e com isso abriu os mistérios a todos os homens que se aproximam dele. A revelação mostra que a morte faz parte da vida, mas a vida prevalece sobre a morte. Esse é o livro da vida do Cordeiro que foi imolado, mas permanece de pé: Jesus Cristo, morto e ressuscitado.

4.5.7 O cordeiro traz esperança

A partir do capítulo 5, o Cordeiro aparece como um fio que costura todo o livro. Ele, na simplicidade e na mansidão, lidera o movimento de anulação do mal e implantação dos desígnios de Deus. A pessoa autorizada e digna foi encontrada. Ela faz parte da história dos homens, pois é conhecida como *leão da tribo de Judá*, como *raiz de Jessé* (Ap 5,5; cf. 1Sm 16,1-13; Is 11,1), ou seja, essa pessoa estava na origem e na força do povo de Israel, que é conhecido como *povo de Deus*. Essa pessoa faz parte do mundo de Deus, pois já venceu todos os obstáculos e está exatamente no meio do trono (Ap 5,6). Essa pessoa faz parte da história de Deus no meio dos homens e da história dos homens caminhando com Deus.

Como sabemos disso? O versívulo 6, do capítulo 5, diz que, no meio do trono dos quatros seres vivos e dos 24 anciãos, está um cordeiro de pé, degolado (imolado). Ele tem sete chifres e sete olhos, e tomou o livro para abrir os selos. Esse cordeiro é Jesus Cristo, vitorioso para sempre sobre a besta e o falso profeta (Ap 19,20), sobre o dragão-satanás (Ap 12,9; 20,7-10) e sobre a morte (Ap 20,14).

No entanto, ele tem ligação com o cordeiro da celebração pascal da libertação do Egito (Ex 12,21-36). Ali, o sangue do cordeiro da Páscoa, colocado nas portas das casas dos hebreus, livrou da morte os filhos mais velhos e os primeiros animais nascidos de cada fêmea. Segundo Hebreus 11,28, isso foi feito pela fé que conduz a Jesus Cristo, cujo sangue derramado garante uma nova e eterna aliança (Hb 9,15-22). Em João 1,29.36, diz-se que Jesus é o Cordeiro de Deus que tira o pecado do mundo. O cordeiro degolado significa Jesus crucificado, mas o cordeiro de pé significa Jesus ressuscitado. É ele que agora está no meio do trono de Deus. Ele não apaga, mas registra tudo, e traz as marcas da entrega, do degole, como prova da vitória.

Esse cordeiro tem sete chifres e sete olhos; *chifre* significa força. Sete chifres significam que Jesus tem a totalidade da força. Os olhos são a visão, então, sete olhos são toda a visão. Ele vê tudo. Por isso se diz que Cristo é todo-poderoso (onipotente), todo sábio (onisciente) e está em todo lugar (onipresente). Só esse Cordeiro tem poder para tirar os selos e abrir o livro.

É por isso que os quatros seres vivos e os 24 anciãos prestam toda reverência e adoração ao Cordeiro e cantam a ele um hino novo. É o canto da vitória, da libertação e da redenção de toda a humanidade

(Ap 5,8-10). A eles se juntam multidões de anjos e de homens para louvar o Cordeiro-Cristo (Ap 5,11-14).

4.5.8 A abertura dos selos (Ap 6,1-8,1)

Até a abertura do sexto selo, nada aparece que já não seja conhecido. É no sétimo selo que está a novidade. Os seis primeiros vêm mostrar e provar que aquilo que está acontecendo com a comunidade cristã é conhecido de Deus. Ele está vendo e tomando nota de tudo, portanto, encorajando os cristãos a perseverar. É preciso não desanimar para vencer todas as tribulações. A vitória é certa para o cristão que se mantém fiel. É questão de tempo e de perseverança.

O primeiro selo (Ap 6,1-2)

Já sabemos que o Cordeiro é Jesus Cristo. Ele, e somente ele, abrirá todos os selos, revelará tudo. É por meio dele que serão mostradas todas as coisas. Um dos quatro seres vivos disse com voz forte: "Vem!" (Ap 6,1). Os quatro seres representam toda a Criação. O que vai acontecer desse ponto até o quarto selo é a pedido da Criação. Paulo, escrevendo aos romanos, diz que todo o mundo criado geme e sente como que dores de parto aguardando ansiosamente a manifestação dos filhos de Deus (cf. Rm 8,19-22). Muitas vezes também nós não aguentamos mais e pedimos a Deus que venha e faça alguma coisa por nós.

O primeiro que apareceu foi um cavalo branco. O cavalo era usado naquele tempo só para as conquistas, para a guerra. Para o serviço, usava-se o jumento ou o camelo. O cavalo é da guerra; o jumento, da paz.

O cavalo simboliza uma força bruta que pode atuar sobre coisas boas ou más, dependendo da orientação de seu cavaleiro. A cor branca significa sempre vitória da vida sobre a morte, ressurreição. Quem monta esse cavalo não vai morrer, vai combater todas as formas de morte e, se morrer, vai ressuscitar.

O cavaleiro recebeu um arco, que é instrumento de luta. Isso significa que ele vai ter de se virar, vai enfrentar muitas dificuldades. Para vencer, não pode ficar de mãos abanando. Isso mostra que a vida é uma luta. Esse cavalo é o único que vai voltar (Ap 19,11). Em Gênesis (9,8-17), Deus revela o seu arco, que é o da Aliança.

O cavaleiro é Jesus Cristo. Ele é o primeiro na terra e no céu. O Apocalipse 19.11-16 confirma isso. A coroa que o cavaleiro recebeu é prova de vitória. Ele reaparecerá em Apocalipse 19,11. O homem que quiser vencer tem de se unir a ele, tomar o cavalo branco, o arco da Aliança e seguir o mesmo caminho.

O segundo selo (Ap 6,3-4)

Parece incrível, mas é verdade: enquanto tem gente que busca a vida, que luta por ela, que a quer para todos, tem gente egoísta que a deseja só para si. Há ainda outros que querem coisas que não dão vida. No segundo selo, outro dos quatro seres vivos, representante da Criação, diz: "Vem!" (Ap 6,3). Ele não está chamando a força da vida que é o cavalo branco, mas a força da guerra, da discórdia, da divisão, da paixão e do derramamento de sangue. É isso que o cavalo cor de fogo representa.

A arma desse cavaleiro é a espada, e o trabalho dele é fazer desaparecer a paz da terra. Desaparecer a paz é fazer sumir a vontade de Deus, é ficar só com o desejo dos homens. Tem gente que é assim: quer guerra, procura por ela, faz com que ela exista, vive dela e, no fim, ela acaba com ele, depois de ter feito muita gente infeliz. Os outros fazem questão de apagar seu nome da memória e da história, porque lembrar dele é um tormento, um pesadelo.

O terceiro selo (Ap 6,5-6)

Agora, aparece um cavalo preto. É a força da miséria, das dificuldades que encontramos para viver. Simboliza o tempo de crise. Por incrível que pareça, tem gente que se aproveita da crise. Fica contente com ela porque pode se enriquecer em cima da miséria e do fracasso dos outros. Assim como a crise pode ser oportunidade de mudança, pode ser também de exploração e usurpação.

O cavaleiro tem uma balança na mão, que pode ser sinal de miséria, de gente mesquinha e de gente justa, mas é o sinal mais forte da miséria, pois, quando existe abundância, não é necessário medir nem pesar, dá-se sem medo de faltar.

Aqui, pede-se para não estragar o azeite e o vinho. Por que isso? O vinho é sinal de festa e alegria. O azeite é sinal de bênção, saúde, cura e consagração. Isso significa que toda a força do cavalo preto, que é a miséria, não é capaz de acabar com a humanidade porque há um jeito de festejar a vida e de curar as doenças. Jesus Cristo fez do vinho seu próprio sangue. O azeite é para a consagração dos que pertencem a Deus. Em Lucas 10,34, o vinho e o azeite são o material usado pelo samaritano para curar as feridas do homem que caiu nas mãos dos bandidos. Eles continuam na história como instrumentos de cura física e também sacramentais, espirituais.

O quarto selo (Ap 6,7-8)

Aparece agora um cavalo esverdeado, mas não significa esperança. É a força da decomposição, que faz as coisas e as pessoas apodrecerem. O cavaleiro é o único que tem nome – chama-se *Morte* e vem acompanhado do mundo dos mortos, para matar usando os instrumentos dos dois cavaleiros anteriores: a espada e a balança. Esse cavalo está andando por aí sem descanso, pois muitos são os que gostam de montar nele. Uma coisa, porém, é certa: não precisa temer esse cavalo nem seu cavaleiro. Eles vão desaparecer (Ap 20,14). Serão vencidos pelo cavaleiro que monta o cavalo branco (Ap 19,11-21).

O quinto selo (Ap 6,9-11)

Desta vez, não há mais cavalos nem cavaleiros. Agora a atenção se volta para aquelas pessoas que enfrentaram os cavalos e os cavaleiros destruidores. Essas pessoas sofreram muito para se manterem fiéis a Deus. Agora, elas pedem a Deus um basta, mas Deus diz a elas que a luta não acabou. É isso que continua acontecendo. Muita gente sofreu e continua sofrendo por ser sincera, justa e boa.

Nesse ponto, o revelador nos leva para baixo do altar. Vemos aí todos os que morreram na luta enfrentando ou resistindo diante do mal. O altar é o lugar do sacrifício da oferta, o lugar mais sublime para se adorar a Deus como fez o próprio Jesus, sacerdote, altar e Cordeiro (Hb 9,11-15). Essas pessoas fizeram da própria vida um altar de sacrifício, oferta e adoração a Deus. Elas receberam como recompensa uma túnica branca que significa a ressurreição.

O quinto selo nos diz ainda que na terra as coisas continuam do mesmo jeito. Os homens se dividindo; alguns escolhendo a vida; outros escolhendo a morte; outros, ainda, a injustiça etc. Algumas pessoas continuam destruindo e outras vencendo a destruição. Os assassinados pela injustiça estão sempre junto a Deus pedindo justiça e que a vida, a verdade e a santidade de Deus sejam respeitadas. Eles têm de Deus a certeza de que isso vai acontecer, mas não agora, pois há ainda muitas pessoas de bem misturadas com as que fazem o mal. É preciso que Deus assinale os seus para que não os perca nessa confusão, pois poderão ficar fisicamente desfigurados, mas serão íntegros no espírito, fiéis até a morte.

O sexto selo (Ap 6,12-17)

No sexto selo, a ordem que havia no mundo, que dava tanta segurança e certeza aos homens, acaba. Quem pôs sua segurança na firmeza da terra, na luz do sol, na lua ou nas estrelas fica sem base. Quem pôs sua segurança no conhecimento da astronomia, da astrologia, da geografia etc., todo esse pessoal fica em pânico, porque tudo isso entra em crise, tudo isso passa. Essas pessoas construíram suas vidas sobre coisas passageiras. Quem são elas? São aquelas que só vivem pelas coisas da terra, correndo atrás de glórias e famas que se desfazem como bolha de sabão e ainda chamam de *bobos* os que pensam diferente deles e têm outros princípios.

João é muito realista. Ele dá o endereço certo daqueles que praticam a maldade e a injustiça no mundo, fazendo sofrer Deus e todos os que o seguem. Eis aí os endereços: são os reis da terra, os oficiais civis, os chefes militares, os cheios de posses, os poderosos, escravos e livres (Ap 6,15).

Diante de toda confusão, só resistirão os que estiverem em Deus, na sua palavra e no seu Filho. Esses são marcados com o selo do Deus vivo que é o batismo e que levam o sinal da cruz (2Cor 1,22; Ez 9,4). O Apocalipse diz que foram marcadas com esse selo 144 mil pessoas e que esse é o número dos que serão salvos.

4.5.9 A marca de Deus (Ap 7,1-17)

Parece que até o quinto selo Deus deixou o homem se virando sozinho, mas no sexto selo ele tomou conta do "espetáculo" e resolveu mostrar a verdade das coisas. Agora, fica bem claro quem são os verdadeiros fracassados e desgraçados da vida. Deus resolveu mexer na ordem do mundo e quem só a conhece, mas não conhece Deus, está "danado". Também os que não colocaram sua segurança na ordem do mundo sofrem com o desaparecimento dela, mas eles têm Deus e Deus não falha.

Os assinalados

O número 144 mil é simbólico. É o resultado de 12 ao quadrado, multiplicado por 1000. Nesse contexto, 12 é o número que representa os eleitos; 4, o mundo inteiro; e 1000 é o encontro com Deus. Esses 144 mil, segundo o Apocalipse 14,3, são os resgatados da terra. João diz que o Cordeiro resgatou homens de todos os povos e de todas as tribos, línguas e nações (Ap 5,9). Portanto, os 144 mil marcados com o selo de Deus vêm de todas as partes do mundo e foram injustiçados e mortos, mas agora são vitoriosos.

Segundo o Apocalipse, os 144 mil estarão ainda vivos e presentes por ocasião das manifestações da segunda vinda de Jesus Cristo, pois uma grande multidão que ninguém pode contar já está no céu, de pé, diante do trono do Cordeiro, trajada de vestes brancas e palmas nas mãos (Ap 7,9). Nesse caso, a multidão são os fiéis a Deus que, na terra, morreram, morrem e morrerão por dar testemunho de Jesus Cristo (Ap 7,13-15). Eles participam da honra, da glória, do louvor e da história de Deus em plenitude, quando acontece a comunhão definitiva. Com a abertura do sétimo selo (Ap 8,1) começa uma nova série, a das sete trombetas (Ap 8,2.6).

Síntese

Neste capítulo, aprofundamos nossa análise sobre o Livro do Apocalipse, observando que ele nasceu sob o domínio político do Império Romano, em um contexto conturbado de revoltas causadas por insatisfação diante das imposições e das oposições dos grupos dominados e submetidos ao império. A insatisfação contra a ocupação romana crescia e se radicalizava nos grupos que iam surgindo, como os zelotes e os sicários, até se generalizar e resultar na resposta do império que destruiu Jerusalém no ano 70.

Antes disso, já em Roma mesmo, houve a perseguição dos cristãos por parte do Imperador Nero, no ano 64. Depois, a perseguição mais generalizada veio com o reinado de Domiciano (81-96), que, além do domínio político, faz questão de obter controle religioso, sendo aclamado com o qualificativo de *dominus et deus noster*, isto é, "senhor e deus nosso". Segundo Suetônio, Domiciano exigiu que o chamassem *dominus ac deus*, isto é, "senhor e deus".

Situado nesse contexto, o Livro do Apocalipse traz características bem próprias, pois conjuga o gênero literário apocalíptico, que dá o nome ao livro, com o gênero profético, que o autor faz questão de acentuar tanto na introdução (Ap 1,3) quanto na conclusão (Ap 22,7). Centrando a intenção na revelação de Jesus Cristo como Senhor universal, cuja imagem é descrita no capítulo 1, desenvolve-a na interessante arquitetura do número sete, cujo significado aponta para a intenção de abranger todas as realidades, tanto da terra quanto do céu.

A questão da autoria, muito discutida por conta das diferenças entre esse livro e o Evangelho segundo João, até hoje não conseguiu uma prova definitiva a favor ou contra o apóstolo João, filho de Zebedeu, conforme reza a tradição mais antiga.

Vimos também que o alcance dos conteúdos do Apocalipse vai muito além do contexto histórico, por tratar de uma realidade antropológica que acompanha a condição humana de geração em geração ao longo dos tempos. Conseguimos detectar os desafios de uma vivência eclesial particularmente relacionada com as mensagens enviadas por Cristo às sete igrejas, pois nelas estão espelhadas muitas das condições de uma organização convivial.

Percebemos também, na descrição do trono dos capítulos 4 e 6, uma indicação de como se constitui o Reino de Deus instaurado por Cristo. Enquanto muitos disputam o trono para reinar soberanamente, no céu ele não precisa ser disputado, pois está acessível a todos os que seguem o Cordeiro. Deus pode, mas não quer governar sozinho nem submeter os humanos a seu domínio.

Já na abertura dos selos, capítulos 6 e 7, com o imperativo "Vem!" (Ap 6,1.3.5.7) proclamado, a cada vez, por um dos quatro seres vivos, são desmascaradas as intenções das criaturas, encobertas com um véu de protagonismo convergente. Para tudo o que acontece no mundo, seja para o bem, seja para o mal, há alguém querendo e se ocupando disso.

Atividades de autoavaliação

1. Podemos afirmar que os contextos histórico, político e social do surgimento do Livro do Apocalipse estão situados:
    a) no final do século I d.C., na política expansionista dos romanos e na centralização dos bens em Roma.
    b) no século I da era cristã, com a imposição dos costumes gregos e a rebeldia dos judeus contra os impostos romanos.
    c) na segunda metade do século I d.C., sob o domínio da política do Império Romano e de perseguição dos cristãos sob Nero e Domiciano.
    d) no início do século II, com as dificuldades de união do Império Romano em virtude de sua extensão e à radicalização do culto a Roma e ao imperador.

2. Os símbolos das séries de sete mais destacadas no Livro do Apocalipse são:
    a) Igrejas, selos, trombetas e taças.
    b) Olhos, chifres, candelabros e cavalos.
    c) Reis, anjos, pragas e montes.
    d) Bem-aventuranças, cabeças, espíritos e trovões.

3. As promessas que o Espírito faz às quatro primeiras igrejas do Apocalipse são:
   a) Reinar com Cristo por mil anos; purificar as vestes no sangue do Cordeiro; escrever o nome no livro da vida; ver o trono de Deus.
   b) Trajar vestes brancas e jamais apagar o nome do livro da vida; fazê-la coluna do templo de Deus; sentar-se com Cristo no trono do Pai; escrever um nome novo.
   c) Vencer as provações; superar as fadigas; não experimentar a morte; marcar para sempre o nome no livro da vida.
   d) Comer da Árvore da Vida que está no paraíso de Deus; não sofrer danos na segunda morte; receber o maná escondido e uma pedrinha branca com um novo nome que só conhece quem o recebe; autoridade sobre as nações e a estrela da manhã.

4. Que lugar o Cordeiro ocupa no trono e qual é sua missão?
   a) Está aos pés e deve adorar o trono.
   b) Está no meio e deve abrir o livro selado.
   c) Está nas altura e deve salvar as nações.
   d) Está entre os seres vivos e deve consolar o vidente.

5. Observe atentamente o que acontece depois da abertura de cada selo no capítulo 6 do Apocalipse e compare com a abertura do selo do Deus vivo e sua função no capítulo 7 (Ap 7,2). Qual é a diferença que mais se destaca?
   a) Nos primeiros selos, a identidade da destruição é revelada, enquanto o selo do Deus vivo manifesta a preservação.
   b) Nos primeiros selos, a ruína se apresenta porque é chamada, enquanto o selo do Deus vivo vem dar uma pausa no processo de destruição em andamento.

c) Nos primeiros selos, prevalece a passividade nos atingidos, enquanto no capítulo 7 brota o louvor do reconhecimento.

d) No selo do capítulo 6, fala-se de todos, mas o capítulo 7 só trata dos eleitos.

Atividades de aprendizagem

Questões para reflexão

1. Assista, ao filme *O Apocalipse* e reflita sobre o entendimento que ele ofereceu em relação ao Livro do Apocalipse.

    O APOCALIPSE. Direção: Raffaele Mertes. Itália; França; Alemanha; Reino Unido, 2000. 100 min.

    Nesse filme, o imperador romano Domiciano lança uma campanha bárbara contra os cristãos. Refém dos romanos na ilha de Pátmos, o velho João luta para salvar as comunidades cristãs.

2. Relacione os capítulos 7 a 10 do Êxodo com o capítulo 8 do Livro do Apocalipse (8,6-13). Compare também o capítulo 4 do Livro de Daniel com o Livro do Apocalipse (4,9-11). Relacione as semelhanças e os pontos de convergência entre eles.

5
Apocalipse em chave de resistência

Neste capítulo, abordaremos o Apocalipse em chave de resistência, acentuando as atitudes de não violência presentes na reação dos cristãos perseguidos. Atitudes que revelam uma meta trabalhada na história que tem fundamento na fé em Cristo vencedor de todo o mal, o qual leva pelo caminho do "céu novo e uma nova terra" (Ap 21,1). É para lá que o Apocalipse de João está apontando. A proposta imperialista se apresenta na figura do dragão, das duas bestas e da prostituta, enquanto a anti-imperialista se apresenta na mulher vestida de sol, nas duas testemunhas e, especialmente, na figura do Cordeiro que perpassa todo o livro. Veremos como o domínio de Deus permanece e prevalece de um modo muito próprio que inspira a resistência e a persistência dos cristãos.

Essa chave pode ser observada numa leitura feita a partir dos pequenos, dos que sofrem diante da ganância dos poderes que estão acima do respeito aos direitos básicos do ser humano.

5.1 O contexto sócio-histórico

Sabemos, pelos livros de história geral, que os primeiros cristãos foram perseguidos pelo Império Romano.

Entre os anos 100 e 50 a.C., os romanos estenderam seu poder sobre todas as terras que circundavam o mar Mediterrâneo, chamando esse mar de *mare nostrum*, que significa "nosso mar". Os escritos do Novo Testamento nos fazem saber que a palavra de Deus, o Evangelho, foi anunciada de Jerusalém para o Ocidente, exatamente nas regiões dominadas pelo Império Romano (cf. 1Pe 1,1-2). Roma conquistava os países e submetia seus habitantes a pesados tributos, oferecendo-lhes a paz como garantia. O Livro do Apocalipse elenca essas riquezas espoliadas nas diversas regiões do Império: "Carregamentos de ouro e de prata, pedras preciosas e pérolas, linho e púrpura e bois [...] e ovelhas, cavalos e carros, escravos e vidas humanas" (Ap 18, 11-13).

Para manter essa ordem social, Roma tinha todo um sistema administrativo que cobrava os impostos e fazia respeitar a lei: eram governadores, legados, prefeitos e procuradores, como Pôncio Pilatos. Muitos deles eram romanos, outros, porém, eram lideranças dos países conquistados que se submetiam a Roma, como é o caso de Herodes Magno, seguido depois por seu filho Herodes Antipas e por seu neto Herodes Agripa.

A administração era apoiada pelo exército, o mais famoso do mundo. As legiões romanas, compostas por um quadro de mais de

6 mil soldados cada, marcavam presença em todas as regiões e sobre todos os povos dominados pelo império, sobretudo nas fronteiras e nos países mais sujeitos a rebeliões, com era o caso da Palestina (Reicke, 1996).

Roma permitia que cada povo cultuasse as próprias divindades, mas obrigava todos os habitantes, homens livres ou escravos, ao culto imperial, que consistia em adorar publicamente a estátua do imperador e a cidade de Roma. O imperador era o deus, e a cidade, a deusa. Isso podia ser feito proclamando em alta voz a divindade de Cesar e de Roma. Havia templos para o culto imperial, espalhados por toda parte, como na cidade de Pérgamo, que o autor do Apocalipse chama de "trono de Satanás" (Ap 2,13). Quem se recusava a prestar culto ao imperador e à cidade de Roma era condenado à morte ou excluído da vida social, não podendo nem comprar nem vender (Ap 13,15-17). Outros eram exilados, como se apresenta o autor do Apocalipse (Ap 1,9).

A princípio, as comunidades cristãs encontraram oposição sobretudo por parte das autoridades judias, que consideravam aquelas "seitas judias". O tribuno de Jerusalém, ao enviar Paulo preso ao governador romano sediado em Cesareia, escreveu: "Verifiquei que era incriminado por questões referentes à Lei que os rege, nenhum crime havendo que justificasse morte ou prisão" (At 23,29; cf. At 18, 14-15; 25,19). A perseguição dos cristãos pelo Império Romano aconteceu mais fortemente em três momentos da história.

Começou com o Imperador Nero nos anos 64 a 68. Qual foi o motivo? Historiadores como Gabo, Suetônio e Tranquilo (anos 70 a 140) dizem que Nero teria mandado incendiar vários bairros do subúrbio de Roma para fazer novas construções, e teria culpado os cristãos por tal crime, desencadeando a fúria dos romanos e uma forte perseguição na cidade.

Assim relata o historiador romano Tácito Cornélio (54-120):

> Para fazer calar os rumores relativos ao incêndio de Roma, Nero designou como acusados, indivíduos detestados por causa de suas abominações, a quem o povo chamava cristãos. O nome lhe veio de "Chrestos", que, sob o reinado de Tibério, fora entregue ao suplício pelo procurador Pôncio Pilatos. Reprimida por momentos a execrável superstição transbordou novamente não apenas na Judeia, berço do flagelo, mas em Roma para onde aflui tudo o que se conhece de mais atroz e infame. (Tácito, citado por Gallazzi, 2009, p. 56-57)

Tudo indica que essa primeira perseguição tenha sido mais forte em Roma e em seus arredores, mas ela foi retomada de forma mais violenta e generalizada no tempo do Imperador Domiciano, nos anos 81 a 96, atingindo o império todo. Estamos no tempo da publicação do Livro do Apocalipse.

Por fim, a perseguição foi continuada nos reinados do Imperador Trajano (98 a 117) e do Imperador Adriano (117 a 138), que chamavam os cristãos de "superstição nova e maléfica" (Arens; Mateos, 2004, p. 90).

O Livro do Apocalipse se refere às duas primeiras perseguições (Ap 2,3; 2,10; 2,13). Os que perseveravam na fé morriam assassinados como Jesus. Eram mártires da fé. Os condenados serviam de atração nos jogos do circo para lutar contra feras e ser por elas estraçalhados para diversão dos romanos. Outros eram crucificados, servindo às vezes de tochas humanas para iluminar a noite. Outros eram ainda enviados ao trabalho forçado nas minas, como parece ser o caso, inclusive, de João, autor do Apocalipse. Outros ainda eram exilados.

Diante dessa situação, três eram as atitudes tomadas pelos discípulos de Cristo, como lembra carta à Igreja de Laodiceia: "não és frio nem quente [...] és morno" (Ap 3, 15). Os que morriam, mas não renunciavam a sua fé, eram "quentes"; "frios" eram os que abandonam a comunidade e às vezes até a traíam, denunciando os membros da comunidade às autoridades romanas. Mais perigosos eram os "mornos", que ficavam na comunidade, mas não assumiam a fé e ainda aconselhavam os demais a se acomodar, "dar um jeitinho" para se esquivar do sacrifício.

Para interpretar bem o Livro do Apocalipse, é necessário conhecer bem o Livro do Êxodo. O Apocalipse é como a narração de um novo êxodo: os cristãos e os habitantes do Império Romano, em geral, estavam oprimidos pelo imperador; eles então procuram se libertar, tendo como libertador Jesus ressuscitado. Assim passam pelo sofrimento, são atingidos pelas pragas, mas perseveram em Cristo e chegam ao novo céu e à nova terra.

5.2 Proposta anti-imperialista. Mulher × dragão. Duas bestas × duas testemunhas

A proposta anti-imperialista se apresenta já no capítulo 1 do Apocalipse, quando é descrita a figura do revelador – aquele que mais tarde foi chamado, em grego, de *Pantocrator*, que significa "Todo-poderoso", em português; e em latim *omnipotens* (onipotente). Em Apocalipse 1,12-13, ele caminha em meio a sete candelabros de ouro; em Apocalipse 1,20, diz-se que os sete candelabros são sete igrejas; em Apocalipse 1,11 são mencionados os nomes e a localização de sete igrejas históricas: Éfeso, Esmirna, Pérgamo, Tiatira, Sardes, Filadélfia e Laodiceia.

Essa introdução revela um tipo de relação convergente equilibrada, sem posição de superioridade ou inferioridade. O líder, o Senhor, não se impõe às comunidades, mas favorece a relação delas para com ele e delas entre si, por meio dele. A imagem é circular e faz perceber uma relação de respeito e acolhida de cada igreja, em sua realidade própria.

As advertências e os encorajamentos dirigidos a cada igreja nos capítulos 2 e 3 também demonstram esse respeito, a ponto de fechar sua exortação à mais problemática das igrejas, dizendo: "Eis que estou à porta e bato: se alguém ouvir a minha voz e abrir a porta, entrarei em sua casa e cearei com ele, e ele comigo" (Ap 3,20). Aí se revela que o Reino de Deus, em Cristo, faz-se por adesão, e não por imposição nem por obrigação, como acontece no outro reino que se autodenomina *império*. Como a palavra já diz, *imperar* é dominar, submeter, impor.

A proposta continua na apresentação do trono nos capítulos 4 e 5. Há um poder que transcende a terra e toda a criação, que não se impõe à terra nem se esgota nela. É um poder expresso particularmente pela pessoa do Cordeiro, a única que tem o poder de receber o livro dos segredos e abrir os selos. É chamado de *leão da tribo de Judá*, mas de fato o que se apresenta é um cordeiro com as marcas da degola que sofreu e que já não prevalecem. O Império Romano exerce o poder como "cavalo" e impõe pela força cavalar.

No Reino de Deus atua o Cordeiro, sua força vitoriosa reside na doação de si mesmo, de sua vida histórica sem violência, numa rebeldia humilde e mansa. Ele não é um cordeiro qualquer, pois possui sete chifres que simbolizam toda a força e "**sete olhos**, que são os sete Espíritos de Deus **enviados por toda a terra**" (Ap 5,6, grifo do original). Sua missão é revelar a verdade, desmascarando a mentira. Toda a humanidade, bem como a criação toda, precisa saber quem é quem, na construção ou na destruição da criação. O Cordeiro rompe os selos, a verdade aparece e a situação torna-se cada vez mais tensa.

O capítulo 10 anuncia a iminência do confronto. Algo muito forte está para acontecer, mas não será dirigido pelo capricho de alguém. A capacitação está em comer o livro oferecido pelo anjo poderoso, que vai possibilitar a missão profética universal. Ninguém pode aderir ao que não conhece, mas também ninguém pode ser julgado por aquilo que ignora.

Sétimo selo

A abertura do sétimo selo é a mais demorada, também a mais cheia de mistérios, porque o autor do Apocalipse pretende desvendar todos os segredos e mostrar tudo o que vai acontecer, colocando frente a frente as realidades da salvação e da perdição, com seus correspondentes protagonistas. Por um lado, as duas testemunhas do capítulo 11 e a mulher do capítulo 12 seguem a liderança do Cordeiro. Por outro, o dragão que confronta a mulher no capítulo 12, com as duas bestas do capítulo 13, seguidos da grande prostituta do capítulo 17, seguem a si mesmos.

Os capítulos 10 e 11 do Apocalipse são a expressão da paciência de Deus. Depois de tocadas as seis trombetas e das catástrofes correspondentes (Ap 8,6-9,21), há um intervalo de silêncio e descanso (Ap 10,1-11,14). É a oportunidade que Deus dá aos rebeldes, aos iludidos e aos desavisados para refletir, mudar e não sucumbir à desgraça. O que é mais eficaz para a conversão: uma tragédia ou uma advertência profética? No olhar de Deus, é a ação dos profetas, mas será assim para a humanidade? Por isso encontramos a ação das duas testemunhas de Deus.

5.2.1 *A missão das testemunhas (Ap 11,1-13)*

As duas testemunhas são chamadas a profetizar (Ap 11,3). Segundo o profeta Ezequiel, a capacitação para profetizar é adquirida comendo o livro oferecido pelo Espírito (Ez 2,8-3,3). Em Apocalipse 10,8-11, o vidente é capacitado a profetizar do mesmo modo que em Ezequiel 2,8-3,3. O livro selado, tomado pelo Cordeiro em Apocalipse 5,7-9, que está aberto na mão do anjo (Ap 10,2), deve ser comido pelo vidente (Ap 10,9-10), para que profetize contra muitos povos, nações, línguas e reis (Ap 10,11).

Contexto

O nosso texto está inserido no segundo dos três "ais" do Apocalipse. O primeiro diz respeito às pragas vetero-testamentárias (Ap 9,1-12) elevadas à enésima potência. O segundo diz respeito à atividade das testemunhas e à rejeição dos povos da terra (Ap 9,13-11,14). O terceiro "ai" inicia em Apocalipse 11,15 com o toque da sétima trombeta e parece se estender, já que não se fala claramente de sua conclusão, até Apocalipse 20,15, quando finalmente vemos um novo céu e uma nova terra. O segundo "ai" é, portanto, o da rejeição do testemunho de Jesus Cristo, dado pelos seus discípulos. É o "ai" do confronto da verdade com a mentira, mas também da oferta de conversão não aceitada.

Medir o espaço sagrado

Tendo assimilado o livro, o vidente começa medindo o templo de Deus. É necessário medir para marcar o espaço sagrado. Deus não vai permitir que o mal tome conta de tudo, pois este tem seus limites de tempo, de espaço e de poder. Ele não tem poder sobre tudo e nunca vai ter. O templo de Deus é o espaço sagrado aqui na terra, mas é também transitório porque o domínio divino vai além de uma casa ou de um lugar. O templo de Deus é todo espaço e tempo nos quais ele se manifesta, seja numa casa, seja numa pessoa (cf. 1Cor 3,16-17; 6,18-19). Mesmo porque no novo céu e na nova terra não haverá templo (Ap 21,22).

Testemunhar

As coisas estão difíceis. O povo já está muito confuso. Alguns não têm mais esperança, e é preciso fazer alguma coisa. Deus resolve reforçar a fé dos que querem o bem e lutam por ele, então envia duas testemunhas. Por que duas? Para que uma apoie e confirme a outra. Não que

Deus precise de testemunhas, mas a humanidade precisa e Deus resolveu falar aos homens do jeito que eles entendem. Até para Jesus Cristo os fariseus pediram provas do que dizia (Jo 5,31-40; 8,12-20).

Essas testemunhas não são caídas do céu, são humanas, de carne e osso, como nós todos. São pessoas que creem e levam a sério a palavra de Deus. Segundo o texto elas exercem a profecia ao modo do conteúdo do livro (Ap 1,3; 22,7). O tempo dessas testemunhas é curto. Serão assassinadas por falarem a verdade de Deus. No entanto, os poderes da terra, que matam a condição material das pessoas, não conseguem apagar o bem que é feito, porque o bem é sempre mais forte e duradouro. O tempo das testemunhas é limitado na história, mas infinito na eternidade.

Três anos e meio (1260 dias) é o que corresponde ao tempo das testemunhas. Ninguém sabe exatamente quanto tempo seria para nós hoje. No entanto, isso é o que menos importa. O que interessa é que a maldade e os que aderem a ela têm fim marcado. Ela destrói a si mesma. As duas testemunhas de Deus fazem contraponto às duas bestas do dragão. Os malvados também agem em equipe, quadrilha e gangue. As testemunhas vestidas de saco explicitam um tempo de penitência, caminho para suprir a carência e começar um período de solidariedade. Usar o mínimo necessário dos bens que Deus concedeu a fim de que perdurem ao máximo para os seres vivos das próximas gerações.

A veste de saco não constitui uma exclusividade das testemunhas no Apocalipse. Esse modo de vestir, no Antigo Testamento, acompanha, com frequência, uma atitude de luto e arrependimento[1]. As testemunhas seguem seu Senhor no caminho do Calvário, e a presença delas no mundo é um chamado ao arrependimento. O mundo recebe o modo de proceder das testemunhas como uma afronta, por isso a reação furiosa contra elas, matando-as e expondo-as em praça pública.

---

1 Is 15,3; 22,12; 37,1-2; Jr 4,8; 6,26; Lm 2,10; Jl 1,8.13; Jn 3,6-8.

O termo *testemunha* é recorrente nos escritos joaninos[2], usado de preferência na pregação (Jo 21,24). Está presente com relativa frequência no Apocalipse[3]. Vejamos, então, alguns textos nos quais essa realidade se evidencia.

Testemunha qualificada e fiel é Jesus Cristo (Ap 1,5; 3,14), mas é também Antipas, bispo da igreja de Pérgamo, assassinado na mesma cidade (Ap 2,14). Ele também merece o qualificativo de *fiel*. O testemunho faz dobradinha com a palavra de Deus[4]. O servo de Deus, João, atesta ser palavra de Deus e testemunho de Jesus Cristo tudo quanto viu e que reporta no Livro do Apocalipse (Ap 1,2). O mesmo João se encontra preso e exilado por causa da palavra de Deus e do testemunho de Jesus Cristo (Ap 1,9).

A luta, iniciada por Miguel e seus anjos, jogou o dragão por terra, mas nem nela ele teve vez, pois os fiéis o venceram pelo sangue do Cordeiro e pela palavra de Deus que testemunharam (Ap 12,11.17). As testemunhas não fogem da morte, mas a morte não lhes tira a vida eterna (Ap 20,4), além de serem a garantia de que as núpcias são dignas e acontecerão. Testemunhar é a missão confiada por Jesus (Lc 24,48; At 1,8). É isso que aprofundaremos nos próximos quatro itens.

5.2.2 Quem são as testemunhas?

Olhando bem o capítulo 11 do Apocalipse, parece que as duas testemunhas são profetas e se identificam com Elias e Moisés (Ap 11,5-6). Foi o profeta Elias quem fechou o céu (1Rs 17,1), e Moisés quem converteu a água em sangue e muitas outras pragas no Egito (Ex 7,17). Alguns estudiosos pensam que se trata de duas grandes autoridades do povo

---

2 Jo 1,7; 3,28; 4,44; 18,23; 1 Jo 4,14; 5,6.7.
3 Ap 1,5; 2,12; 3,14; 11,3; 22,8.
4 Ap 1,2.9; 6,9; 12,11.17; 20,4.

de Israel, uma civil e outra religiosa. Segundo alguns, o nome da autoridade civil é Zorobabel, o primeiro rei que governou Israel depois do exílio da Babilônia; e o da autoridade religiosa é Josué. Na verdade, elas significam toda pessoa que crê em Deus, que o deixa entrar em sua vida e o leva a sério, que denuncia o mal e faz o bem.

As testemunhas de Deus serão assassinadas pela besta que sobe do abismo. A besta é o símbolo de quem pratica a maldade, com tudo o que lhe diz respeito. Sobe do abismo por causa do mistério que o envolve. Abismo é lugar de trevas, lugar que ninguém conhece nem sabe o que tem lá.

O que vai acontecer com elas?

O Apocalipse diz que as testemunhas de Deus serão vencidas pela besta, mortas e expostas em praça pública. Elas nem vão receber sepultura, como se fossem os mais infelizes dos seres vivos. Contudo, os que lhes negaram sepultura vão se dar mal, porque os cadáveres vão ressuscitar. Naquele tempo, não dar sepultura a uma pessoa era mostrar o máximo de ódio para com ela; era o maior dos castigos (cf. Jr 8,2).

A cidade onde os corpos das testemunhas de Deus ficaram sem sepultura é chamada simbolicamente de *Sodoma* (cf. Gn. 18,16-19,29) e *Egito* (cf. Êxodo 1-15). Muitos estudiosos procuram interpretar essa cidade; uns dizem que é Roma, outros, que é Jerusalém, mas nenhum nome satisfaz, porque é um lugar simbólico.

Os cadáveres se levantam

O texto diz que os cadáveres ficaram expostos sem sepultura por três dias e meio. Depois disso, um sopro vindo de Deus os faz levantar e subir para o céu. Três dias e meio é a metade de sete. Isso significa que as testemunhas de Deus não vão ficar mortas para sempre. Elas vão ressuscitar, os corpos delas vão reviver e o lugar delas será o céu, a verdadeira felicidade que os maus não conhecem, não podem nem querem alcançar, pois gostam da felicidade passageira, falsa e enganosa.

A vida é de Deus. Ele dá vida aos bebês e também aos corpos mortos. Já o profeta Ezequiel (37,1-14) falava que Deus faz os ossos secos e sem carne dos cadáveres virar gente. No passado, os ossos secos eram o povo de Judá desanimado e sem esperança na Babilônia, que acabou sendo reanimado e voltou a Jerusalém. No presente, são as pessoas que fazem a diferença em nome de Deus, com elas a história se transforma em eternidade. Isso prefigura a ressurreição da carne que deve acontecer.

Não se fala do conteúdo da pregação das testemunhas, mas do assassinato delas (Ap 11,7-10), bem como da sua ressurreição, que é também glorificação (Ap 11,11-13). A ressurreição enche de medo os habitantes da terra, assim como aconteceu com Jesus Cristo, seu mestre. Na verdade, este é o testemunho: dar a vida pela causa do Cordeiro. A missão das testemunhas durou três anos e meio; a morte delas, três dias e meio. O tempo da missão e o da humilhação não tem proporção com o tempo da glorificação (cf. Rm 8,18).

Podemos evocar aqui o modelo de Ezequiel (37,1-14), em que, pelo profeta, Deus faz dos ossos ressequidos um novo povo, mas o melhor fundamento está mesmo no evento pascal de Jesus Cristo. As testemunhas morrem como o Senhor delas. Como ele, reencontram a vida e sobem ao céu junto de seu Deus, elevadas na mesma nuvem (At 1,9). A ascensão de Cristo teve como espectadores só seus discípulos. A ascensão das testemunhas terá todos os adversários (Ap 11,12). A provação e a morte das testemunhas é participação no destino de Jesus, que é o vivente ao lado de Deus (Ap 1,17-18).

5.2.3 Os adversários

Habitantes da terra são as pessoas que recusam Deus, sua vontade e os servos enviados por ele (Ap 3,10; 6,10; 8,13). São as que resolveram fazer da terra, do aqui e agora, seu tudo. Não estão dispostas a protagonizar o mundo com o Criador, mas viver somente e sempre por conta própria, como senhoras absolutas de tudo. Escolheram a terra, só a terra e para fazer somente a própria vontade. Por isso, permanecerão nela.

O surpreendente final

Enquanto no final dos flagelos do capítulo 9, ninguém se convertia, mas se endurecia ainda mais (Ap 9,20-21), aqui os que permanecem vivos dão glória ao Deus do céu (Ap 11,13). É porque algo totalmente novo está acontecendo: a ressurreição e a glorificação, por Deus, de suas testemunhas. Notoriamente, os habitantes da terra se rendem ao poder de Deus. A terra, na verdade, é lugar de militância, não de juízo. Porém, o juízo acontece levando em conta a militância. A sentença final realiza-se em outro nível.

5.3 O domínio de Deus

Conforme Mesters e Orofino (2013, p. 247), "o capítulo 12 [do Apocalipse] oferece às comunidades um resumo da história da humanidade, desde a criação até o momento em que elas estão sendo hostilizadas pela política do Império Romano".

Dois sinais de magnitude bem diferenciada aparecem no céu e anunciam um confronto antagônico com sutilezas fantásticas. Ambos descerão para a terra onde a perseguição terá lugar. O autor é muito sofisticado: ele começa com a mulher e nos diz que ela é um sinal grandioso, enquanto o dragão grande é apenas um sinal, que assusta, mas não é significativo para a história. É evidente o convite para focar nossas atenções nos passos da mulher.

A mulher só tem uma identificação, mas o dragão tem muitas. Ele é "a antiga serpente, o chamado Diabo ou Satanás, sedutor de toda a terra habitada" (Ap 12,9). A mulher só tem um rosto, mas o dragão tem muitos. Em Cântico dos Cânticos (6,10), o noivo canta a beleza da noiva da seguinte maneira: "Quem é essa que desponta como a aurora, bela como a lua, figurante como o sol [...]?". Nessa passagem, ela está toda vestida de sol, identificada como o rosto do revelador em Apocalipse (1,16).

5.3.1 A mulher

Segundo Mesters e Orofino (2013, p. 247),

> A mulher em dores de parto simboliza a vida, a humanidade, o povo de Deus, as comunidades perseguidas. Simboliza as mulheres que lutam gerando vida. Simboliza Maria, a mãe de Jesus. Simboliza tudo aquilo que fazemos, as pequenas e as grandes lutas do dia a dia, para melhorar a situação da vida do povo de Deus. As dores de parto simbolizam o sofrimento que a humanidade suporta para defender a vida e fazer nascer a vida nova.

Essa mulher é símbolo de tudo o que faz viver e ajuda a viver, permanecendo fiel à vida. Contudo, se o dragão dominar a mulher, ela vira prostituta (Ap 17,1-18).

Sobre o significado da mulher, já ocorreram vários debates e duas interpretações estão hoje em voga. Até o século IV, quando Jerônimo (340-420) traduziu a bíblia diretamente do grego e do hebraico para o latim (trabalho iniciado em 386), a mulher do Apocalipse era vista como imagem da comunidade cristã, a Igreja. Jerônimo deu uma nova interpretação vendo a mulher como Maria, a mãe de Jesus, e assim continuou por muito tempo. Hoje a Igreja acolhe as duas interpretações, mas vejamos os traços de cada uma parte por parte:

a. A mulher está vestida de sol. O sol é Cristo, o revelador, que aparece no início do livro (Ap 1,16). Portanto, ela está vestida de Cristo ressuscitado, glorioso.
b. A lua debaixo dos pés. Superou os astros que dependem de luz de outro. Ela tem luz própria, pois é participante da luz do Sol-Cristo. A Igreja tem a luz de Cristo.
c. A coroa de 12 estrelas significa que ela é vencedora, pois tem a coroa, composta de 12 estrelas, símbolo do povo eleito, os 12 apóstolos, continuadores das 12 tribos de Israel. A Igreja é vitoriosa e sua conquista está no apostolado cristão. A Igreja também é vitoriosa, sua conquista, porém, não é de domínio, mas de perseverança.
d. A mulher está grávida, é fecunda, tem futuro, dá-se ao futuro. No capítulo 17, também encontramos uma mulher, mas ela não engravida, porque está a serviço de si mesma, da nulidade, da destruição.
e. As dores de parto para dar à luz. Segundo o evangelista João, Jesus usa essa figura em sua narrativa para falar do sofrimento e das dores da sua própria morte: "Quando a mulher está para dar à luz, entristece-se porque sua hora chegou; quando, porém, dá à luz a criança, ela já não se lembra dos sofrimentos, pela alegria de ter vindo ao mundo um homem" (Jo 16,21). As dores de parto são os sofrimentos e as perseguições que a Igreja sofreu a partir da vinda de Jesus Cristo, sofre nos cristãos atuais e continuará sofrendo pelos séculos.

A mulher, quem é ela?

Já adiantamos que a mulher é a Igreja e não precisamos ir longe para confirmar essa ideia. Basta ver o versículo 17 do mesmo capítulo 12. Ali, os cristãos são filhos dessa mulher. Ora, os cristãos são filhos da Igreja, são gerados pela Igreja. Essa interpretação é também apoiada pelo texto de João 16,19-22, de Apocalipse 12,2 e da 1ª Carta aos Tessalonicenses 5,3. Jesus, ao subir ao céu, viu a tristeza dos seus e comparou o sofrimento da comunidade com a mulher em dores de parto. No entanto, essas dores inevitáveis se transformaram em grande alegria ao participar da ressurreição de Cristo ou ainda ao dar à luz o Cristo glorioso na sua comunidade.

No Antigo Testamento, muitas vezes, Israel é comparado a uma mulher; outras vezes, é Jerusalém, síntese de Israel, que é simbolizada por uma mulher (cf. Ez 16; Is 26,17; Mq 4,10). A Igreja é a continuação de Israel, aliás, é o novo Israel. A mulher deu à luz um filho homem. Não há dúvidas. Todos os estudiosos estão de acordo que esse filho homem é o Messias, Jesus Cristo. No Antigo Testamento, o filho é o Messias (2 Sm 7,12-14; Sl 2; Is 7,14). Para os autores do Novo Testamento, o Messias/Cristo é Jesus (Mt 16,16.20; Lc 2,11; 7,41; Jo 20,31). Evidentemente, os judeus têm outra visão do Messias, que não corresponde às atitudes de Jesus, por isso mesmo continuam esperando até hoje.

Segundo o autor do Apocalipse, "a Mulher fugiu para o deserto, onde Deus lhe havia preparado um lugar em que fosse alimentada por mil duzentos e sessenta dias" (Ap 12,6). É impossível entender esse trecho sem ler o Livro do Êxodo, pois, neste ponto, o presente e o passado estão misturados. No Êxodo, a mulher é Israel que fugiu da opressão do faraó do Egito e foi por ele perseguida até o deserto (Ex 14); contudo, foi alimentada por Deus com o maná no deserto durante 40 anos (Ex 16); As asas de águia dadas à mulher significam a proteção de Deus (Ex 19,4; Dt 32,11; Is 40,31). Segundo Arens e Mateos (2004, p. 217), "No momento histórico no qual João escreve, a mulher representa o povo do Messias, pois é constante a fusão entre Israel e a Igreja, no Apocalipse [...] Da fusão, porém, entre a mulher-Israel-Igreja, passou-se para a interpretação católica, que vê Maria na mulher, a mãe de Cristo".

A serpente vomitou um rio de água para engolir a mulher, mas a terra veio em sua defesa. O rio ameaçador é uma imagem bastante usada no Antigo Testamento para designar as provações, sejam de origem humana (cf. Sl 32,6; Is 43,2), sejam de origem divina (Sl 88,8; Jr 51,55; Os 5,10). Conforme as narrativas dos livros do Êxodo e dos Números, foram cerca de 12 revoltas[5] do povo de Israel durante os 40 anos de peregrinação pelo deserto. Nesse cenário, o rio são as provas e as perseguições pelas quais a comunidade cristã está passando. A terra que socorre são os elementos da natureza, criada por Deus, que favorecem o testemunho cristão. A luta é longa, difícil e complicada, mas a vitória de Cristo e dos cristãos é certa.

Ressuscitar/dar à luz

A pergunta é espontânea: Como pode a Igreja dar à luz Jesus Cristo, se foi Jesus Cristo quem fundou a Igreja? A resposta é simples: inicialmente, não podemos esquecer que estamos trabalhando com símbolos, portanto, é preciso entender o que significa, nesse contexto, *dar à luz*; não estamos falando de nascimento da carne nem na carne, e não se trata de nascer da barriga de uma mulher. Trata-se um novo nascimento, que nunca verá a morte; trata-se da ressurreição. É exatamente nesse ponto que o dragão concentra todas as suas forças de combate. Ele não quer deixar Jesus ressuscitar, pois a ressurreição significa sua derrota definitiva e a vitória irrefutável do Messias. Jesus Cristo ressuscitado é testemunhado na Igreja, e só pela Igreja, pelos séculos dos séculos. É ele quem pastoreia todas as nações. Ele ressuscitou e em seguida foi arrebatado para junto do trono de Deus, onde, já vitorioso, aguarda o dia de tomar posse de tudo (cf. 1Cor 15,20-27).

Conforme Mesters e Orofino (2013, p. 251), "o capítulo 12 de Apocalipse mostra que a perseguição deve ser interpretada como um sinal de vitória de Jesus sobre o dragão. Com ironia e satisfação, João mostra que o dragão é um eterno derrotado", pois sofre uma derrota atrás da outra. É vencido por Jesus que, ao nascer, em vez de cair na

---

5 Ex 15,24; 16,2; 17,2; 32,1-2; Nm 11,4; 12,1-4; 14,1-4; 16,1-3; 16,12-15; 17,6-10; 20,1-13; 21,4-9.

boca dele, é imediatamente arrebatado junto de Deus e de seu trono (Ap 12,4-6); pelo Arcanjo Miguel, que o expulsa do céu e o precipita sobre a terra (Ap 12,7-8); pelos que creem em Jesus, porque focaram no sangue e na palavra de Cristo, e não deram bola para suas estripulias (Ap 12,11); e também pela própria terra, que engole seu rio de vômito (Ap 12,16).

5.3.2 O dragão

É do dragão que vêm a morte, o medo, o susto, a destruição, o ódio, a doença e tudo o mais que há de ruim. O dragão é horroroso para assustar e não tem consistência própria; ele precisa tirá-la dos outros, assim como seu sustento. Ele só cresce consumindo o alheio e apoderando-se do que os outros criam; por isso precisa infligir medo para que as pessoas se assustem, entreguem-se a ele abandonem suas coisas para que eles as pegue.

Chegando ao capítulo 12, estamos na encruzilhada da história. Quem vai vencer: o dragão horroroso que coloca medo em todo mundo ou a mulher bonita que encanta a todos com o seu jeito de ser? Tudo parece sinalizar para o dragão. Será mesmo?

Para os profetas, o dragão lembra o faraó do Egito; basta conferir a passagem de Ezequiel (29,3; 32.2). Nesse texto, o faraó é chamado de *crocodilo gigante saído do Nilo*, o que mais tarde tornou-se *dragão saído das águas*. A única coisa que o dragão sabe fazer é viver à custa dos outros, perseguir e devorar. O profeta Isaías (27,1) diz que o Senhor intervirá e matará o dragão do mar, também chamado de *Leviatã* e *serpente tortuosa*. Em nosso texto, o dragão é chamado, posteriormente, de *antiga serpente* e *Satanás* (Ap 12,9). Isso deixa claro que o dragão personifica as forças contrárias a Deus.

O dragão também é a antiga serpente, lembrando o capítulo 3 do Livro do Gênesis. Nesse caso, é a maldade que reside no interior do homem e que se traduz em orgulho, ganância, vaidade, ódio e outras ruindades. No entanto, o dragão é também Satanás e, nesse caso, sintetiza tudo: a maldade que está em cada ser humano e também aquela que está nos governos, nas organizações e nos impérios. Satanás é o divisor, o acusador, o caluniador, criador de confusão e destruição.

As características do dragão do Apocalipse fazem lembrar governos, reis sábios e fortes que fazem a guerra, que seduzem e oprimem. Vejamos cada aspecto do dragão:

a. Cor de fogo: é a cor do sangue que se derrama.
b. Sete cabeças, o que significa que sabe muito bem o que faz; por isso, as atrocidades não podem ser desculpadas como ignorância; sua ação é de caso pensado.
c. Dez chifres, isto é, tem poder, força, mas esse poder é transitório, pois o número dez indica que é força passageira.
d. Sete coroas sobre as cabeças, que significam poder e força de governo, ou seja, ele é grande e forte e tem um poder muito difícil de enfrentar. Ele é coroado de mando, e não de serviço.
e. Rabo grande, que varre a terça parte das estrelas do céu, o que mostra que não há nada nele em que se possa confiar: as estrelas varridas são os cristãos que se deixam seduzir por ele.
f. Prepotência, e pretensão, evidenciadas quando desafia o próprio Deus; porém, acaba se dando mal, pois seu poder e sua força são limitados, e a soberba é sua ruína.

O dragão perdeu a batalha, o espaço e o lugar de ação. Seu campo ficou reduzido à terra, isto é, ao lugar onde os homens estão ainda em definição. Assim, está destinado ao fracasso total. O dragão é o verdadeiro incomodado da hora porque sente que é chegado seu fim. Por três vezes, o texto acentua que o dragão foi precipitado sobre a terra (Ap 12,9.10.13).

O nome *Miguel* significa "quem é igual a Deus?". Quem desafia Deus vai ter de se haver com Miguel e medir suas forças com ele. Miguel é responsável pela transparência e pela verdade. Aonde ele chega, a corrupção e a mentira não têm lugar.

5.3.3 Do dragão para as bestas (Ap 13)

Conforme Mesters e Orofino (2013), a primeira besta (Ap 13,10) representa o sistema do Império Romano, que pretendia governar o mundo e controlar tudo. Lucas diz que o Imperador César Augusto havia determinado o recenseamento de todo o mundo habitado (Lc 2,1), que correspondeu à época do nascimento de Jesus Cristo. A segunda besta (Ap 13,11) representa a ideologia do império que, com sua propaganda, fazia a cabeça das pessoas. A primeira apresenta-se como caricatura de Jesus ressuscitado, pois por três vezes se repete que foi ferida de morte e sobrevive (Ap 13,3.12.14). A segunda também tenta imitar Cristo, pois se apresenta como um cordeiro, mas não passa disso, pois quando fala trai toda a sua aparência (Ap 13,11).

O texto esclarece que os que fazem o mal sempre tentam se mascarar de bem para enganar as pessoas e assim conseguir realizar seu intento. Sabemos, por experiência, que quem faz o bem não precisa mentir, nem se mascarar nem se esconder. Assim, o capítulo 11 mostra as duas testemunhas de Deus, ao passo que capítulo 13 mostra que as duas bestas são as testemunhas do dragão, isto é, falsas testemunhas, porque testemunha é quem está a serviço da verdade; quem está a serviço da mentira é besta.

Primeira besta

A primeira besta saiu do mar. Os antigos pensavam que o chefe do mal morasse no mar. Além disso, o medo do mar era grande porque a maioria dos que entravam nele para viajar era engolido pelas tempestades e nunca mais voltava. O mar é também símbolo do caos (Gn 1,2). A besta, por sua vez, é a cara do dragão e em tudo se identifica com ele. É outro modo que o dragão encontrou de se fazer presente. Ela se parece com vários animais diferentes, mas todos ferozes, devoradores, perigosos, insaciáveis. Mais adiante, João indica que as cabeças da besta são imperadores (Ap 17,9-11). Essa maneira de apresentar o Império Romano como uma fera violenta vem do profeta Daniel (Dn 7,2-8), que descreve e identifica as três primeiras, mas tem dificuldade de identificar a quarta fera, exatamente como ocorre no Apocalipse.

A primeira besta tem dez chifres. O chifre é símbolo de grande força, e dez é o número dos atos humanos. Significa, então, que a besta tem muita força, mas que essa força é limitada porque não vem de Deus.

A besta também tem sete cabeças, e *cabeça* significa inteligência. Tanto é verdade que, quando alguém comete um engano, nós dizemos: "Aquela pessoa não tem cabeça". Sete, por sua vez, é o número da totalidade, e isso quer dizer que a besta é muito inteligente.

Ser inteligente não é ruim; ruim é usar a inteligência para destruir. Mais ainda, quem é inteligente e não faz o bem é culpado do mal, pois, se ele é inteligente, conhece o bem, mas, se não o pratica nem o ensina, é irresponsável. Isso mostra também que para fazer o bem e ser bom não basta ser inteligente, é preciso crer e se aplicar.

Uma das cabeças da besta está ferida de morte, mas está viva. É a imitação do Cordeiro do capítulo 5, que também trazia as marcas da morte, mas estava de pé (Ap 5,6). De fato, quando o Imperador Domiciano apareceu, perseguindo os cristãos com tamanha crueldade, muitos acreditaram ser ele o Imperador Nero que havia revivido, pois suas atitudes lembravam aquele tirano.

Cada chifre da besta tem um diadema. Isso dá mais uma pista para nossa compreensão. O diadema era usado por reis, imperadores e príncipes. Portanto, os chifres são o poder de governos inteligentes e fortes. Além disso, os diademas continham nomes blasfematórios escritos. *Blasfemar* é falsificar Deus. Por exemplo, dizer que uma criatura é Deus é blasfêmia; dizer que um pedaço de pau é Deus também é uma blasfêmia. *Blasfêmia* é também maldizer Deus.

Sabemos que vários imperadores romanos faziam questão de ser tratados e adorados como deuses. Nero exigia ser chamado de *divino* e provavelmente trazia em seu diadema "Divino Nero". Outro que tinha esse pensamento era Domiciano, chamado de *dominus et deus noster*, isto é, "senhor e deus nosso". Esses são nomes blasfematórios.

Essa besta parecia uma pantera, mas tinha os pés de urso e a boca de leão. Um estudioso do Apocalipse chamado Prigent (1993, p. 238) explica que essa besta resume e totaliza as bestas anunciadas no capítulo 7 de Daniel. No profeta, o leão, o urso e o leopardo simbolizam os impérios babilônico, medo e persa. Mas quem seria a quarta besta? É um novo império que surge com todas essas experiências. A besta recebe o poder do dragão. Se a besta é o Império Romano, significa que esse poder e seus imperadores são os representantes do mal. Essa besta é fascinante, atraente, poderosa e arrasta multidões com suas propostas. Ela veio para confundir o povo e combater os santos que são as testemunhas de Deus, mas seu poder é passageiro.

A segunda besta

A segunda besta se parece com um cordeiro (Ap 13,11), mas se identifica com o dragão, pois recebe toda a autoridade da primeira besta e exercita a autoridade dela (Ap 13,12), tendo a função de fazer com que os habitantes da terra adorem a primeira besta (Ap 13,12).

Evidentemente, ela tem uma responsabilidade propagandista. O império não se mantém sem esse trabalho intenso de sedução e propagação de si mesmo.

Segundo Arens e Mateos (2004), por volta do ano 90, foi erigido em Éfeso um grande templo em honra ao Imperador Domiciano, seu grande benfeitor. O templo estava localizado bem próximo ao centro político e religioso da cidade e tinha um terraço de 50 por 100 metros, rodeado de colunas. Atrás do altar dos sacrifícios, havia uma estátua do imperador com cerca de 7 metros de altura. O sacerdote desse templo tinha poder absoluto. Provavelmente era ele a quem João se referia ao dizer que viu uma "besta sair da Terra" (Ap 13,11). Seria esse sacerdote, pela sua prática, o símbolo da segunda besta. Por esse templo e pelo culto ali prestado, Éfeso foi elevada, no reinado de Domiciano, à categoria de "guardiã dos deuses". Isso lhe dava a honra de organizar as festas, os cultos e os jogos em honra ao deus ali cultuado.

Conforme Mesters e Orofino (2013, p. 258), dizendo que "a segunda besta tem a aparência de cordeiro, é possível que João quisesse aludir também às pessoas que, dentro das comunidades, usando o nome de Jesus, o Cordeiro de Deus, se faziam porta-vozes da ideologia do Império". Foi assim que Balaão fez por ocasião dos 40 anos de peregrinação do povo de Deus no deserto (Nm 22,2-23,10), fato retomado agora, na igreja de Pérgamo (Ap 2,14); ou então como fez Jezabel no reinado de Acabe, rei de Israel (1Rs 18-19), atitude agora presente na comunidade de Tiatira (Ap 2,20); ou como os nicolaítas tentaram fazer na igreja de Éfeso (Ap 2,6), mas fizeram na igreja de Pérgamo (Ap 2,15).

A segunda besta é mais perigosa porque se infiltra nas comunidades e vira a cabeça de alguns de seus membros, confundindo-os desde dentro. Sua arma de sedução é a imitação para deslocar o foco de atenção dos cristãos em direção ao poder do império. É uma estratégia para dobrar o mundo sem a violência das armas, usando a religião e fanatizando as pessoas.

Ela está a serviço de um programa de filiação ou fidelização à primeira besta mediante pressão. O cerco vai fechando. Todos vão ter que trazer a marca dela na fronte ou na mão direita, "para que ninguém possa comprar ou vender se não tiver a marca, o nome da Besta ou o número do seu nome" (Ap 13,17). Assim, quem não concorda com o sistema imperial está excluído da cidadania e das relações comerciais estabelecidas e controladas por ele. João termina dizendo que é uma besta (animal), mas que traz o número de um homem (Ap 13,18). Ela é gente, mas se comporta como animal.

O número da segunda besta

Trata-se de um número que ocorre apenas duas vezes na Bíblia, no Apocalipse e no 1º Livro dos Reis (10,14). Lá se diz que o rei Salomão arrecadava impostos das tribos de Israel, a cada ano, no valor de 666 talentos de ouro, o equivalente a 23 toneladas do metal. Salomão construiu um templo magnífico, palácios e muitas obras, e desenvolveu o comércio e a ciência com os impostos que obrigou seu povo a pagar. A população pagou em sistema praticamente escravagista e Salomão levou a fama de ser o mais sábio e brilhante rei de Israel. A política do Império Romano conseguia ir muito além disso. Cada época tem sua besta. Todo e qualquer sistema político ou religioso que funciona só em proveito próprio, que vive egoisticamente em função de si mesmo, desumanizando e destruindo a vida, pode ser essa besta.

Os mais detalhistas correram atrás de um nome da história da época que possa ser identificado com o número 666 e encontraram o de "Cesar Nerun" (cf. Mesters; Orofino, 2013, p. 261). Como chegaram a isso? Mediante os algarismos romanos e o alfabeto hebraico, no qual cada letra tem um valor numérico. Os algarismos romanos, por sua vez, usam letras. Por meio da soma do valor das letras, chega-se ao 666. A explicação está na Seção 4.4, "Os símbolos".

No tempo da escrita do Apocalipse de João, o Imperador Domiciano mandou colocar imagens dele nas principais cidades do império, obrigando o povo a lhe prestar culto; Éfeso estava entre elas. Quem não aceitasse, era acusado, julgado e renegado. Domiciano também proibiu a formação de associações, tornando crime a criação de comunidades. O Imperador Trajano (98-117) cumpriu isso ao pé da letra.

5.3.4 O livro da vida e os inscritos nele

Em Apocalipse 13,8, adoraram a besta todos os habitantes da terra cujo nome não está escrito, desde o princípio do mundo, no livro da vida do Cordeiro imolado. O que significa isso? Que alguns já nasceram para ser salvos e outros para ser condenados? Vamos analisar passo a passo.

No Apocalipse, quando se fala de *habitantes da terra*, está-se referindo aos pagãos, aos inimigos de Deus e de seu povo (cf. Ap 3,10; 6,10; 8,5; 11,10; 13,8.12.14; 17,8). O livro que tem nomes escritos é aquele da vida do Cordeiro. Podemos dizer que se trata da Bíblia, mas podemos ir além: esse livro é tudo aquilo que fala do programa de Deus para salvar e libertar os homens do pecado e da morte. Por isso, ele sempre existiu, porque o plano de Deus também sempre existiu. Ele ficou claro e transparente quando Jesus encarnou, viveu, morreu e ressuscitou. Quem adere a Cristo, aceita-o e opta por ele, escreve ou mantém o seu nome no livro; quem o rejeita, fica sem o seu nome no livro. Vale ressaltar bem que é o livro do Cordeiro imolado, ou seja, não é um livro só de glórias e sucessos, pois também contém sofrimentos e de glórias, como foi a vida de Jesus Cristo.

Isso significa que o destino apresentado em Apocalipse 13,8 é determinado por Deus e vai acontecer conosco realmente? Não! Destino é o lugar de chegada que nós escolhemos. Assim, por exemplo, quando vamos a uma agência de viagens comprar uma passagem, informamos para onde queremos ir. Mas não é só isso. Vamos supor que o destino seja Brasília. Para ir até lá, só há uma direção. Podemos escolher várias alternativas, mas não teremos sucesso ou retardaremos a chegada se desviarmos o rumo. Assim, somos livres para escolher nossa meta. No entanto, ao escolher Brasília, escolhemos também o pacote de todas as dificuldades de uma viagem para chegar até lá. Da mesma forma, se escolhemos Jesus Cristo, escreveremos nosso nome no livro da vida do Cordeiro e nosso caminho será igual ou parecido com o dele.

5.3.5 Os 144 mil assinalados

Diante de tamanha crueldade, o sofrimento se multiplicou. Houve quem renunciou à fé, mas houve quem perseverou até a morte por causa dela. Outros não chegaram a ser assassinados, mas ficaram profundamente marcados pela opressão. João diz que a liderança do Cordeiro prevaleceu sobre a propaganda da besta. É disso que trata o capítulo 14 do Apocalipse. Focados em Deus e em seu Reino e liderados por Cristo, o Cordeiro, prevalecem e permanecem para sempre. O número de assinalados é simbólico, representa uma estrondosa vitória de Deus sobre a pretensão de divindade do império e do imperador. Por isso, cantam vitória lembrando que os hebreus, quando atravessaram o Mar Vermelho, sentindo-se definitivamente livres das garras do Egito e do faraó, também cantaram a libertação (Ex 15,1-18). O trono que apareceu no céu do capítulo 4 é o que permanece. Diante dele, estão os assinalados do capítulo 7 (Ap 7,2-8). Muito antes da besta impor um número como sinal, os servos fiéis foram marcados, na fronte, com o selo do Deus vivo (Ap 7,2-3).

Conforme Mesters e Orofino (2013), é oportuno comparar o Cordeiro do capítulo 14 com as bestas do capítulo 13:

- O Cordeiro vem do mundo lá de cima, está diante do Trono no céu (Ap 14,1.3); a besta vem do abismo, do fundo do mar (Ap 13,1).
- Os 144 mil são marcados com o nome de Deus e do Cordeiro (Ap 14,1); todos, pequenos e grandes, são marcados com o número da besta (Ap 13,17).
- O canto de vitória louva Deus (Ap 14,2-3); a besta pratica insolência e blasfema contra Deus (Ap 13,5).
- Os que seguem o Cordeiro não se contaminam (Ap 14,4-5); os seduzidos adoram a besta (Ap 13,7-8.12.14).
- O poder de Deus entregue ao Cordeiro resgata e liberta o povo (Ap 14,3); o poder do dragão entregue à besta seduz e escraviza a humanidade (Ap 13,2.8.14).
- A verdade de Deus rejeita a mentira do império (Ap 14,5); a mentira do império rejeita a verdade de Deus (Ap 13,11-15).

5.4 A liderança do Cordeiro

Foi assim que João Batista falou de Jesus: "Eis o Cordeiro de Deus" (João 1,36), atualizando, desse modo, a profecia do canto do Servo Sofredor de Isaías (Is 53,7). Isso lembra o cordeiro da páscoa do êxodo, cujo sangue liberta (Ex 12,1-7). O Cordeiro do Apocalipse está no meio do trono, o mesmo que é visto por João ao subir, obedecendo à convocação da voz (Ap 4,1-2). O cordeiro está de pé, que significa vivo, ressuscitado, mas traz os sinais da imolação, as marcas da morte, porém não está mais sob o domínio dela (Ap 5,6). No entanto, não é só isso que o caracteriza: ele tem sete chifres e sete olhos, dos quais o autor mesmo se encarrega de explicar o significado (Ap 5,7).

5.4.1 No meio do trono (Ap 5,6)

Na simplicidade e na mansidão, o Cordeiro lidera o movimento de anulação do reino (império), atuando na implantação dos desígnios de Deus[6]. O Cordeiro é a pessoa autorizada e digna que foi encontrada para revelar os segredos de Deus. Ele faz parte da história dos homens, pois é conhecido como *leão da tribo de Judá* e como *raiz de Jessé* (Ap 5,5; cf. 1Sm 16,1-13; Is 11,1), isso significa que ele estava na origem e na força do povo de Israel, que é conhecido como *povo de Deus*. Ele faz parte do mundo de Deus, pois já venceu todos os obstáculos e está exatamente no meio do trono (Ap 5,6). Faz parte também da história de Deus no meio dos homens e da história dos homens caminhando com Deus. Como é que sabemos disso? Pelo que está dito em Apocalipse 5,6. Esse cordeiro é Jesus Cristo.

Por que Jesus Cristo se apresenta desse jeito?

Para ligar-se com a libertação do povo do Egito, que Deus realizou por meio de seu servo Moisés. O libertador agora é um cordeiro, que está de pé, mas traz as marcas da imolação. No Livro do Êxodo (12,21-36), o sangue do cordeiro da páscoa, colocado nas portas das casas dos hebreus, livrou da morte seus filhos primogênitos e os primeiros animais nascidos de cada fêmea. Segundo Hebreus 11,28, isso foi feito pela fé que conduz a Jesus Cristo, cujo sangue derramado garante uma nova e eterna Aliança (Hb 9,15-22). João (1,29.36) diz que Jesus é "o Cordeiro de Deus, que tira o pecado do mundo". Ora, o cordeiro tem

---

[6] A partir do capítulo 5, o Cordeiro aparece como um fio que costura todo o livro, sendo citado mais de 30 vezes (Ap 5,6.8.12.13; 6,1.16; 7,9.10.14.17; 8,1; 12,11; 13,8; 14,1.4.4.10; 15,3; 17,14; 19,7.9; 21,9.9.14.22.23.27; 22,1.3).

de estar degolado para oferecer o sangue (vida) e com ele garantir a seu povo a libertação da morte. O cordeiro degolado significa Jesus crucificado, mas o cordeiro de pé significa Jesus ressuscitado.

Estar no meio do trono de Deus significa participar da plenitude do poder e da glória dele. Esse cordeiro tem sete chifres e sete olhos, que significam toda a força e toda a visão. Por isso, diz-se que Cristo é todo-poderoso, todo sábio e está em todo lugar. Para dizer a mesma coisa, em latim usamos, respectivamente, os seguintes termos: *onipotente*, *onisciente* e *onipresente*.

5.4.2 Abrindo o livro

Só o Cordeiro tem poder para tirar os selos e abrir o livro. Só por meio de Jesus Cristo, morto e ressuscitado, foi e continua possível entender tudo o que Deus quis dizer e disse por meio da revelação escriturística.

É por isso que os quatros animais e os 24 anciãos prestam toda reverência e adoração ao Cordeiro e entoam para ele um canto novo. É o canto da vitória, da libertação e da redenção de toda humanidade. A eles se juntam multidões de anjos e homens para louvar o Cordeiro-Cristo. Desse modo, João está dizendo que a solução de todos os problemas, a revelação de todos os mistérios, a libertação de todas as prisões e a superação da morte estão no caminho de Jesus Cristo encarnado, morto e ressuscitado. É preciso pôr-se nesse caminho. Tudo o que deve acontecer de agora em diante não espanta mais, porque Jesus Cristo já o revelou e, assim, as pessoas podem estar preparadas – nunca serão surpreendidas, a menos que durmam.

O Cordeiro apresenta-se para receber o livro selado. Só ele tem condições para abrir os selos, exatamente pela ação realizada na história (Ap 5,5). Tudo o que rodeia o trono se prepara para exercitar a saudação cultual em reconhecimento à ação reveladora, em parte já realizada, em parte ainda por se realizar. O que já fez garante o que poderá ser feito. O Cordeiro foi morto, derramou seu próprio sangue, resgatando para Deus homens de todas as tribos, línguas, povos e nações (Ap 5,8-9).

5.4.3 Reação à atitude do Cordeiro

A liderança do Cordeiro é reconhecida inicialmente por aqueles que estão mais próximos do trono, em cujo centro ele se encontra. Primeiro os quatro seres vivos, depois os 24 anciãos (Ap 5,8) prostram-se diante dele, oferecem-lhe incenso e cantam sua dignidade (Ap 5,9). O reconhecimento amplia-se com a adesão de milhões de milhões e milhares de milhares de anjos que circundavam o trono e os seres vivos (Ap 5,11). A adesão continua se estendendo até atingir todas as criaturas, no céu, na terra e debaixo da terra, onde o cântico se estende à totalidade: "Àquele que está sentado no trono e ao Cordeiro" (Ap 5,13).

O Cordeiro então começa a abrir os selos, um a um (Ap 6,1). Os quatro primeiros trazem quatro cavalos com seus respectivos cavaleiros, bem caracterizados, mostrando a atividade que cada um realiza na terra, no presente momento da história. No quinto selo, acontece a passagem para outro nível, a dimensão transcendente (Ap 5,9-10). Aqui podemos ver os que já deram a vida pela causa do Reino de Deus; assassinados, continuam vivos juntos do Cordeiro.

Na abertura do sexto selo, há um reconhecimento, por parte dos ímpios, de que nenhuma realidade criada pode persistir diante do Cordeiro muito menos a impiedade deles (Ap 5,15-17). A liderança do Cordeiro se completa quando desmascara as forças adversas que acabam por reconhecer a própria incapacidade e impotência diante dele (Ap 6,16-17).

Por sua vez, os que foram injustiçados reconhecem no Cordeiro a realização da justiça divina (Ap 7,9-10). Eles, os justificados, são uma multidão incontável. Não há comparação entre o número de ímpios e o número de fiéis. O autor mesmo explica que essa multidão seguiu e trilhou o mesmo caminho do Cordeiro: "Estes são os que vêm da grande tribulação: lavaram suas vestes e alvejaram-nas no sangue do Cordeiro" (Ap 7,14). Isso explica porque ele está no meio do trono (Ap 7,17).

5.4.4 Aprofundando o mistério

O Cordeiro agora começa a revelar as últimas coisas. Os que o seguem são vitoriosos porque acompanham o vencedor capaz de dar sua vida e derramar seu sangue por seus liderados e também pelo empenho pessoal de cada um na adesão a ele (Ap 12,11). O Cordeiro abre o livro que tomou das mãos do que estava sentado no trono (Ap 5,7-8) e constata que nem todos os nomes das criaturas humanas estão assegurados dentro dele (Ap 13,8). Os que aderiram às forças da mentira não se abrem à liderança do Cordeiro, querem é fugir dele. No lugar de conversão, escolhem a imitação (Ap 13,11). Criam seu próprio líder à imagem do Cordeiro, mas é bestinha. A imitação não tem força, é apenas uma representação, sem poder de criação ou de transformação. A imitação é a mãe da idolatria.

No entanto, os fiéis seguidores do Cordeiro não se deixam envolver pela mentira nem se entregam ao adultério (Ap 14,1-4). Isso lhes garante a vitória, mesmo em situações muito desafiadoras. Eles estão, desde já – e estarão para sempre –, de pé, sobre o monte Sião, e cantarão como cantaram os que atravessaram o Mar Vermelho (Ex 15,1-18). Assim acontece com os seguidores do Cordeiro (Ap 15,3-4).

5.4.5 O modo de liderar

A liderança do Cordeiro não se impõe pela força. Ninguém – nenhuma criatura – está obrigada a submeter-se a seu domínio. O Cordeiro não faz guerra contra os que o rejeitam. Mesmo atacado, não se defende com violência. É Senhor dos senhores e Rei dos reis (Ap 17,14). Sua estratégia é a da aliança na pureza, na justiça e na verdade. A festa da vitória é uma festa de núpcias na qual seus seguidores e suas seguidoras chegam a uma condição provada, de aliança definitiva, que perdura desde os séculos para a toda a eternidade (Ap 19,7.9). A veste condizente com tão sublime acontecimento é tecida com os fios das obras de justiça que cada um realizou ao longo de sua própria vida. Nos últimos dois capítulos do Apocalipse, há a descrição da "Esposa do Cordeiro" que veremos em seguida, a qual sintetiza toda a nova realidade: "um céu novo e uma nova terra" (Ap 21,1).

O Cordeiro não lidera para a guerra contra o império, mas para a fidelidade a Deus. As forças e as energias não são desperdiçadas para atacar os maus. Isso não traz futuro algum. Elas são usadas para perseverar na fidelidade, alimentar a fé e exercitar a caridade. É um grande investimento interior para poder amar, inclusive os que o perseguem. A fidelidade dos cristãos não está condicionada pelas adversidades do ambiente, mas pela adesão e pela confiança no amor de Deus. Assim, eles perseveram e vencem, pois seguem os ensinamentos de Jesus: "**seguem** o Cordeiro, onde quer que ele vá" (Ap 14,4, grifo do original). Não se deixam iludir pelas atrações do sistema imperial: "não se contaminaram com mulheres: são virgens" (Ap 14,4). Fizeram uma opção e se mantêm firmes nela e trazem "escrito sobre a fronte o nome dele e de seu Pai" (Ap 14,1). Além disso, "Na **sua boca jamais foi encontrada mentira**: são íntegros" (Ap 14,5, grifo do original).

5.4.6 As núpcias do Cordeiro

"Felizes aqueles que foram convidados para o banquete das núpcias do Cordeiro!" (Ap 19,9). Essa bem-aventurança, que é única em toda a Bíblia, encontra-se exatamente no centro do conjunto das sete bem-aventuranças do Apocalipse, distribuídas ao longo de todo o livro[7]. A bem-aventurança é precedida de uma exultação e de uma exaltação coletiva dirigida a Deus:

> Aleluia! Porque o Senhor, Deus todo-poderoso passou a reinar! Alegremo-nos e exultemos, demos glória a Deus, porque estão para realizar-se as núpcias do Cordeiro, e sua esposa está pronta: concederam-lhe vestir-se com linho puro resplandecente – pois o linho representa a conduta justa dos santos. (Ap 19,6-8)

As núpcias do Cordeiro tecem, no Apocalipse, um consistente fio condutor, especialmente na preparação da esposa, que é, por sua vez, um caminho de duas mãos. Por um lado, o Cordeiro atua em favor da esposa e a capacita. Por outro, a esposa lhe corresponde na alegria e na tristeza, na dor e no júbilo com fidelidade, generosidade e entrega total. A convergência entre a oferta do dom por ele e a acolhida por ela leva a selar a aliança e a gestar uma condição de fidelidade e felicidade absolutamente novas, que nem ele nem ela podem fazer sozinhos.

Esposo e esposa

O Cordeiro traz as marcas do sofrimento, que provam sua vitória. Tendo sido degolado, permanece de pé (Ap 5,6). Ele é o único capaz de desvendar os mistérios da história presente e futura (Ap 5,6-13). A ele, todos os seres no céu, na terra e debaixo da terra prestam culto, mas os infiéis procuram dele fugir (Ap 6,16). É o Cordeiro que acolhe a esposa,

---

[7] As três primeiras encontram uma correspondência nas três últimas, mas a quarta é única. A primeira (1,3), a palavra escrita, corresponde à sexta (22,7); a segunda (14,13), a morte, corresponde à quinta (20,6); a terceira (16,15), que fala das vestes, corresponde à sétima (22,14).

isto é, a multidão incontável dos que trajam vestes brancas e trazem palmas nas mãos (Ap 7,9-10). No entanto, a esposa fez a parte dela: a multidão-esposa passou pela grande tribulação, lavou suas vestes e as alvejou no sangue do Cordeiro (Ap 7,14). Este, por sua vez, as apascentará e as conduzirá às fontes das águas da vida (Ap 7,17). Depois de uma longa caminhada de encontros e desencontros e embates com situações adversas, de experimentar e não completar a comunhão, o autor nos convida à exultação (cf. Ap 19,7-8). É chegado o momento, a meta foi atingida, vamos ao banquete.

5.4.7 O banquete de núpcias

É importante destacar que este não é um banquete qualquer, mas um banquete de núpcias, de aliança, por isso mesmo, grávido de futuro. Nele, não somos só convidados ou comensais, somos esposa, protagonistas do enlace nupcial. O foco do banquete de núpcias não está na mesa e nos alimentos, mas no enlace, na união. É por causa dela e em atenção a ela que se faz o banquete. O motivo principal não é comer, mas estabelecer e celebrar a aliança, na qual algo novo, que nenhuma das partes sozinha tem condição de realizar, acontece. Eis aí um importante desafio a ser trabalhado.

Os primeiros dez versículos do capítulo 19 fazem a ligação entre o que aconteceu e futuro. Há, de fato, uma grande celebração pelos feitos de Deus que levam ao triunfo da verdade e, por consequência, dão fim à mentira. Essa celebração é desenvolvida por uma série de louvores:

- Inicia-se com o Aleluia ("louvai Javé!") da multidão celeste (Ap 19,1);
- É repetida por essa mesma multidão (Ap 19,3);
- Continua no Aleluia dos 24 anciãos (Ap 19,4);
- É reforçada pela voz que sai do trono (Ap 19,5);

- É levada avante por uma multidão não localizada (Ap 19,6);
- Acentua-se com uma convocação geral: "Alegremo-nos e exultemos, demos glória a Deus" (Ap 19,7);
- É selada pela ordem do anjo: "'Escreve[8]: felizes aqueles que foram convidados para o banquete das núpcias do Cordeiro'. E acrescentou: 'Estas são as verdadeiras palavras de Deus'".

Eis o ápice da proclamação. O momento das núpcias é chegado. Isso expressa o novo que está acontecendo e que tomará conta de toda a criação. "Eis que eu faço novas todas as coisas" (Ap 21,5). Escrever é publicar, desvelar, registrar na história. Já não se trata de uma expectativa, mas de um acontecimento. O novo está aí, tudo será envolvido por ele.

As núpcias do Cordeiro caracterizam a celebração final, a colocação do selo da aliança entre o Cordeiro (Cristo) e a esposa (Igreja-povo de Deus). À esposa é permitido[9], por Deus, vestir-se de linho puro e resplandecente, aqui descritos como as obras justas dos santos (Ap 19,8), o que lhe dá condição de selar a aliança. O fato de Deus permitir, expressa a soberania dele, pois ele é Senhor, mas evidencia também a busca que ela faz.

Segundo os profetas (Is 54,6; Os 2; Ez 16,1-14), Javé é comparado a um marido que se uniu a Israel e espera deste, como se espera de uma esposa, a fidelidade, e oferece a ela a felicidade. Isso nos remete sempre para a Aliança pela qual Deus se ligou ao seu povo. O fato de essa Aliança permanecer atual não deve fazer perder de vista que ela foi

---

8 A ordem de *escrever* (no imperativo) aparece 12 vezes no Apocalipse (Ap 1,11.19; 2,1.8.12.18; 3,1.7.14), sendo duas vezes em bem-aventuranças: "Escreve: felizes os mortos, os que desde agora morrem no Senhor!" (14,13) e "Escreve: felizes aqueles que foram convidados para ao banquete das núpcias do Cordeiro!" (19,9); conclui com a ordem de escrever o grande anúncio: "Eis que eu faço novas todas as coisas!" (21,5). Só uma vez aparece o imperativo proibindo escrever (10,4).

9 É importante explicitar que *edóthé* enuncia uma ação autorizada, permitida, portanto, a expressão *foi-lhe dado vestir* não implica de modo algum que a veste seja passivamente recebida por pessoas alheias a sua realização, pelo contrário, Deus permite que a vistam aquelas pessoas que fizeram por merecer.

contraída no passado (Prigent, 1993). O Salmo 45 (1-10 ele e 11-18 ela), porém, nos convida a ver ampliada essa relação nupcial não só como ponto de partida, mas também em termos de realização da meta de Deus, ponto de chegada.

5.4.8 Condição para as núpcias

As núpcias são para pessoas provadas, que não temem o sofrimento e os reveses da vida, que saíram de si e que são capazes de se oferecer, doar-se e abrir-se para outros e outras. As núpcias são o coroamento de uma relação comprovada diante das vicissitudes e de peripécias do dia a dia. No entanto, o Cordeiro é paciente, mais do que isso: ele se dá em favor dos que o seguem para capacitá-los ao seguimento, à continuidade, à fidelidade e à felicidade, até à plenitude. A capacitação se dá em um misto de poesia e cirurgia, de dor e alegria, sempre em vista de algo maior, mais profundo e mais pleno. Algo que só é possível acontecer na aliança. O Cordeiro capacita a esposa para as núpcias e a esposa lhe corresponde assumindo o caráter de ressuscitada, plenificada. O dom de Deus é acolhido e trabalhado nela de modo que ela se transforme na dádiva que recebeu. Isso custa suor, dor, sangue e lágrimas, exige paciência na tribulação, perseverança na missão e alegria na busca da meta (cf. Rm 12,12).

A esposa, segundo o Apocalipse, é a cidade santa que só estará pronta quando surgirem um novo céu e uma nova terra (Ap 21,1-3). Então, não haverá mais infidelidade, pecado ou ruína. Essa vestimenta foi concebida, desenhada e costurada ao longo da história, no árduo confronto com as falsas propostas e ofertas do mundo que se caracterizam por outros tipos de vestimentas, com outros tecidos, linhas, costuras e cores, especificamente para isso. Como é, por exemplo, o caso da grande prostituta que veste púrpura e escarlate, resplandecente de ouro, pedras preciosas e pérolas (Ap 17,3-5). Daí a importância das vestes, do material que as constituem e de suas cores.

A veste branca

Na igreja de Sardes, há pessoas que não mancharam suas vestes (Ap 3,4-5). Elas acompanharão o revelador, vestidas de branco, pois o branco significa dignidade para acompanhar o revelador. A veste branca é uma imagem tão frequente nos escritos de todos os tempos e em contextos tão variados[10], que não é fácil escolher o que determina nosso autor. Estendendo um olhar a outros empregos da imagem no livro e em textos congêneres, vemos que a cor branca e, particularmente, as vestes brancas, tem uma ligação privilegiada com a apocalíptica.

A veste branca é qualificada como veste celeste, de glória, de luz, de vida e de honra. A imagem simboliza, então, o caráter sobrenatural, celestial e angélico conferido a homens, seja porque uma experiência privilegiada os transporta ao céu, seja porque a promessa dessa transfiguração visa ao futuro deles. A veste branca designa, então, a realidade última da eleição (Prigent, 1993).

Elencamos a seguir oito situações ao longo do Apocalipse nas quais os vencedores estão ou estarão vestidos de branco: na Igreja de Sardes (Ap 3,4-5); na igreja de Laodiceia (Ap 3,18); com os 24 anciãos (Ap 4,4); com os imolados por causa da palavra de Deus e do testemunho (Ap 6,11); com a multidão que vem depois dos 144 mil assinalados (Ap 7,9); com os que vêm da grande tribulação (Ap 7,13-14); com aquele que vigia e guarda suas vestes (Ap 16,15) – nesse caso não se designa a cor, mas subentende-se que é o branco pela sequência da narrativa –; e por ocasião das núpcias (Ap 19,8).

---

10 Pode ser veste de sacerdotes ou de celebrações de pureza ritual, vitória, alegria, poder etc.

5.5 O novo céu e a nova terra (Ap 21,1-8)

O judaísmo tardio tem trabalhado, com certa frequência, o tema do mundo novo, às vezes tratando-o como uma *renovação*, às vezes, como uma *purificação* (Hen 45,4-5; Jub 23,18), outras vezes falando de *algo realmente novo*, numa ruptura total com o mundo presente (Sib 5,476ss). O texto em análise pertence a esta última corrente e não somente ele, pois já antes temos o desaparecimento do céu e da terra contaminados (Ap 20,11). É certo que a corrupção e o vício do pecado não permanecem. Não importa tanto o autor descrever como será o novo, mas ele afirmar que o mundo será totalmente novo. Não se trata de anunciar uma sucessão de etapas com precisão de coisas e tempos. O desaparecimento do mar mostra somente que o elemento mais temível da Criação não tem mais lugar no quadro da nova vida. Acabaram: a ameaça, o medo, a morte e tudo o que se associa ao prejuízo das criaturas e da Criação (Ap 20,7-15).

O profeta Isaías comparou a salvação com a qual Deus revestiu o homem ao adorno de uma esposa[11]: "Transbordo de alegria em Iahweh, a minha alma se regozija no meu Deus, porque ele me vestiu com vestes de salvação, cobriu-me com um manto de justiça, como um noivo que se adorna com um diadema, como uma noiva que se enfeita com as suas joias" (Is 61,10). As primeiras coisas, agora chamadas de *antigas*, já passaram. "Não fiqueis a lembrar coisas passadas, não vos preocupeis com acontecimentos antigos. Eis que vou fazer uma coisa nova, ela já vem despontando: não a percebeis?" (Is 43,18-19).

---

11 *Nynfe*: termo grego que designa tanto a noiva quanto a jovem casada e aparece em Apocalipse 21,2.9; 19,7.

O apóstolo Paulo, por sua vez, diz: "Se alguém está em Cristo, é nova criatura. Passaram-se as coisas antigas; eis que se fez uma realidade nova" (2Cor 5,17). O que Paulo fala do indivíduo, o Apocalipse fala do mundo. Um excelente paralelo com Apocalipse 21,4-5. A ação escatológica já começou e podemos vê-la, experimentá-la, pois ela está ao alcance da mão.

5.5.1 Uma promessa em construção

Em Isaías, Deus diz que vai fazer uma novidade e em que ela consiste: "Com efeito, estabelecerei um caminho no deserto, e rios em lugares ermos. Os animais selvagens me honrarão, sim, os chacais e os avestruzes, porque fiz jorrar água no deserto, e rios nos lugares ermos, a fim de dar de beber ao meu povo, o meu eleito" (Is 43,19-20). Mais tarde, Deus afirma: "Com efeito, vou criar novos céus e nova terra; as coisas de outrora não serão lembradas, nem tornarão a vir ao coração. [...]. Nela não se tornará a ouvir choro nem lamentação (Is 65, 17.19; cf. Is 65,17-25).

No Apocalipse, ele está fazendo o que lá prometeu: novo céu e nova terra é "a tenda de Deus com os homens" (Ap 21,3), onde Deus habita com os homens e estes se fazem povo de Deus. O evangelista João já nos colocou no caminho, ao nos anunciar: "E o Verbo se fez carne, e habitou entre nós; e nós vimos a sua glória" (Jo 1,14).

O novo céu e a nova terra acontecem por meio de uma aliança esponsal. No momento em que a noiva está pronta para se tornar esposa, para o enlace nupcial (Ap 19,6-9). Isso acontece quando os seres criados por Deus se entregam totalmente a ele, a começar pela humanidade.

Velho é o que nos atrapalha ser tudo o que Deus nos possibilitou ser; *novo* é o que a conseguimos viver quando nos lançamos no infinito de

Deus. O futuro nasce de dentro de nós quando o mistério toma corpo em nossa história, construindo uma realidade fecunda, criativa e duradoura. É para essa direção que somos chamados a caminhar.

5.5.2 Fazer novo

Notemos que não se trata de fazer de novo nem de recriar nem de restaurar, mas de fazer acontecer algo inédito, inovar. Essa talvez seja a parte mais difícil de aprender. Nossa experiência prática é de que, ao longo do tempo, tudo fica velho, mas os autores de Isaías (65) e de Apocalipse (21) nos fazem ver outra dimensão. À medida que o tempo passa, surge, nasce, algo totalmente novo e bom. O mundo novo é, de fato, o tema central desse texto. Isaías diz: "Com efeito, vou criar novos céus e nova terra; as coisas de outrora não serão lembradas, nem tornarão a vir ao coração. (Is 65, 17.19); Apocalipse diz: "o primeiro céu e a primeira terra se foram, e o mar já não mais existe" (Ap 21,1).

A dificuldade de entender e de se engajar na dinâmica do novo de Deus mostra o conflito entre Jesus e seus discípulos já nos dias da ascensão: "Senhor, é agora o tempo em que irás restaurar a realeza em Israel?" (At 1,6). Os discípulos têm necessidade de modelos, dependem deles. No entanto, Jesus não precisa disso, ele apresenta algo totalmente novo desde dentro de si mesmo. A pergunta que os discípulos lhe fazem nem merece resposta. O Evangelho, na verdade, é a novidade que a saudade do antigo não deixa ver. A missão de Jesus não é restaurar, mas inovar. Quem cria não precisa de modelo. Quem assume Jesus torna-se fecundo na dimensão da plenitude.

Os primeiros escritores cristãos tinham a forte consciência de viver, desde já, uma realidade nova em meio às coisas antigas: "Mas a Jerusalém do alto é livre, e esta é a nossa mãe" (Gl 4,26); "Mas vós vos aproximastes do monte Sião e da Cidade do Deus vivo, a Jerusalém celestial, e de milhões de anjos reunidos em festa" (Hb 12,22); "Ora, nós é que somos o templo do Deus vivo, como disse o próprio Deus: Em meio a eles habitarei e caminharei, serei o seu Deus, e eles serão o meu povo" (2Cor 6,16). Eles têm certeza de pertencer a uma cidade que não foi feita por mãos humanas.

Enfim, trata-se da visão do novo céu e da nova terra oferecida pelo anjo (Ap 21,9-22,5). É uma cidade, mas é uma mulher, a esposa do Cordeiro, é a Jerusalém que desce do céu. Um dos sete anjos reveladores mostrou a grande prostituta, que é uma mulher-cidade no capítulo 17. Agora, novamente um dos sete anjos reveladores mostra a esposa do Cordeiro, que é uma mulher-cidade no capítulo 21. Se a prostituta é a cidade de Roma, Jerusalém também não pode ser a fiel, por isso é apresentada a Nova Jerusalém. Nada se compara à esposa, a nova Jerusalém. Ela está envolvida pela glória do próprio Deus (Ap 21,11).

Outra significativa observação é que as pedras preciosas constituem o fundamento das muralhas da cidade. Nas construções humanas, nunca alguém vai colocar o maravilhoso escondido, mas no novo céu e na nova terra, o mais precioso está na base, no fundamento. Isso nos confunde, pois precioso é o que permanece, o que tem base coerente, o que é consistente.

Precioso não é o que só brilha, mas o que nunca se apaga. Isso nos leva a perguntar o que fundamenta e o que sustenta nossa vida. O que dá consistência às nossas famílias e comunidades? Como tratamos e cultivamos as nossas relações, que valor damos e que tipo de aliança fazemos?

5.5.3 A glória

À gloria de Deus (Ap 21,23), que toma a cidade (Ap 21,11), junta-se a glória das nações (Ap 21,26). A glória é a manifestação da presença de Deus (Ap 21,11). O tema *glória* se desenvolve no Apocalipse (Ap 1,6), relacionado ao povo, e se repete bem 19 vezes[12] no texto, com uma expressiva concentração no capítulo 21 (Ap 21,11.23.24.26). A glória é uma expressão de culto, reconhecimento do senhorio de Deus, mas é também uma vocação, um modo de vida.

O trono de Deus e do Cordeiro está na cidade (Ap 22,3-4). Ele reina nela e ela está selada por ele. Novamente, a iluminação. Se Deus reina em nós, reinará em tudo o que nos diz respeito. Habitados e tomados por Deus, seremos a cidade dele.

Síntese

Neste capítulo, vimos que o contexto em que foi escrito o Apocalipse era de sofrimento e perseguição. Nesse sentido, a fidelidade a Cristo tinha um preço significativo a ser pago. Além das dificuldades na Judeia e na Ásia Menor, a perseguição iniciada em Roma por Nero nos anos de 64 a 68 e retomada por Domiciano nos anos de 81 a 96 atingiu o império todo. Porém, não terminou aí. A história registra ainda as perseguições dos imperadores Trajano (98-117) e Adriano (117-138), que chegaram a chamar os cristãos de "superstição nova e maléfica".

O Apocalipse pode estar se referindo às duas primeiras perseguições (Ap 2,3; 2,10; 2,13). Contudo ele apresenta uma proposta clara de fidelidade a Cristo e resistência aos perseguidores. Aqueles que perseveravam na fé morriam assassinados; outros eram condenados e serviam de atração nos jogos do circo; alguns eram crucificados; e havia

---

12 Ap 1,6; 4,9.11; 5,12.13; 7,12; 11,13; 14,7; 15,8; 16,9; 18,1.7; 19,1.7; 21,11.23.24.26.

os que eram ainda exilados ou enviados ao trabalho forçado nas minas, como parece ser o caso, inclusive de João, o autor do Apocalipse.

As figuras e as ações dos cavalos, do dragão, das bestas e da mulher prostituta estão aí indicando a crueldade imposta aos que ousassem desobedecer às ordens do império não só no sentido político, mas também – e especialmente – no religioso. As atitudes das duas testemunhas do capítulo 11 bem como da mulher vestida de sol indicam aos cristãos a alternativa que deveria ser seguida.

A perseverança dos discípulos seguiu as pegadas e a liderança do Cordeiro. Fiéis seguidores dele, não se deixaram envolver pela mentira nem se entregaram ao adultério. Isso lhes garantiu a vitória, mesmo em situações muito desafiadoras. Eles estavam e estarão para sempre de pé sobre o monte Sião (Ap 14,1-4).

A liderança do Cordeiro não se impõe pela força. Ninguém, nenhuma criatura está obrigada a submeter-se a seu domínio. Sua estratégia é a da aliança na pureza, na justiça e na verdade. O Cordeiro não lidera para a guerra contra o império, mas para a fidelidade ao Deus revelado por Cristo e em Cristo. As forças e as energias não são desperdiçadas para atacar os que se posicionam contra, mas usadas para perseverar na fidelidade, alimentar a fé e exercitar a caridade.

A fidelidade dos cristãos não está condicionada pelas adversidades do ambiente, mas pela adesão e confiança no amor de Deus. Assim, eles perseveram e vencem. Seguem os ensinamentos de Jesus. "Estes **seguem** o Cordeiro, onde quer que ele vá" (Ap 14,4, grifo do original); e trazem "sobre a fronte [escrito] o nome dele e o nome de seu Pai" (Ap 14,1). Perseveram na tribulação e ganham a salvação.

Isso lhes garante participar do banquete das núpcias do Cordeiro (Ap 19,9), bem como habitar o novo céu e a nova terra (Ap 21,1-7).

Atividades de autoavaliação

1. A política do Império Romano consistia:
   a) na busca de prosperidade para o mundo.
   b) na imposição de suas divindades e leis.
   c) no alargamento do seu domínio e na busca de riqueza com uma proposta de paz para os povos submissos.
   d) na busca de grandeza e no reconhecimento divino dos imperadores.

2. As figuras do dragão (Ap 12), das duas bestas (Ap 13) e da mulher prostituta (Ap 17) são:
   a) uma crítica do autor à pretensão de poder do imperador romano e do sistema por ele implantado.
   b) um alerta às comunidades cristãs para permanecerem fiéis a Cristo e não se deixarem levar pela sedução do império e de Roma.
   c) uma visão antecipada do fim dos tempos.
   d) uma revelação para os nossos dias.

3. Quem é o Cordeiro do Apocalipse e qual é sua missão?
   a) É Jesus Cristo, revelador da história e salvador da humanidade.
   b) É o cordeiro da celebração pascal no Egito, cujo sangue impediu a entrada do anjo da morte.
   c) É o cordeiro de Deus que tira o pecado do mundo.
   d) É uma importante criação do autor do Apocalipse.

4. O traço que caracteriza o novo céu e a nova terra de forma mais completa é:
   a) o desaparecimento do mundo antigo: da lágrima, da morte, do luto, do clamor e do sofrimento.

- b) o prevalecimento do brilho da glória do próprio Deus, em que não se depende mais de outra luz que não seja a dele.
- c) um mundo de paz e tranquilidade.
- d) uma novidade que nenhuma criatura pode imaginar.

5. O que simboliza a mulher do capítulo 12 do Apocalipse?
   - a) A vida, a humanidade, o povo de Deus, as comunidades perseguidas.
   - b) Maria, a mãe de Jesus.
   - c) Tudo o que faz viver e ajuda viver, permanece fiel à vida.
   - d) A igreja, a comunidade cristã, e Maria, a mãe de Jesus.

Atividades de aprendizagem

Questões para reflexão

1. No Capítulo 4, mencionamos o paralelismo entre duas cidades-mulheres: Babilônia-Roma, a grande prostituta (Ap 17,1-28); e Nova Jerusalém, a esposa enfeitada para o enlace (Ap 21,9-27). Na Seção 5.3.1, "A mulher", analisamos mais profundamente essas duas figuras femininas. Tendo isso em vista, explique as diferenças entre essas duas mulheres e o que mais elas representam no Livro do Apocalipse.

Atividade aplicada: prática

1. Faça um quadro comparativo entre as ações da mulher e as do dragão do capítulo 12 do Apocalipse. Cada figura simboliza e representa uma realidade que se encontra em tudo, nas pequenas e nas grandes coisas. Com esse quadro comparativo em mãos, aplique-o a alguns confrontos da atualidade – guerras, tráfico de drogas, corrupção etc. – e elabore uma conclusão.

6
Teologia do Evangelho de João

$\mathcal{E}$mbora este capítulo seja dedicado à teologia do quarto evangelho, abordaremos pontos de convergência da teologia dos escritos joaninos, especialmente em relação ao Cordeiro, à Palavra e à vitória sobre o mundo. No que diz respeito ao Evangelho focado no tema do novo mandamento, analisaremos a relação de Jesus com o Pai, de acordo com as passagens em que ele se refere ao Pai, tanto por ocasião do confronto com os judeus quanto por ocasião da formação dos seus discípulos.

Buscaremos também ver mais de perto como Jesus se relaciona com os discípulos, no chamado feito a eles, na formação a eles oferecida e no compromisso de seu envio em missão. Reservamos um destaque para o discipulado de Maria, a mãe de Jesus.

Continuaremos a abordagem tratando da relação de Jesus com o mundo conforme a compreensão joanina. Examinaremos a Páscoa considerando as três referências a ela narradas por João e a colocação delas no caminho de Jesus. Verificaremos, por fim, o sentido específico que João confere ao Espírito Santo quando chama de Paraclito.

A teologia é o discurso sobre Deus. A base do nosso discurso é a narrativa do Evangelho segundo João com uma pequena extensão ao Apocalipse e às cartas joaninas. Conscientes da amplidão da possibilidade de abordagens, detivemo-nos nas relações que Jesus, o Filho de Deus, revela ter com o Pai, bem como sua prática em relação aos discípulos, à multidão e a seus opositores.

6.1 A relação de Jesus com o Pai

Para João, a prioridade da ação de Jesus é fazer a vontade do Pai, e assim acontece porque ele vem do seio do Pai (cf. Jo 1,18) e realiza tudo em sintonia com ele. Dessa forma, Jesus nos possibilita ver, em si mesmo, o Pai (cf. Jo 14,8-10), não como uma pose fotográfica, que é parada, mas como um filme, que é dinâmico.

A comunidade divina

No Evangelho segundo João, Jesus deixa claro que Deus é comunidade e que a relação entre as três pessoas divinas é de amor. O Pai ama o Filho, o Filho ama o Pai; o Pai acompanha e assiste o Filho pelo Espírito; o Filho assiste e acompanha os discípulos pelo Espírito;

o Espírito atua em perfeita conformidade com o Pai e o Filho. Tudo o que sabemos do íntimo de Deus, sabemos porque Jesus nos revelou. Ele contou que em Deus há Pai, Filho e Espírito, em profunda comunhão, comunicação e operação.

Em João, Jesus chama Deus de *Pai* 110 vezes e de *meu Pai* 21 vezes. Jesus ainda se qualifica como *Filho* 15 vezes. Ele é o Filho enviado pelo Pai (Jo 3,16), que dá a vida (Jo 6,40) e exerce o juízo em seu nome (Jo 5,22). Noventa por cento das vezes em que a palavra *Pai* aparece na fala de Jesus ele está se referindo a Deus. Ele nos revela que "O Pai ama o Filho e tudo entregou em sua mão" (Jo 3,35).

Ainda segundo as cartas de João, prevalecem na definição de Deus, especialmente, três conceitos: Deus é luz (1Jo 1,5), Deus é amor (1Jo 4,8.16) e Deus é o verdadeiro (1Jo 5,20).

Jesus é Palavra de Deus

Essa revelação está presente nos três principais escritos da literatura joanina: no começo do evangelho (Jo 1,1-18), no começo da 1ª carta (1 Jo 1,1) e quase no final do Apocalipse (Ap 19,11-13). No início do evangelho, ela é declarada existente antes de tudo. É por ela que tudo passa a existir, mas não é só isso – ela também é luz, por ela todo homem é iluminado e pela obediência a ela vem o poder da filiação divina (Jo 1,4-5). A Palavra é, na realidade, criadora e criatura. Ela toma a forma e assume a condição humana e reside na história.

Segundo o Livro do Gênesis (1,1-2,4), Deus criou tudo pela Palavra: Ele disse *faça-se* e assim foi feito. Na 1ª Carta de João, confirmam-se ou retomam-se os dados do evangelho com uma insistência na materialidade da Palavra de modo que ela nos atinge, que pode ser ouvida, vista, contemplada e tocada (1 Jo 1,1).

No Livro do Apocalipse, a Palavra é vencedora. Ela aparece no céu. Em Apocalipse 4,1, abre-se uma porta no céu; em Apocalipse 11,19, abre-se o templo no céu e aqui; em Apocalipse 19,11, é o próprio céu que se abre. Há um itinerário progressivo na apresentação da vitória. Está claro que ela vem do céu. Também o evangelista João diz que pela encarnação da Palavra a glória nos atingiu pela graça que transbordou sobre nós (Jo 1,14.16).

Temos, portanto, no início do quarto evangelho a revelação da inserção da Palavra resgatadora, na história, com a oferta e a circulação da graça por meio da adesão a ela. Já no Apocalipse, temos a visão esplendorosa e poderosa dessa mesma Palavra que leva ao julgamento final os que foram contumazes em rejeitá-la.

Jesus é o Cordeiro por meio do qual vem o resgate da Criação, especialmente da humanidade. O evangelista nos apresenta a declaração de João Batista. Em João 2,29, João Batista identifica Jesus como o Cordeiro de Deus que tira o pecado do mundo e, no dia seguinte, encaminha dois de seus discípulos para o Cordeiro de Deus (cf. Jo 1,36). Mas o evangelista não para por aí. Ele nos faz ver a ligação com o cordeiro Pascal quando conclui a narrativa do sangue jorrado do corpo de Jesus morto na cruz: "isso aconteceu para que se cumprisse a Escritura: **Nenhum osso lhe será quebrado**" (Jo 19,36, grifo do original). No Apocalipse, o protagonismo do Cordeiro é persistente e, a partir do capítulo 5, perpassa todo o texto. Começa recebendo o livro (Ap 5,6-7), retirando os selos do livro (Ap 6,1.7,12.16), liderando a multidão dos mártires vencedores (Ap 7,9), em que se afirma a vitória pelo seu sangue (Ap 12,11). A liderança vitoriosa se confirma novamente (Ap 14,1-10; 15,3). É nas núpcias do Cordeiro que se revela a bem-aventurança central do livro (Ap 19,7-9). Finalmente, encontramos o Codeiro no novo céu e na nova terra, junto com os que escreverem seus nomes no livro (Ap 21,27).

Jesus vencedor

O evangelista apresenta Jesus consolando e encorajando os discípulos na despedida: "Eu vos disse tais coisas para terdes paz em mim.

No mundo tereis tribulações, mas tende coragem: eu venci o mundo!" (Jo 16,33). Uma realidade que vai se apresentando mais intensamente nos outros escritos. Na 1ª Carta, a afirmação da vitória aparece seis vezes (1Jo 2,13.14; 4,4; 5,4-5), e, no Apocalipse, oito vezes (Ap 3,21; 5.5; 6,2; 11,7; 12,11; 13,7; 17,14).

6.1.1 O Filho com o Pai e a instrução aos discípulos

A relação de Jesus com o Pai pode ser estudada no Evangelho segundo João em três diferentes etapas e contextos, de acordo com os destinatários da revelação. João é prático; segundo ele, Jesus não ensina a relação com o Pai em tese, mas a partir de obras e acontecimentos em relação aos quais as pessoas devem tomar posição.

Na primeira e na segunda etapas, o acento é estabelecido sobre a necessidade de crer, isto é, aderir à revelação do Pai que Jesus está fazendo. Na terceira, relacionada especificamente aos discípulos, prevalece a necessidade de amar. Assim, a adesão de fé leva à prática do amor. Isso caracteriza o discipulado de Jesus: tendo conhecido o Pai em Jesus, creem que ele é o Messias, enviado do Pai e têm vida em seu nome (cf. Jo 20,31).

6.1.2 Primeira etapa: com pessoas ou grupos variados (capítulos 1 a 4)

No prólogo do evangelho, João contrasta a encarnação do Verbo com a rejeição do mundo por ele criado (cf. Jo 1,1-3.11-12). Não obstante essa rejeição, ele manifesta no mundo e na carne a glória de Deus, que é seu Pai. Assim, os que creram e se tornaram discípulos podem afirmar, sem sombras de dúvida, que "E o verbo [palavra] se fez carne e habitou entre nós; e nós vimos a sua glória, a glória que ele tem junto ao Pai como Filho único, cheio de graça e de verdade" (Jo 1,14). Tudo o que podemos saber de Deus, do seu mistério e de sua essência nos é dado por Jesus, que é seu Filho. "Ninguém jamais viu a Deus; o Filho único, que está voltado para o seio do Pai, este o deu a conhecer" (Jo 1,18).

Deus, o Pai de Jesus, não se limita a morar no céu. A ele pertence todo o Universo. Ele leva a sério as intenções humanas. Assume o Templo de Jerusalém erigido para expressar sua glória (1Rs 6,1-9,9). Mas o Filho, ao entrar no Templo, constata que o objetivo apresentado por Salomão está adulterado. Então, depois de uma ação indignada, Jesus diz aos vendedores que estão agindo no Templo: "Tirai tudo isto daqui, não façais da casa de meu Pai uma casa de comércio" (Jo 2,16).

Em seguida, Jesus ensina aos discípulos que ele atua em favor do Pai, assim como o Pai atua nele. Ensina também como é o modo de atuação: "O Pai ama o Filho e tudo entregou em sua mão" (Jo 3,35). Depois, com uma samaritana, mulher que não faz parte do povo eleito, segundo o pensamento dominante entre os judeus, Jesus anuncia: "Crê, mulher, vem a hora em que nem sobre esta montanha nem em Jerusalém adorareis o Pai" (Jo 4,21); "Mas vem a hora – e é agora – em que os verdadeiros adoradores adorarão o Pai em espírito e verdade, pois tais são os adoradores que o Pai procura" (Jo 4,23). Não se trata mais de pai Abraão nem de Jacó (Israel), mas de Deus mesmo. Há uma mudança radical do lugar geográfico para o lugar teológico, bem mais conectado com a humanidade, já anunciado anteriormente (Jo 2,19).

6.1.3 Segunda etapa: o confronto com os judeus (capítulos 5 a 10)

Jesus insiste que veio fazer a vontade do Pai (Jo 6,37-40), continuar a obra Dele (Jo 5,17) e dar a própria vida pela causa do Pai (Jo 10,17-18). O confronto pode ser dividido em três significativas ocasiões.

A **primeira ocasião** acontece em Jerusalém, nas proximidades do Templo, mais precisamente na piscina de Betezda. Ali jazia uma multidão impedida de entrar no Templo por problemas físicos que lhes tornavam impuros e indignos. Jesus escolhe um dentre eles para apresentar a misericórdia de Deus. Depois de curar o paralítico, Jesus é pressionado pelos judeus (autoridades) a se explicar por que cura no dia de sábado (Jo 5,16), pois, com tal ação, está transgredindo o terceiro mandamento de Deus, segundo a Lei dada a Moisés (Ex 20,8-11). Em resposta, Jesus diz: "Meu Pai trabalha até agora e eu também trabalho" (Jo 5,17). Com essa resposta, aumenta a animosidade, pois ela vai contra o entendimento que as autoridades têm do mandamento mosaico do descanso. A obra de Deus é dinâmica, está em contínua evolução. O trabalho é a participação na obra daquele que está sempre criando. Então os judeus procuram matá-lo porque ele não só viola o sábado, mas chama a Deus de seu próprio Pai (cf. Jo 5,18).

Segundo Jesus, trabalhar em favor da vida é fidelidade a Deus, seja o dia e a hora que for. Quem está doente não tem sábado, não tem descanso, porque a doença não dá trégua. Por isso, urgente se faz libertá-lo disso. Jesus, o Filho, cultiva essa fidelidade em favor da humanidade necessitada de vida. Então, declara solenemente: "Em verdade, em verdade vos digo: o Filho, por si mesmo, nada pode fazer, mas só aquilo que vê o Pai fazer" (Jo 5,19a). Jesus pode fazer essa proclamação, pois, entre ele e o Pai, não há mistério ou segredo. O amor revela tudo (cf. Jo 5,20). O poder e a ação do Pai estão presentes no Filho, bem como a autonomia do Pai: "Como o Pai ressuscita os mortos e os faz viver, também o Filho dá a vida a quem quer" (Jo 5,21).

Na verdade, Jesus ordenou ao paralítico que se levantasse e carregasse seu leito e foi prontamente atendido (cf. Jo 5,8-9). A cura de um paralítico é pequena em relação àquilo que Jesus pode realizar (cf. Jo 5,20). Ele está sendo julgado, segundo seus acusadores, não pela obra, mas pelo dia da realização dela e, agora também por chamar a Deus de Pai, querendo se passar por seu Filho e igualar-se a ele (cf. Jo 5,18). Então, Jesus amplia a reflexão sobre o tema do julgamento. O foco das autoridades são as normas, o foco do julgamento de Deus é a vida, não somente a biológica, mas a eterna. O Pai confiou o julgamento ao Filho, mas o Filho só julga conforme o Pai, realizando unicamente a vontade dele, por isso, é justo. Ele está isento de segundas intenções (cf. Jo 5,21-23.26.30).

Não é de hoje que as autoridades investigam os sinais da presença do Messias. Elas ouviram a verdade de João Batista, que testemunhou a verdade, mas elas não compreenderam; ora, em Cristo está a verdade em pessoa. O testemunho é dado pelas obras que o Pai lhe deu a fazer (cf. Jo 5,36-37). O julgamento não acontece por coação, pressão ou imposição, mas por rejeição da oferta apresentada, da parte do Pai, pelo Filho Jesus (cf. Jo 5,37). Jesus não vem acusar nem condenar, porque essa não é sua missão, mas realizar fielmente a vontade do Pai (cf. Jo 6,38-40).

A **segunda ocasião** está situada na Galileia, depois da multiplicação de pães, por ocasião de uma Páscoa (cf. Jo 6,1-15). O tema desse confronto é o engajamento na busca do alimento que não perece, mas permanece para a vida eterna (cf. Jo 6,22-27). Então, usando a figura do pão, Jesus se apresenta como o alimento, dom do Pai, que dá a vida eterna. O engajamento na busca desse alimento é a adesão de fé em Cristo. Novamente ocorre a dificuldade de interpretação do que está sendo feito sobre a lei de Moisés (cf. Jo 6,30-31). O verdadeiro pão do céu, dado pelo Pai, não é o maná, mas seu Filho, Jesus (cf. Jo 6,32). Se na cura do paralítico se tratava de acolher as obras do Pai, na multiplicação dos pães, a obra do pai é o Filho, verdadeiro pão oferecido para a verdadeira vida que garante a eternidade. É necessário crer, é preciso aderir (cf. Jo 6,34-36. 51.58).

A **terceira ocasião** tem até ameaças de morte (cf. Jo 8,40) e acontece novamente em Jerusalém, provavelmente por ocasião da festa das Tendas (cf. Jo 7,2-10; 8,1), ao lado do Templo (cf. Jo 8,20). Trata-se de uma disputa sobre o direito de paternidade divina, entre os judeus e Jesus. Afinal, quem é pai de quem? Os judeus acusam Jesus de estar endemoniado (cf. Jo 8,48.52); Jesus acusa os judeus de escravos do pecado (cf. Jo 8,34-36) e, em seguida, de ter como pai o Diabo (cf. Jo 8,44). Jesus encaminha o discurso para o final de sua missão e então diz: "Quando tiverdes elevado o Filho do Homem, então sabereis que Eu Sou e que nada faço por mim mesmo: mas falo como me ensinou o Pai" (Jo 8,28); e continua: "Eu falo o que vi junto de meu Pai; e vós fazeis o que ouvis de vosso pai" (Jo 8,38). A paternidade se revela pelas obras. É a prática que dá testemunho da verdadeira filiação. A questão é retomada em João 10,31, por ocasião de outra festa: a da Dedicação do Templo (cf. Jo 10,22-25), pois, aos acusadores de Jesus, não interessa entender, mas condenar.

6.1.4 Terceira etapa: a formação específica dos discípulos

Ocorre enquanto Jesus se despede dos discípulos (conforme os capítulos 12 a 17). Ao final da narrativa do capítulo 12 de João, Jesus fica sabendo que alguns gregos (estrangeiros, não judeus) o procuram, contando com a mediação de Filipe. Ao ser contatado, Jesus entende que chegou a hora de sua glorificação, que é sinônimo de entrega; "É chegada a hora em que será glorificado o Filho do Homem" (Jo 12,23b). Ele continua tratando da entrega de sua vida, mostrando que ela não é exclusiva, mas participativa, por meio do engajamento em sua missão: "Se alguém quer servir-me, siga-me; e onde estou eu, aí também estará o meu servo. Se alguém me serve, meu Pai o honrará" (Jo 12,26).

A comunhão com Jesus servidor é a participação da glória dele atuada pelo Pai. Jesus sabe que o Pai lhe entregou tudo em suas mãos (Jo 13,3), por isso, celebra com os discípulos a despedida, com um gesto simbólico de longo alcance (Jo 13,1-20), para que fiquem marcadas, na prática, a sua passagem e a continuidade de sua obra, nos discípulos (Jo 13,12-15). Ensina-lhes a ter profunda confiança no Pai, por sua mediação e por sua atuação: "Eu sou o Caminho, a Verdade e a Vida. Ninguém vem ao Pai a não ser por mim" (Jo 14,6) e "Na casa de meu Pai há muitas moradas [...], vou preparar-vos um lugar" (Jo 14,2). Jesus é a figura e a revelação do Pai, a expressão da ação do Pai no mundo, por isso, afirma a Filipe que: "Quem me vê, vê o Pai" (Jo 14,9b) e demonstra sua atuação de modo que o Pai seja glorificado (Jo 14,13).

Permanecer

Por conta da missão mediadora, Jesus insiste no tema da permanência, especialmente no capítulo 15 do Evangelho, com a alegoria da videira, em que diz claramente que ele é a cepa, o Pai, o cultivador, enquanto os discípulos correspondem aos ramos da videira. O ramo só tem um jeito para produzir frutos: permanecer ligado ao tronco, à cepa, porém essa ligação tem uma profundidade infinita, é estabelecida no amor (ágape). Aí está o segredo da fecundidade. O que glorifica o Pai é que os homens produzam frutos em abundância e se tornem seus discípulos. "Assim como o Pai me amou, também eu vos amei. Permanecei em meu amor" (Jo 15,9). Se, por um lado, o amor ao Filho atinge o Pai e os discípulos (cf. Jo 16,27-28), por outro, o ódio ao Filho também atinge o Pai e os discípulos (cf. Jo 15,18-25). A continuidade da vontade do Pai, na missão do Filho no mundo, está garantida não somente pela adesão dos discípulos, mas especialmente pelo Espírito Santo, denominado *Paráclito* (cf. Jo 14,26-31), o qual dará testemunho de Jesus e amparará o testemunho dos discípulos (cf. Jo 15,26-27; 16,12-15).

6.1.5 A glorificação

No capítulo 17, João apresenta Jesus orando pela glorificação de si mesmo, que, na verdade, é a glorificação do Pai e de toda a obra realizada, na qual os discípulos estão engajados e à qual deverão dar continuidade. Aderir ao Filho é aderir ao Pai (cf. Jo 17,1-26). Tal adesão não se resume às situações ditas positivas, mas a todas. Exige uma comunhão profunda com o Pai expressa na atitude que Jesus tomou quando de sua prisão no Horto das Oliveiras e na repreensão feita a Pedro naquela ocasião (cf. Jo 18,1-12).

Embora João fale mais da glória do que da glorificação, ele se destaca pelo uso do verbo *glorificar*. Usa-o 25 das 71 vezes que o termo ocorre no Novo Testamento (40,98%). Glorificar é a missão do Filho, é a resposta do Pai, é o compromisso-graça dos discípulos. Vejamos os passos.

- A glorificação de Jesus é consequência do dom do Espírito Santo (Jo 7,39).
- Declarar-se Filho de Deus não é se autogloriar (Jo 8,54).
- Ser Filho de Deus é entender a glória do Pai.
- A doença de Lázaro não se destina à morte, mas à glória de Deus (Jo 11,4).

- A glorificação de Jesus ajuda os discípulos a entender seu ensinamento antes de morrer (Jo 12,16).
- A hora da glorificação de Jesus é a mesma da cruz (Jo 12,23).
- Jesus pede para ser glorificado e o Pai confirma (Jo 12,28); assim também diante dos discípulos (Jo 13,31-32), como já havia acontecido no batismo (cf. Mt 3; Lc 3 e Mc 1).
- O Pai é glorificado nas obras do Filho em favor dos necessitados (Jo 14,13).
- O Filho é glorificado pelo Pai e ao mesmo tempo o glorifica (Jo 17,1.4.5.10).
- O Pai igualmente será glorificado nos frutos que os discípulos de Jesus produzirem (Jo 15,8).
- O espírito da verdade glorificará Jesus porque receberá do que é de Jesus e dará a conhecer aos discípulos (Jo 16,14).
- Jesus indica com que morte Simão dará glória a Deus (Jo 21,17; cf. Ap 15,4 e 18,7).

Diferentemente dos outros, o Evangelho segundo João faz questão de mostrar que a glória de Deus está em Jesus enfrentar a morte, por causa da vida, da justiça, da verdade e do amor. A glória de Jesus está em ressuscitar dos mortos. A missão do Filho é manifestar, em sua vida, a grandeza do Pai e isso reverte em vida plena para o Filho. É algo que não tem fim, não acaba nunca.

O que é necessário para entrar nessa relação? Crer no Filho (Jo 6,40). Crer é aderir a ele, aceitar e assumir que entre o Pai e o Filho há profunda e plena comunhão. Assumir no Filho a realidade do Deus feito gente (Jo 14, 5-14). Assim, o Filho nos ensina que quem experimenta e entende o amor do Pai ama o irmão (Jo 15,9-17). Essa relação é como um rio, quanto mais distante vai, mais volume de água ajunta; quanto mais se ama, mais amor se multiplica, mais vida é beneficiada. Aí está a vocação, a razão de ser da Igreja.

Segundo Casalegno (2009) Jesus é revelador do Pai não somente pelo ensinamento e pelas obras realizadas, mas também por meio da sua própria existência. Por isso, ele é, ao mesmo tempo, revelador e revelação do Pai e pode se declarar como caminho, verdade e vida (cf. Jo 14,6) que conduzem ao Pai.

6.2 A relação de Jesus com os discípulos

Quem se faz discípulo ou discípula de Jesus precisa desenvolver, entre seus pares, o mesmo amor que recebe do mestre. A relação de Jesus com os seus implica a mesma relação dos seus entre si. O ponto de partida é o novo mandamento que não se resume a um conceito, mas uma prática. Nesse assunto fazemos questão de destacar o papel de Maria, a mãe de Jesus.

6.2.1 Amor, verbo e substantivo

João fala do amor como substantivo apenas sete vezes no seu evangelho, mas fala 21 vezes em suas cartas, nas quais afirma que: "Deus é Amor: aquele que permanece no amor permanece em Deus e Deus permanece nele" (1Jo 4,16).

Amor é a expressão que caracteriza fundamentalmente o próprio Deus. João expressa amor como *ágape*, que significa amor inteiramente gratuito, incondicional, amor em que prevalece a doação. A primeira vez que se refere ao substantivo *amor* é quando Jesus faz uma forte acusação aos que o hostilizam por conta de ter curado uma pessoa paralítica havia 38 anos no sábado: "Mas eu vos conheço: não tende em vós o amor de Deus" (Jo 5,42). E continua: "Nisto reconhecerão que sois meus discípulos, se tiverdes amor uns pelos outros" (Jo 13,35). O amor dos cristãos deve trazer a marca e o selo do mestre Jesus.

Depois Jesus convida a permanecer no seu amor e logo em seguida diz que "Ninguém tem maior amor do que aquele que dá a vida por seus amigos" (Jo 15,13). É o que ele afirma em João 10,11: "Eu sou o bom pastor: o bom pastor dá sua vida pelas suas ovelhas". Na verdade, aquele que assim faz não perde a própria vida, mas se multiplica naqueles por quem a deu.

Já nas cartas, especialmente a primeira, ele oferece um importante discernimento: "Não ameis o mundo nem o que há no mundo. Se alguém ama o mundo, não está nele o amor do Pai" (1Jo 2,15). Em seguida, para que não fique dúvida sobre de que amor ele está falando, ele explica que a concupiscência da carne e dos olhos, bem como a confiança orgulhosa nos bens, não vem do Pai, mas do mundo (cf. 1Jo 2,16). O mundo é uma realidade divorciada do amor do Pai e de seu Filho Jesus, voltada para si mesma e que quer nela se bastar. "O mundo não o conheceu [Deus]" (1Jo 3,1).

Conhecer o amor é fazer o que Jesus fez, doar a vida. Assim como ele deu a vida por nós, devemos dar a nossa uns pelos outros (cf. 1Jo 3,16). Esse é o caminho da felicidade. Então, Jesus convoca a não amarmos somente com palavras, mas com obras e em verdade (cf. 1Jo 3,17), porque existem obras que não são expressão do amor gratuito, mas, com o rosto do bem comum, escondem atrás de si muita corrupção e intenções mentirosas. Por isso o autor diz que é preciso que as obras expressem verdade.

6.2.2 O novo Mandamento: "Como eu vos amei, amai-vos também uns aos outros" (Jo 13,34)

Segundo João, Jesus fala relativamente pouco do amor, mas não para de insistir na necessidade de amar. Quase a metade das vezes que esse verbo aparece no Novo Testamento, ele está em João (67 das 141 vezes). O autor começa dizendo que "Deus amou tanto o mundo, que entregou o seu Filho único, para que todo o que nele crê não pereça, mas tenha vida eterna" (Jo 3,16). Aqui, ele liga estreitamente a expressão do amor à necessidade de crer. O amor de Deus puxa a adesão das pessoas e por ela vêm a superação da morte e a garantia de vida permanente.

O Filho Jesus insistiu constantemente na necessidade fundamental do amor nas relações humanas chegando a nos deixar um imperativo, uma ordem, que é esta: "amai-vos". Assim diz Jesus, segundo o evangelista: "Dou-vos um mandamento novo: que vos ameis uns aos outros. Como eu vos amei, amai-vos também uns aos outros" (Jo 13,34). Amar é uma necessidade básica da existência humana. Sem amor a vida não se desenvolve, não tem graça, não encanta, é desumanizada. Amar é viver o jeito humano de Deus.

No entanto, se esse mandamento é novo, então qual é o mandamento velho? A resposta está nos escritos. O mandamento velho é "Amarás o teu próximo como a ti mesmo" (Lv 19,18). Essa norma do Antigo Testamento foi retomada nos evangelistas sinóticos do jeito que lá estava (Mc 12,31; Mt 19,19; Lc 10,27). A novidade está na mudança de referencial.

Enquanto no velho mandamento a referência é o amor que a pessoa tem por ela mesma, no novo isso é descartado, e com razão. Imaginemos uma pessoa que não se estima, que é masoquista, que tem problemas de identidade. Que referencial de amor ela pode ser para si mesma? No velho mandamento, se ela gosta de se machucar, tem direito a machucar os outros, pois o mandamento diz que ela deve amar os outros como ama a si mesma. A novidade, salientamos, está na mudança de referencial. O novo referencial é o amor que Jesus viveu por nós, o jeito que ele nos amou e somente o jeito dele. Está dito expressamente: "Como eu vos amei" (Jo, 13,34) e ninguém mais, e nada mais. Este é o documento de identidade do cristão: "amar como Jesus amou". A consequência será o testemunho.

O próprio Jesus nos ama somente do jeito que o Pai o amou. É, portanto, um amor originado em Deus, do íntimo dele (cf. Jo 14,21). Todos poderão ver a pessoa de Jesus Cristo em cada cristão. Por isso, Jesus diz: "Nisto reconhecerão todos que sois meus discípulos, se tiverdes amor uns pelos outros" (Jo 13,35). Porque é novo, precisa ser bem entendido para ser assumido, por isso ele insiste mais vezes: "Este é o meu mandamento: amai-vos uns aos outros como eu vos amei" (Jo 15,12.17).

João termina a narrativa deixando evidente que a comunidade cristã precisa e só pode ser liderada no amor. Os cristãos não pertencem à liderança da comunidade, mas a Cristo. Por isso, a liderança precisa ser exercida em nome de Cristo e como Cristo. É disso que está tratando Jesus ressuscitado quando pergunta a Pedro por três vezes: "tu me amas"? (Jo 21,15-18). A insistência da pergunta é para a apropriação da resposta que introduz no espírito da liderança cristã.

"Se alguém disser: 'Amo a Deus', mas odeia o seu irmão, é um mentiroso" (1Jo 4,20)

No Evangelho segundo João já encontramos o novo mandamento de Jesus (Jo 13,34). Na carta às comunidades, ele passa aos fatos. Amar é uma decisão que prova a adesão a Jesus, mas que não pode ficar restrita somente a sua pessoa. Precisa circular na relação com todos os membros da comunidade reunida em torno de Jesus. Por isso, o autor insiste: "Filhinhos, não amemos com palavras nem com a língua, mas com ações e em verdade. Nisto reconheceremos que somos da verdade (1Jo 3,18-19). O amor prático é verdade, o amor só de palavras é mentira. Quem não ama está na mentira, mas quem ama está na verdade, que é Deus e Deus é amor (cf. 1Jo 4,7-8). Eis a grande benção e ao mesmo tempo desafio de nossas comunidades cristãs.

6.2.3 A Igreja é a comunidade dos que se amam mutuamente

Os dois textos mais expressivos para mostrar isso são a ceia do lava-pés (Jo 13,1-20) e a alegoria da videira (Jo 15,1-17). Na ceia, Jesus ensina primeiro que o mestre precisa servir os discípulos e, em seguida, mostra que os discípulos precisam servir uns aos outros (Jo 13,13-15). Autoridade é serviço, e este não é exclusividade de alguns, mas precisa circular entre todos. Jesus dá o exemplo que precisa ser praticado por todos os seus seguidores. A prioridade do serviço mútuo continua sendo o grande desafio de nossas igrejas (comunidades). Para servir assim, é necessário se despojar. Por isso, Jesus começa desfazendo-se do manto (Jo 13,4).

Igreja é, na verdade, a comunidade dos que estão enraizados (enxertados) em Cristo (Jo 15,1-17). "Eu sou a videira e vós os ramos. Aquele que permanece em mim e eu nele produz muito fruto; porque, sem mim, nada podeis fazer" (Jo 15,5). A ligação com Jesus e a comunhão com ele são fundamentais garantias de realização, particularmente de multiplicação. No entanto, a relação com Jesus não para nele; ela atinge o Pai (Jo 15,8-9), todos os que se relacionam com Jesus (Jo 15,16) e todos aqueles pelos quais ele veio.

6.2.4 O discipulado de e com Maria

O evangelista João coloca Maria no início (Jo 2,1-11) e no final (Jo 19,25-27) da missão de Jesus. Em Caná, ela participa ativamente do primeiro sinal realizado por Jesus. Ao pé da cruz, ela acolhe a missão de ser mãe da humanidade, continuando, pelo Filho, a missão que exerceu até então com ele. No "sim" de Maria, desde o ventre dela, Jesus assumiu a humanidade; na cruz, ele confia a humanidade a Maria.

Em Caná, ela exercita a mediação. Ao perceber a falta de vinho, dirige-se a Jesus dizendo: "Eles não têm mais vinho" (Jo 2,3). Em seguida, mesmo depois da resposta estranha do filho, ela diz aos serventes: "Fazei tudo o que ele vos disser" (Jo 2,5). A resposta não a demoveu da missão que é fazer convergir os servos e o Senhor em favor da urgência do momento. Na verdade, ela não diz a Jesus: "faça alguma coisa", ela simplesmente apresenta a situação a ele, e somente ele sabe o que realmente deve fazer. Em resposta, Jesus também não diz que não vai agir. Ele apenas afirma: "Minha hora ainda não chegou". A mãe, então, prepara os servos para a hora esperada. O mal-entendido, se é que existiu, não interfere na ação salvífica.

O mistério da hora

O Filho responde à mãe: "Minha hora ainda não chegou" (Jo 2,4). A hora a que Jesus se refere é a da sua morte, que, segundo João, é o autodespojamento, a entrega total de si mesmo, pela comunhão das criaturas com Deus e delas entre si. Esse acontecimento está estreitamente ligado ao da cruz, em que Jesus conclui sua obra. A "hora" a que Jesus se refere (Jo 2,4) é de dar a vida (Jo 13,1), o que se verifica na cruz (Jo 19,17-34). Aqui a mãe pede ao Filho que faça algo para perseverar a festa da aliança; ela percebe a crise que aponta para um fim problemático e se faz mediadora de um final feliz.

O casamento é a aliança entre duas pessoas. Aliança é uma entrega acordada reciprocamente. O noivo se dá à noiva e esta ao noivo. Aliança não é contrato, é oferenda. As bodas de Caná são figura da aliança de Jesus com a humanidade. Maria, aquela que gerou Jesus, agora o impulsiona para a superação do vazio da celebração, que é a falta do vinho, que, por sua vez, simboliza o amor.

Lá na cruz, é o Filho que acaba sua entrega, entregando a mãe à humanidade, chamando-a de *mulher*, como aqui. "Jesus, então, vendo sua mãe e, perto dela, o discípulo a quem amava, disse à sua mãe: 'Mulher, eis o teu filho'" (Jo 19,26). Isso Jesus fez antes de morrer, mas depois de morto ainda ofereceu de seu lado aberto pela lança: sangue e água (Jo 19,34).

Assim, Caná se constitui no início dos sinais que só se concluem sobre a cruz. De Caná à cruz, na ação de Jesus, acompanhada por sua mãe – Maria, "mulher" –, se constrói a garantia da Aliança plena e eterna. A mãe de Jesus estava nas bodas e estava também ao pé da cruz. Nas bodas, reinavam as talhas, na hora de Jesus, reina a cruz. Nas bodas, Maria assumiu o papel do mestre-sala, buscando a continuidade da festa. Na cruz, Jesus lhe entrega a continuidade da maternidade do Salvador e, consequentemente, da salvação. Desse momento em diante, a mãe de Jesus é mãe de todos os discípulos dele até o fim dos tempos; e todos os discípulos dele são filhos de Maria também até o fim dos tempos. Assim, a mãe de Cristo passa a ser mãe de todo cristão.

As talhas eram seis, feitas de pedra, e eram enormes (suportavam de 90 a 120 litros); elas estavam determinadas, fixadas na purificação dos judeus, pois simbolizam a Lei. João narra com detalhes esse episódio para que não reste dúvidas de sua importância no modo de festejar até então predominante, mas que estava destinado à falência. O versículo 6, que descreve as talhas, está exatamente no centro da narrativa. Com a ação de Jesus, começa um novo tempo e uma nova prática.

O último instrumento não são as talhas de pedra, mas o lenho da cruz. A água colocada nas talhas, na verdade, não realiza a purificação dos pecados, mas somente da sujeira externa. Porém, o sangue derramado na cruz purifica de toda imundície exterior e interior, garantindo uma nova humanidade, fiel à Aliança, até a plenificação no amor.

"Fazei tudo o que ele vos disser" (Jo 2,5) estabelece o caminho da nova ordem das coisas. A orientação é daquela que tem a prática. Ela faz primeiro e só depois ensina fazer: "Eu sou a serva do Senhor: faça-se em mim segundo a tua palavra!", disse ela ao anjo Gabriel (Lc 1,38). Os servos da festa são extensão dela mesma. Maria não sabe o que Jesus vai dizer, mas o que quer que venha dele é salvação. A primeira e mais profundamente engajada nessa missão é Maria, a mãe de Jesus, mas ela não só obedece, ela ensina a obedecer.

Assim, inverte-se a ordem, a etiqueta, da festa. Agora, os convidados não vêm só para comer e se divertir, mas para contribuir com os elementos que serão partilhados nela. "Todo homem serve primeiro o vinho bom e quando os convidados já estão embriagados serve o inferior. Tu guardaste o vinho bom até agora" (Jo 2,10). O novo tempo começou. Não é o costume que deve prevalecer, mas o amor, a justiça.

A passagem

Maria e as companheiras dela, junto com o discípulo amado, são as pessoas que estiveram mais próximo de Jesus durante sua vida e sua missão. Maria desde a concepção (Lc 1,26-38) e João desde o início da missão (Jo 1,35-39). Segundo a tradição, um dos dois discípulos de João Batista que primeiro seguiram Jesus era André (Jo 1, 40) e o outro, não nomeado, era João. Maria (Jo 2,1) e João (Jo 2,2) estavam presentes e testemunharam a primeira obra da missão de Jesus.

Presentes também de pé, junto à cruz, testemunham a definitiva obra da missão de Cristo: o dom total de si mesmo pela causa do Pai, a qual abraçou incondicionalmente. Contudo, a causa do Pai e a missão do Filho não terminam com a morte dele, ela vai perdurar por todos os séculos, através das comunidades que assumirão, por meio de Maria e do discípulo amado, a ação de continuar a obra salvífica de Deus, operada pelo Filho, Jesus.

O homem foi assassinado na cruz, mas a missão não foi interrompida, pois continua na adesão de seus seguidores e seguidoras pelos séculos dos séculos. As vestes (a dignidade) que as autoridades incomodadas arrancam de Jesus, a comunidade dos discípulos fieis mantém cada vez mais fortalecida.

A hora de Maria

A partir da hora em que Jesus termina sua missão, o discípulo recebeu e acolheu Maria em sua casa (cf. Jo 19,27). Maria é mulher, e só mulher pode ser mãe, a maternidade só se expressa no lado feminino da humanidade. Jesus a chama de *mulher* significando a universalidade da missão, isto é, que atinge todo o gênero humano, mas a apresenta ao discípulo como mãe: "Eis a tua mãe" (Jo 19.27). É assim que os discípulos devem acolher e tratar Maria. Agora a mãe de Jesus é também nossa mãe e mãe de toda a humanidade redimida ou em processo de redenção. Se na mulher Eva a humanidade foi decaída, na mulher Maria a humanidade está redimida.

No começo e no fim

Assim, a mãe de Jesus está no início da missão do Filho (Jo 2,1-11) e no final (Jo 19,25-27). Maria, a mãe, tem a missão de introduzir Jesus no mundo e inseri-lo na humanidade. Ela também exerce em Caná a missão de intercessora da humanidade carente, junto ao seu Filho, presente, mas ainda não atuante: "Eles não têm mais vinho" (Jo 2,3). Agora, o lugar do Filho não fica vazio, é preenchido pelo discípulo que representa a humanidade que adere a Jesus. A mãe, por sua vez, continua a realizar a vontade de Deus, agora não mais nas palavras de Gabriel, mas de seu Filho Jesus.

A missão de Maria não termina com a morte de Jesus, nem a dele, continuando enquanto a humanidade existir.

6.2.5 Crer em Jesus é o segredo do discipulado

É importante notar que João nunca usa a palavra *fé* no evangelho e, em todas as cartas, usa-a somente uma vez (1Jo 5,4). No entanto, é exatamente ele quem mais usa o verbo *crer*. Das 214 vezes em que o verbo aparece no Novo Testamento, 98 ocorrem no Evangelho segundo João e 9 vezes nas cartas joaninas. São ao todo 107 ocorrências, exatamente a metade do total de todo o Novo Testamento. Por que essa escandalosa insistência? Porque, para João, interessa a prática da fé, e não a fé em si. Por isso, ele usa abundantemente o verbo, e não o substantivo. A ele interessa a ação confiante manifestada em obras, na vida pessoal e na comunidade de vivência. Vejamos mais de perto os contextos das expressões de fé apresentadas.

João abre seu evangelho chamando a atenção para a necessidade de crer no testemunho de João Batista (cf. Jo 1,7). O depoimento de João, porém, está focado no Verbo encarnado, por isso, logo em seguida, ele nos faz saber que os que receberam o Verbo e creram em seu nome obtiveram dele o poder de se tornarem filhos de Deus (cf. Jo 1,12). A filiação acontece pela acolhida e pela adesão confiante à Palavra que se fez gente: Jesus. Entretanto, a adesão de fé apregoada por Jesus não é sobre qualquer coisa, como ele faz saber a Natanael: "Crês só porque te disse: 'eu te vi sob a figueira?'. Verás coisas maiores do que essas" (Jo 1,50). Os sinais começam a acontecer e os discípulos e outros mais vêm a responder (cf. Jo 2,11.23). Inversamente à posição de Natanael, encontramos a situação de Nicodemos. Aquele crê nas coisas da terra, ao passo que este tem dificuldades com elas, como chegará a crer quando Jesus lhes fala das coisas do céu (cf. Jo 1,50; 3,12)? Jesus é um dom de amor por parte de Deus, crer nele é a salvação (cf. Jo 3,16).

A missão de Jesus e a fé do discípulo

Jesus revela um novo posicionamento de Deus, até então escondido: "Pois Deus não enviou o seu Filho ao mundo para julgar o mundo, mas para que o mundo seja salvo por ele" (Jo 3,17). O foco não é o julgamento, e sim o discernimento. Não se refere somente aos considerados eleitos, mas a oferta é feita a todos, sem discriminação. Não é Jesus que julga, mas o julgamento acontece a partir da posição que cada um toma em relação a ele. A opção de quem o escuta, indica o próprio juízo (cf Jo 3,8.36). Em João 4,21, Jesus pede a adesão da samaritana. Em João 4,39-41, o testemunho da samaritana leva a adesão de um significativo número de pessoas que, ao encontrarem com Jesus, já não necessitam mais da mediação dela: "diziam à mulher: 'já não é por causa do que tu falaste que cremos. Nós próprios o ouvimos, e sabemos que esse é verdadeiramente o salvador do mundo'" (Jo 4,42), o que os discípulos de Jesus só chegaram a alcançar depois da ceia da entrega (cf. Jo 16,29-33). Já com o oficial do rei, Jesus é mais incisivo: "Se não virdes sinais e prodígios, não crereis" (Jo 4,48).

No confronto na piscina de Betezda, Jesus acusa os inquisidores pela falta de adesão. Quem crê se coloca em sintonia, escuta, mas quem não crê não consegue praticar, porque não ouve (cf. Jo 5,38). Crer se deve a uma disposição própria de quem sai de si, de quem não fica procurando glória pessoal, mas a glória de Deus (cf. Jo 5,44-47). No auge do confronto com as autoridades, Jesus não pede adesão a sua pessoa, mas foca nas obras que o Pai realiza por ele. Crer nas obras de Jesus é caminho para chegar ao Pai e, consequentemente, crer em Jesus (cf. Jo 10,37-38).

O problema, na verdade, não é objetivo, as autoridades se negam também a crer nas obras e procuram, mais uma vez, prendê-lo (cf. Jo 10,39). Permitir que aumente a adesão a Jesus, na visão delas, é abrir caminho para a destruição do Templo e de toda a nação (Jo 11,48). Realmente os reinos de Herodes e dos judeus vão cair para dar lugar ao Reino de Deus (cf. Jo 12,9-11). As autoridades tinham outra opção: preservar o seu reino, assim, tudo o que provocasse a sair dessa meta não era acolhido: "Apesar de ter realizado tantos sinais diante deles, não creram nele" (Jo 12,37). E, por sua vez, os que acreditavam nele tinham medo de se declarar, porque seriam excluídos da sinagoga[1] (cf. Jo 12,42).

Crer para além da história

O encontro com o amigo Lázaro no túmulo é uma ótima ocasião para trabalhar a atitude crente nos discípulos. "Lázaro morreu por vossa causa, alegro-me de não ter estado lá, para que creiais" (Jo 11,15). Um grande mistério aqui precisa ser compreendido. Não é sem razão que o verbo *crer* aparece quatro vezes nessa passagem (cf. Jo 11,25-27). Contudo, a decisão de crer não significa o fim do mistério, mas a inserção nele e uma caminhada que leva à entrega no amor. A reação de Marta em João 11,39-40 mostra que a adesão dela explicitada em João 11,27 ainda não conseguiu alcançar o centro da obra de Jesus.

No discurso da despedida, Jesus antecipa, aos discípulos, alguns acontecimentos para dar-lhes segurança e para que afirmem sua fé em Jesus como Deus, pois é isso que significa a expressão "Eu Sou" (cf. Jo 13,19; 14,29; 16,33). Na instrução de Jesus, segundo João, a mesma adesão de fé dada a Deus, muito cara aos judeus, deve ser dada a ele. A adesão é garantia de profunda serenidade: "Credes em Deus, crede também em mim" (Jo 14,1). Deus é Pai, mas é também

---

1 *Sinagoga* significa, literalmente, "assembleia". Participar da assembleia para um judeu era fundamental, era como ser cidadão e pertencer a uma organização, ser membro dela, ser alguém. A exclusão era tida como grande castigo.

Jesus. É isso que Jesus ensina a Filipe: "Quem me vê, vê o Pai. Como podes dizer: Mostra-nos o Pai? Não crês que estou no Pai e o Pai está em mim?" (Jo 14,9-10). Essa adesão de fé é caminho de participação no poder de Deus. Evidentemente, ela implica confiança e entrega, isto é, docilidade à ação de Deus. É a capacitação para realizar as obras divinas: "Em verdade, em verdade, vos digo: quem crê em mim fará as obras que faço e fará até maiores do que elas, porque vou para o Pai" (Jo 14,12).

Crer em Jesus abre caminho para o amor do Pai. Jesus é necessariamente o caminho (cf. 14,6): "o próprio Pai vos ama, porque me amastes e crestes que vim de Deus" (Jo 16,27). Finalmente os discípulos conseguem acolher a instrução de Jesus: "Agora vemos que sabes tudo e não tens necessidade de que alguém te interrogue. Por isso cremos que saíste de Deus" (Jo 16,30). Duas são as razões oferecidas pelos discípulos: a primeira é a linguagem simples e direta sobre o futuro (cf. Jo 16,29), e a segunda é que Jesus tem condições de dar a resposta antes que lhe façam a pergunta, ou então que Jesus não tem necessidade de exibir saber. Exibir saber é próprio dos que são limitados.

Concluindo o discurso, Jesus pede ao Pai a garantia da participação das futuras gerações de crentes nos bens oferecidos à atual geração (Jo 17,20-21), em vista da unidade que é a meta última da missão de Jesus.

Resta ainda o desafio da ressurreição expresso pela incredulidade de Tomé (cf. Jo 20,25). Esse discípulo tem certeza da morte e se solidariza com Jesus em relação a ela (cf. Jo 11,16), mas sua fé não consegue acolher a ressurreição. Então Jesus ressuscitado ainda atua na história ajudando Tomé a alcançar a fé necessária. Na verdade, crer na ressureição da carne não é tarefa fácil. A questão de Tomé ainda hoje encontra muitos adeptos entre os discípulos e as discípulas de Cristo. São as pessoas de pouca fé.

Segundo João, Jesus provoca um alargamento, uma ampliação na relação com ele e com o Pai ou com o Pai por meio dele. Uma relação que transborda, em muito, a prática cotidiana de fé. "Jesus lhe respondeu [a Natanael]: 'Crês só porque te disse: 'Eu te vi sob a figueira'? Verás coisas maiores do que essas e lhe disse: [...] Vereis o céu aberto e os anjos de Deus subindo e descendo sobre o Filho do Homem'" (Jo 1,50-51). A fé de Natanael é a fé do toque, como a de Tomé: "Se eu não vir em suas mãos o lugar dos cravos e se não puser meus dedos no lugar dos cravos [...], não crerei" (Jo 20,25). Mas tanto Natanael quanto Tomé precisam evoluir muito. Jesus veio dar a todos condições para isso, tanto na afirmação feita a Natanael lá no início quanto naquela feita a Tomé aqui no final: "Porque viste, creste. Felizes os que não viram e creram" (Jo 20,29). O ato de crer nos faz participar da condição divina, nos torna filhos de Deus (Jo 1,12) e nos insere na bem-aventurança permanente (felizes os que creem sem terem visto). Interessa a fé manifestada em obras na vida da pessoa e da comunidade.

6.3 A relação de Jesus com o mundo

Há, em João, mais de um sentido para o termo *mundo*. Existe o *mundo* entendido como "cosmos", criado por Deus, lugar onde nascemos e fazemos a história. E existe o *mundo* entendido como "sistema", criado pelos poderosos, que se impõem sobre os demais e pensam bastarem-se a si mesmos. Quem acolhe esse sistema torna-se do mundo, vive no mundo e para o mundo, não tem outra perspectiva além dele. Essa é a parte que rejeita acolher e receber o Filho de Deus (cf. Jo 1,11). Existe também o *mundo* como "espaço de evangelização" e de conversão, no qual o próprio Jesus realiza as obras de Deus Pai.

Segundo Konings (2000), existe um espaço destinatário da salvação e outro refratário a ela. Ambos convivem no mesmo mundo entendido como "cosmos". O que traz à memória a parábola do joio e do trigo crescendo no mesmo campo (Mt 13,24-30.36-43).

6.3.1 Mundo cosmos: espaço de evangelização

Os discípulos de Jesus não têm conflito com o mundo como realidade cósmica, criada por Deus, mas com os que nele são contra Deus. Os cristãos estão no mundo, mas não são do mundo (Jo 17,14), assim como Jesus (Jo 8,21). Eles não devem ser tirados do mundo (Jo 17,15-16), mas guardados do maligno e consagrados na verdade (17,15.17). O mundo é o espaço de sua atuação, e nele exercitam o discernimento e a missão. Nele realizam a consagração, que é a livre entrega de si mesmos ao Senhor. Estabelecendo uma nova pertença, de modo que aquele a quem a gente se dá (Cristo) garanta o rumo e a qualidade de nossas ações. Pois a missão do discípulo e da discípula de Cristo precisa ser operada neste mundo como testemunha de Cristo e do Reino por ele anunciado.

Os discípulos fazem isso consagrados na verdade que é o próprio Cristo (cf. Jo 14,6). Essa consagração se caracteriza como enfrentamento com a mentira, elemento destruidor da realidade criada e querida por Deus. A mentira caracteriza o mundo no qual e do qual vive o maligno, que sustenta o pecado (cf. Jo 8,44-47), junto com todos os que aderem a ele. Jesus, por sua vez, é apontado como o Cordeiro de Deus que tira o pecado do mundo (cf. Jo 1,29). Os discípulos também são incumbidos dessa responsabilidade (tirar o pecado do mundo) enviados por Jesus ressuscitado para essa missão (cf. Jo 20,19-23).

A ação do Pai, em seu Filho Jesus, não é destruir o mundo, nem a Criação, nem os malvados, mas salvar e resgatar, inclusive os malvados, para que não pereçam sob a força maléfica. "Pois Deus não enviou o seu Filho ao mundo para julgar o mundo, mas para que o mundo seja salvo por ele" (Jo 3,17); "Eu sou a luz do mundo. Quem me segue não andará nas trevas, mas terá a luz da vida" (Jo 8,12); "Para um discernimento é que vim a este mundo: para os que não veem, vejam, e os que veem, tornem-se cegos." (Jo 9,39). A luz, Jesus, veio ao mundo, mas os homens preferiram as trevas porque suas obras eram más (cf. Jo 3,19).

O mundo como espaço de evangelização é responsabilidade dos discípulos que estão nele, mas os discípulos não pertencem ao mundo.

6.3.2 Os que estão no mundo e são do mundo

Estes são os refratários à salvação de Deus, pessoas que amam mais as trevas do que a luz, porque suas obras são más. Pessoas que estão descaracterizadas de sua identidade, que perdem a oportunidade de transcendência (Jo 1,5.10; 3,19; 7,7; 8,12). Elas estão incluídas na missão de Jesus, mas o tempo cronológico é finito, a oportunidade não dura sempre. A decisão de Deus é de salvação e está em operação, cabe agora aos do mundo reconsiderarem sua opção, por isso, a advertência: "Por pouco tempo a luz está entre vós. Caminhai enquanto tendes luz para que as trevas não vos apreendam: quem caminha nas trevas não sabe para onde vai" (Jo 12,35); e insiste: "Eu, a luz, vim ao mundo para que aquele que crê em mim não permaneça nas trevas" (Jo 12,46).

6.3.3 A paz do mundo

A proposta do mundo é de bem-estar, paz e prosperidade. No Império Romano, reinava a Pax Romana desde os tempos de Cesar Augusto (9 a.C.), e durou até a morte do Imperador Marco Aurélio (180). Essa paz se constituía da eliminação dos conflitos internos (guerras civis) pelo fortalecimento de um exército imperial em função da expansão do domínio romano, que prometia a todos uma paz caracterizada pela ordem e pela prosperidade. O império expandia as fronteiras e garantia aos dominados o controle da ordem, mediante o pagamento de tributo. Essa é a paz do mundo referida por Jesus nos escritos de João. Uma paz focada na saciedade dos interesses e dos desejos de quem domina, que dita, a partir de si, o que é bom para todos. A paz oferecida por Jesus aos discípulos tem outra característica, é de outra ordem, por isso, ele diz: "Deixo-vos a paz, minha paz vos dou; não vo-la dou como o mundo dá. Não se perturbe nem intimide vosso coração" (Jo 14,27). Uma paz baseada na comunhão do amor de Deus manifestado por Jesus, na qual prevalece a entrega para o bem comum a partir da necessidade do outro, e não da própria necessidade.

Por ora, todos estão no mundo fazendo história, e a convivência acontece permeada de conflitos. É necessário estabelecer metas, fazer escolhas e perseverar no que leva à comunhão. Os que pertencem ao mundo cá de baixo (cf. Jo 8,23), isto é, os que se agarram às realidades transitórias, embora possam durar mais do que as próprias pessoas agarradas, não se interessam pela transcendência. Nada lhes interessa para o além desse modo de vida, para a eternidade; por isso, ficam incomodados com os que vivem na realidade histórica com uma visão transcendente, não desprezando, mas relativizando os valores terrenos. O ódio do mundo para com os discípulos do Senhor, na verdade, se dá por conta da causa abraçada (cf. Jo15,18-25).

O que domina a opção dos que pertencem ao mundo é a concupiscência da carne e dos olhos e a confiança orgulhosa nos bens que não vêm de Deus Pai (cf. 1 Jo 2,16). Devemos esclarecer que, como *concupiscência* entende-se um desejo de prazer ou de satisfação tão intenso que ignora a ética e a moral. Essa palavra é também sinônimo de "cobiça mórbida", que não tem freio.

Concupiscência da carne são todos os desejos de bens materiais e de gozar que vêm da carne, como uma vida orientada pelos instintos sexuais e da gula, por tudo aquilo que traz sensações de gozo, voltado para a satisfação própria. Concupiscência dos olhos são os desejos de bens materiais e gozos que vêm da ganância e da cobiça, como uma vida voltada para o dinheiro, para o acúmulo de bens. Orgulho da vida é a soberba: mandar, dominar, impor, andar como se fosse o dono do mundo, com "o rei na barriga", viver como o "sabe-tudo", desprezando os outros (1Jo 2,15-17).

A instrução de Jesus favorece o discernimento dos valores que constituem a paz de Deus, que bem se diferencia da paz oferecida pelo mundo. Os discípulos precisam estar de sobreaviso, pois as sutilezas dos interesses velados podem dificultar um discernimento preciso. O sofrimento para estabelecer e viver a paz de Cristo no mundo faz parte da missão do discípulo: "Eu vos disse tais coisas para terdes paz em mim. No mundo tereis tribulações, mas tende coragem: eu venci o mundo" (Jo 16,33).

6.3.4 Como discernir o quem é de Deus e quem é do mundo?

João diz: "Nisto reconhecereis o espírito de Deus: todo o espírito que confessa que Jesus Cristo veio na carne é de Deus; e todo espírito que não confessa Jesus não é de Deus; é este o espírito do Anticristo" (1Jo 4,2-3). A encarnação de Jesus não é um faz de conta ou uma mentira, mas é absolutamente real. Nele habitam verdadeiramente a divindade e a humanidade. Assumir essa realidade é admitir a própria humanidade como caminho de felicidade e de santificação. Assumir a humanidade é acolher a si mesmo e aos outros no amor que tem sua fonte inesgotável em Deus mesmo e que transborda na pessoa de seu Filho Jesus. Assim, a prática do amor é possível e nela se encontra a justiça misericordiosa de Deus ao alcance de todos.

Por isso, é impossível a um cristão desconhecer os outros em suas necessidades. É claro que não se trata aqui do amor do acasalamento e da atração natural de uma pessoa pela outra. Trata-se do amor doação, amor gratuito, amor que não exige troca ou compensação. Quem se decide por isso, quem pratica e vive isso pode estar certo de viver em comunhão com Deus, pode estar certo de ser verdadeiramente cristão.

Depois João insiste principalmente em dois pontos: o amor aos outros e a prática da justiça. Para ele, quem pratica isso nasceu de Deus, é filho dele, é estranho para o mundo. A tendência da pessoa que não conhece Deus é fazer a própria vontade e os próprios desejos sem se interessar ou se importar com o bem ou com o mal dos outros. A pessoa que trabalha pela justiça se preocupa pelo bem dos outros e encontra muita dificuldade, pouco espaço e pouco apoio. As palavras de João são muito fortes: "Nós sabemos que passamos da morte para a vida, porque amamos os irmãos. Aquele que não ama permanece na morte. Todo aquele que odeia o seu irmão é homicida; e sabeis que nenhum homicida tem a vida eterna permanecendo nele" (1Jo 3,14-15). Para João, o exemplo e modelo a serem seguidos é Jesus Cristo. Amar é crer e crer é amar.

6.3.5 A acolhida da Palavra

A Palavra (Verbo; Logos) veio para o que era seu, e os seus não a acolheram. No entanto, aos que a aceitaram, deu-lhes o poder de se tornarem filhos de Deus (cf. Jo 1,9-12). O que diferencia os discípulos de Jesus e os do mundo é a acolhida da Palavra do Pai, com a consequente vivência e oferta dela. O mundo quer ter sua própria palavra, por isso, não somente ignora a de Deus, mas a odeia, porque a Palavra desestabiliza a autossuficiência do mundo.

Contudo, para Jesus, segundo João, essa aversão do mundo para com os discípulos não é simplista, mas tem a ver com o "príncipe deste mundo", o maligno (cf. Jo 17,14-15). Esse grupo, que tem uma opção contrária à comunidade joanina é também chamado de *anticristo*. São os mentirosos, os que negam que Jesus é o Cristo (cf. 1Jo 2,12-22). Havia alguns na comunidade que, com o tempo, tiveram de definir sua situação (1Jo 2,18-19).

Segundo Konings (2000), esse mundo hostil a Jesus e a seus discípulos não se resume a um sistema político, como o Império Romano e a hegemonia judaica em Jerusalém, nem cultural, como era a força do helenismo, nem religioso, como era a adoração aos imperadores romanos. O mundo é tudo isso e muito mais. É como um polvo que estende seus tentáculos pelo Universo todo, o tempo todo. É o que, em João, identifica-se como "poder do maligno", uma força que parece ser superior ao nosso desejo e propósito de fazer o bem. Isso faz lembrar a luta de Paulo entre a prática da lei e a fidelidade ao espírito do Senhor: "Não pratico o que quero, mas faço o que detesto" (cf. Rm 7,15-20).

6.4 A dimensão pascal de Jesus

Como é a Páscoa de Jesus em João? João é o "evangelho pascal", razão pela qual a liturgia colhe nele as leituras para as celebrações ao longo de todo o tempo pascal. O Jesus pascal é o mesmo da memória cristã, porque só depois da Páscoa (morte e ressurreição) é que os discípulos entenderam quem era o homem de Nazaré. O que continua sendo pelos séculos afora. Assim, depois da Páscoa de Jesus, certifica-se a adesão de fé nas autoproclamações, como: "Eu sou o pão da vida" (cf. Jo 6,41.48.51). "Eu sou a luz do mundo" (cf. Jo 9,5), e ainda "Eu sou a ressurreição e a vida" (cf. Jo 11,25). Vejamos, então, as atitudes de Jesus narradas por João a respeito da participação dele em cada Páscoa joanina.

6.4.1 A Páscoa da reação (Jo 2,13-22)

Esse acontecimento, narrado também por Marcos (11,15-19), Mateus (21,10-17) e Lucas (19,45-48), traz muitas semelhanças verbais com os sinóticos, mas também notáveis diferenças. Lá, trata-se da única páscoa participada por Jesus durante seu ministério. Aqui, é a primeira de outras que virão no desenrolar de sua missão. Em Caná, Jesus deu novo destino às talhas da purificação; agora ele dá novo destino ao Templo, espaço central da celebração da páscoa, identidade nacional do povo de Deus. A ação de Jesus no Templo narrada por João é mais radical do que nos sinóticos; em João, ele provoca e irrita as autoridades.

Segundo a declaração de Jesus (cf. Jo 2,16), o Templo foi transformado em mercado e a Páscoa virou comércio. Ambos, portanto, foram completamente desviados de seus sentidos originais. A intenção era ótima, mas a prática é péssima. As autoridades estavam se aproveitando da fé dos peregrinos e abusando do cumprimento do grande preceito mosaico. Nesse episódio, Jesus, por seus atos, convida os discípulos a passar do templo de pedra para o templo de carne e a passar do rito sacrifical de animais para a entrega pessoal como autêntico ato de culto ao verdadeiro Deus.

Na verdade, no tempo de Herodes, o Templo tinha uma função turística. Herodes investiu no acabamento dele para esse fim, como fez com outras obras de sua iniciativa: a fortaleza de Massada, o Heródium e a cidade de Cesareia Marítima

O Templo e a Páscoa celebrada nele precisavam ser substituídos por Jesus e a relação vivencial com ele. Essa é a nova Páscoa anunciada com o termo *reerguer* (Jo 2,19), explicitado no versículo 22. A partir de então, a morada de Deus não era mais uma casa, mas uma comunidade reunida em nome de Jesus. Eis a direção para a qual aponta a primeira Páscoa do ministério de Jesus.

6.4.2 A Páscoa da separação (Jo 6,1-15)

Essa narrativa tem boa semelhança com as de Marcos (6,32-56), Mateus (14,12-36) e Lucas (9,10-17), mas também significativas diferenças. Enquanto em Mateus e Marcos Jesus socorre a fome dos seus seguidores, em Lucas e João a ação desemboca na profissão da fé de Pedro (Lc 9,18-21; Jo 6,67-71), dando a entender que a multiplicação dos pães não trata da satisfação de uma necessidade – saciar a fome –, mas do desafio de uma adesão, de um engajamento para a realização mais profunda e plena do ser humano: "Trabalhei, não pelo alimento que se perde, mas pelo alimento que permanece para a vida eterna" (Jo 6,27).

Celebrar a Páscoa longe de Jerusalém aponta para a dimensão familiar dessa prática, assim como foi realizada no tempo do êxodo (cf. Ex 12). Mas isso também aponta para novidades. Nada de comer às pressas, de pé, prontos para a saída, mas sim sentados, bem tranquilos e acomodados sobre a relva verde (cf. Jo 6,10), conforme profetiza Isaías (Is 25,6-9). Uma coisa é o que o Senhor determinou para a Páscoa, outra é o que fizeram com ela ao longo dos tempos.

É Páscoa, mas Jesus não vai a Jerusalém, não vai ao Templo, conforme determina a tradição pós-mosaica (reforma de Josias, século V a.C.). É Páscoa, mas o povo não providencia pão sem fermento (ázimo) e menos ainda cordeiro, nem Jesus o prepara, pois ele acolhe o que o Pai lhe providenciará. É Páscoa, mas a prioridade recai sobre o ensino, e não sobre a comida. A instrução é prioridade. A multidão segue Jesus porque comeu pão e ficou saciada. Jesus, porém, não veio para saciá-los de pão, mas engajá-los como protagonistas do sentido da própria vida. Por isso, prioriza a instrução, para abrir-lhes a mente e torná-los corresponsáveis.

Em Jerusalém, vão fazer ofertas e cumprir preceitos. Nesse ponto, não se trata só de receber oferendas, e sim de colocá-las em comum e partilhar o pouco que existe, bendizendo o nome do Senhor. Alguns detalhes nos indicam claramente o novo rumo. A instrução a respeito dessa Páscoa perpassa todo o capítulo 6. É, na verdade, a passagem do pão de cevada (cf. Jo 6,9) para Jesus, o pão que dá a vida para sempre (cf. Jo 6,27).

É bom lembrar que o pão de cevada era de qualidade inferior: era pão dos pobres. Conforme relata o Apocalipse 6,6, um pão de cevada valia um terço de um pão de trigo. Isso pode revelar a realidade social da multidão e o redimensionamento dos conceitos que se tem a respeito dos alimentos. Jesus disse: "'Eu sou' o pão da vida. Quem vem a mim, nunca mais terá fome, e o que crê em mim nunca mais terá sede" (Jo 6,35; cf. 6,41.48.51).

Longe do Templo e de Jerusalém, também se pode celebrar a Páscoa. Deus está presente onde o seu povo está reunido em seu nome, assim, não só Jesus é templo de Deus, mas todos os que comungam com ele também se tornam templos vivos. "Os verdadeiros adoradores adorarão o Pai em espírito e verdade, tais são, com efeito, os adoradores que o Pai procura" (Jo 4,23).

Não estamos no mundo apenas para subsistir, mas para crescer em sabedoria, estatura e graça (cf. Lc 2,40.52), até a plenitude, em Deus. A passagem do pão material para o pão simbólico se amplia do campo da fome e da sede física para a dimensão espiritual, já apresentada quando trata do tema *sabedoria* no Antigo Testamento. A Sabedoria convida: "Vinde comer do meu pão, e beber do vinho que misturei" (Pr 9,5). Ao que o teme, o Senhor: "Nutri-lo-á com o pão da prudência e o saciará com a água da sabedoria" (Eclo 15,3). Comer a carne e beber o sangue do Filho do Homem é, na verdade, aderir à pessoa de Jesus. Tal adesão é garantia de ressurreição para a vida eterna (cf. Jo 6,51-56).

6.4.3 A Páscoa da comunhão (Jo 13,1-19,42)

É nesse episódio que Jesus se entrega ao Pai. Como nos eventos da purificação do Templo (Jo 2,13-22) e da multiplicação dos pães (Jo 6,1-15), João apresenta a evolução e a interpretação dos temas dos Evangelhos Sinóticos. João, como Lucas, introduz, na última ceia, o tema do serviço, que é aprofundado ao tratar do novo mandamento (Jo 13,34-35).

João situa o acontecimento próximo à festa da Páscoa, mas sem a especificação de que é dos judeus, como fez nas duas anteriores (Jo 2,13; 6,4; 11,55). Mesmo que historicamente seja a dos judeus, o que vai acontecer nesse momento caracteriza a novidade, trata-se, de fato, da Páscoa de Jesus ou, como entendemos nós, da fundamentação daquilo que caracteriza a Páscoa cristã. A ceia em que Jesus se entrega aos seus não coincide com a Páscoa dos judeus, mas com o sacrifício dos cordeiros para a festa deles, na qual o cordeiro é consumido. Na de Jesus, o cordeiro é doado. Antes que alguém de fora lance a mão sobre Jesus, ele se entrega aos seus, no modo de quem pretende continuar, não somente como uma bela lembrança, mas como uma real presença.

Essa é a hora de Jesus, a hora que vinha sendo preparada, passo a passo, ao longo de seu ministério (cf. Jo 2,4;7,6.30; 8,20; 9,3-5; 12,23) e que agora se realiza (Jo 13,1; 17,1). Hora em que ele livremente se entrega por um incondicional amor (Jo 13,1). Esse início deixa evidente o que caracteriza a Páscoa de Jesus. Trata-se da passagem deste mundo para o Pai (Jo 13,1) depois de ter concluído a missão recebida dele, de manifestar seu amor aos que ele lhe deu (Jo 17,9). O amor até o fim, aqui anunciado, vai se concretizar em João 19,30, quando, do alto da cruz, Jesus declara "Está consumado". Os sinais realizados por Jesus até aquele momento preparam os discípulos e todos os demais para a hora onde acontecerá a excelência daquilo para onde os sinais apontam. Jesus se entregando aos seus e sendo glorificado pelo Pai passando, soberanamente, pela cruz.

Se na primeira parte Jesus realizando os sinais mostra suas credenciais proféticas (Jo 4,19; 6,14; 7,40; 9,17), agora, na segunda parte, ele mostra o próprio rosto de Deus, que é amor e dá sua vida por amor (Jo 10,10-11;12,1; 15,13). Como Jesus age amando até o fim, assim é Deus; por isso, o momento da entrega é também o momento da glorificação já anunciado no prólogo do evangelho (cf. Jo 1,14).

O caminho da glorificação passa pelo serviço voluntário, gratuito e despojado, oferecido em favor dos últimos, sem pretensão de reconhecimento e engrandecimento. Isso podemos observar duplamente, no gesto de depor o manto, tomar a toalha, a bacia e a água e lavar os pés dos discípulos (Jo 13,4-5), bem como na explicitação do gesto

(Jo 13,12-17), reservado especialmente para os seus, local onde continua o aprofundamento do mandamento do amor.

A glorificação acontece no caminho do serviço despojado em favor dos outros. Assim, o que Jesus realiza é um sinal indicativo, ou, mais ainda, imperativo para os que querem celebrar a Páscoa de Jesus, uma festa que leve à plenitude. Isso se verifica na frase dita a Pedro: "Se eu não te lavar, não terás parte comigo" (Jo 13,8). Não é possível comungar a vida do Filho sem aceitar a lógica do serviço radical, que entre eles estava eivado de preconceitos, assim como entre nós hoje também.

Se Pedro não aceitar a ação de Jesus, não terá condições de continuar a ação no espírito dele. Não se trata aqui de imitação, mas de participação livre e criativa, de assumir a continuidade. Exigir que alguém nos lave os pés é soberba. Dispor-se a lavar os pés de alguém igual ou inferior a nós parece falta de senso, quando, na verdade, é caminho de salvação. Pôr-se a servir não é buscar mérito junto aos outros ou a Deus, mas expressar reconhecimento e gratidão ao Pai pelo dom de seu Filho, que se entregou por nós. Assim, a morte não é uma surpresa, ela é a finalização de um caminho de entrega, de serviço radical.

Jesus lava os pés dos discípulos no meio da ceia não porque esteja atrapalhado, mas para apresentar uma novidade e aprofundar a verdade. A tradição manda lavar os pés dos hóspedes na chegada para a purificação. Jesus, porém, faz isso no meio da refeição, algo sem lógica para a tradição, mas um sinal importantíssimo para a comunidade messiânica. Não é a tradição, mas a conversão que salva.

A dinâmica de Deus na Criação, especialmente na da humanidade, acontece como reconhecimento e acolhida do serviço prestado por Deus às criaturas que, bem entendida, reverte-se em serviço prestado com humildade e gratuidade para os demais seres humanos e criaturas. "O maior dentre vós seja o vosso servidor" (cf. Lc 22,26-27). A Páscoa de Jesus não acontece na pressão, mas na doação (cf. Jo 12,20-26).

Segundo João, Jesus tem consciência do que está para acontecer e assume os desafios de cabeça erguida, pois eles são parte constitutiva de sua missão. Então, ser entregue à morte não representa uma humilhação, mas uma doação que terá como fim a glorificação (cf. Jo 12,27-29; 17,1-5). Assim, a humildade de Jesus não é apenas uma amostra grátis de virtude, mas uma revolução, pois acaba com o desnível entre senhor e servo, tornando prática a fraternidade cristã. Quem fica apenas repetindo o rito banaliza seu sentido.

6.4.4 A glorificação

Conforme Casalegno (2009), o substantivo *glória* e o verbo *glorificar* se multiplicam na segunda parte do Evangelho segundo João, particularmente a partir do final do capítulo 12,23 e início do 13,1, quando é chegada a hora de Jesus. Diferentemente dos sinóticos, que acentuam o caminho do esvaziamento e do despojamento, João apresenta a Páscoa de Jesus, isto é, Paixão e cruz, iluminada pelo caminho da ressureição. João vê na doação que Jesus faz de si mesmo até a morte (cf. Jo 13,1) o poder de Deus que transfigura o sacrifício. Mesmo com o despojamento, a encarnação continua manifestação inteira do poder de Deus (cf. Jo 12,27-28).

No momento decisivo da vida histórica de Jesus, realiza-se uma dupla e recíproca glorificação. O Pai glorifica o Filho junto de si, concedendo ao Filho a glória que ele tinha antes da criação do mundo (cf. Jo 17,5) fazendo que ele dê a vida eterna àqueles que ele resgatou (cf. Jo 17,3). Jesus, por sua vez, glorifica o Pai, realizando o plano desejado por ele (cf. Jo 17,1.4). Dar a vida pela salvação do mundo é amar o Pai (cf. Jo 14,30). Amar é a razão de glorificar assim como faz para com os seus: "Tendo amado os seus que estavam no mundo, amou-os até o fim" (Jo 13,1). Segundo o evangelista João, a morte de Jesus na cruz não é uma exigência do Pai para o Filho, obrigando-o ao sacrifício, mas a coroação do amor entre eles, em vista de toda a humanidade e de toda a criação.

Quem ama não se reserva, doa-se até a última gota de sangue e até o último respiro. É a doação que resgata, regenera, recria e plenifica. Vitória absoluta e definitiva, só aquela realizada no amor incondicional que há em Deus, revelado pelo Filho e possibilitado por ele a cada ser humano: "Mas a todos que o receberam: deu o poder de se tornarem filhos de Deus aos que creem em seu nome" (Jo 1,12). Contudo, fica claro que não é o Pai a impor tal sacrifício. A condenação à morte de cruz é uma sentença do mundo, dos que mandam nele e que não se abrem à novidade salvadora: "Veio para o que era seu, e os seus não o receberam" (Jo 1,11).

Na cruz, enquanto Jesus sela sua doação total, o mundo sela sua total rejeição. Não foi o Pai que colocou o Filho na cruz, nem foi o Filho que a quis. Foi o mundo adverso, com seu príncipe, que realizou essa obra, a qual escancarou a ação do desamor no mundo e glorificou o amor de Deus "em" e "por" seu Filho Jesus: "E quando eu for elevado da terra [da cruz], atrairei todos a mim" (Jo 12,32). Assim, a profecia "Olharão para aquele que transpassaram"[2] (Zc 12,10) se realiza em Jesus (cf. Jo 19,37).

Demoradamente e com riqueza de orientação, Jesus forma os discípulos para participar de sua Páscoa e viver a dimensão pascal da própria vida, conforme se pode ver nos capítulos 13 a 17 do Evangelho segundo João.

---

2 Citação retirada de Bíblia (2019).

6.5 O Espírito Santo

Em João, o Espírito Santo possui, além das características comuns da Bíblia, algumas feições específicas. Ele não é uma inspiração passageira, pois permanece em Jesus (Jo 1,33) e também nos discípulos (Jo 14,17). No quarto evangelho, o Espírito é nomeado com três diferentes expressões: a primeira é *Espírito Santo*, a que mais aparece; em seguida, *Espírito da verdade*; e, finalmente, *Paráclito*. Este último termo é exclusivo do evangelista João.

Conforme Casalegno (2009), a primeira forma, *Espírito Santo*, chama a atenção tanto pela santidade do Espírito quanto pela sua força santificadora, única e inesgotável, que se opõe a toda impureza.

Jesus também nos revela que Deus é Espírito (Jo 4,24)

O termo *Espírito* ocorre 49 vezes nos evangelhos, 24 vezes é Jesus quem fala dele. Segundo os Evangelhos Sinóticos, o próprio Jesus é obra do Pai e do Espírito (Lc 1,34-35; Mt 1,20). No Evangelho segundo João, ele aparece na primeira parte com uma terminologia (*Espírito* e *Espírito Santo*), na segunda parte, com outra (Paráclito). Já nas cartas prevalece a primeira forma: "Aquele que guarda os seus mandamentos permanece em Deus e Deus nele; e nisto reconhecemos que ele permanece em nós, pelo Espírito que nos deu" (1Jo 3,24); "Nisto reconheceis o espírito de Deus: todo espírito que confessa que Jesus Cristo veio na carne é de Deus" (1Jo 4,2). O dom do Espírito está ligado à fé. Ele inspira o testemunho apostólico, a confissão de fé dentro da comunidade e o conhecimento nos crentes (cf. 1 Jo 4,12-16). São três os que dão testemunho de Jesus Cristo: o Espírito, a água e o sangue (cf. 1 Jo 5,6-8).

Em todos eles, o Espírito evidencia a profunda comunhão entre o Pai e o Filho e vice-versa. Enquanto o Filho revela o Pai, o Espírito confirma o Filho e testemunha em favor dele. O Espírito é da verdade

(Jo 14,6; 1Jo 4,6; 5,6), tem como missão a verdade (Jo 18,37), e é enviado pelo Pai em nome de Jesus para ensinar e manter acesa a memória da obra de Jesus (Jo 14,26). No entanto, segundo João 15,26, é o próprio Jesus que o envia, da parte do Pai. Mas o que faz o Espírito? Dá testemunho de Jesus. Como os discípulos participam da missão do Filho, podem igualmente participar da missão do Espírito, pois ele evidencia a posição tomada em relação ao Filho (Jo 16,7-15).

Na comunidade divina não há segredos. A diferença é a grande riqueza que leva a uma relação plena de amor. Um amor aberto, que transborda do interior de cada pessoa e da comunhão das três. Um amor continuamente acessível a toda a criação.

Espírito Santo

É a expressão mais frequente. Aparece dez vezes no Evangelho segundo João (Jo 1,32.33; 3.5.6.8.34; 7,39.39; 14,26; 20,22). A primeira passagem relativa ao Espírito Santo trata do testemunho de João Batista a respeito de Jesus: "Vi o Espírito descer, como uma pomba vinda do céu, e permanecer sobre ele. Eu não o conhecia, mas aquele que me enviou para batizar com água disse-me: 'Aquele sobre quem vires o Espírito descer e permanecer é o que batiza com o Espírito Santo'" (Jo 1,32-33). O destaque está no *permanecer do Espírito*. Não se trata de um sopro, de um impulso, uma inspiração, mas uma presença continuada. Jesus é a morada do Espírito Santo, por isso sempre pode comunicá-lo aos outros.

A segunda passagem trata da instrução dada por Jesus a Nicodemos, uma autoridade que busca aproximação com ele: "Em verdade, em verdade, te digo: quem não nascer da água e do Espírito não pode entrar no Reino de Deus" (Jo 3,5). *Nascer do Espírito* é mudar o foco, fazendo prevalecer o espiritual sobre o carnal; é abandonar as posições de destaque entre os homens, é perder o medo das sanções deles e se entregar à dinâmica de Deus. João relaciona água e Espírito mais vezes (cf. Jo 7,37-39).

Esse assunto também está presente no diálogo de Jesus com a samaritana (Jo 4,5-24). Elemento que pode ser ainda relacionado com o que aconteceu quando a lança do soldado traspassou o lado de Jesus: o que surgiu do ferimento foi sangue, vinculado com a própria vida doada, e água, referente ao dom do Espírito que permanecia nele (cf. Jo 19,34).

O Espírito está em íntima relação com o Pai, que é santo por excelência (cf. Jo 17,11), e com Jesus, que o Pai santificou (cf. Jo 10,36), agora declarado pelos seus seguidores como o "Santo de Deus" (cf. Jo 6,69). Finalmente, após a ressurreição, Jesus se apresenta, concede o Espírito Santo aos apóstolos e os envia a perdoar pecados (Jo 20,21-23).

Espírito da verdade

É a segunda forma, que ocorre três vezes (Jo 14,17; 15,26; 16,13) e destaca a função de recordar aos discípulos o que Jesus já ensinou. Ele comunica a verdade. Faz conhecer em profundidade Jesus e sua revelação, palavra definitiva de salvação que o Pai dirige à humanidade. Na 1ª carta, João diz que o Espírito dá testemunho da verdade porque ele é a verdade (1Jo 5,6). A terminologia da carta mostra um contato entre a comunidade joanina e a de Qumran, onde aparece, com frequência, o Espírito da verdade em oposição ao espírito do erro.

Paráclito

Na Bíblia, *Paráclito* é exclusivo de João (14, 16.26; 15,26; 16,7; 1Jo 2,1, aplicado a Jesus). Conforme Casalegno (2009), o termo aparece no mundo grego para indicar aquele que assume a causa do outro e se coloca a seu favor. É uma expressão forense que indica a ajuda em um processo. *Paráclito* é aquele chamado de socorro para junto de alguém necessitado.

A maioria das Bíblias em português traduz *Paráclito* por "consolador". Essa tradução pode estar se apoiando em João 16,6-7, em que se reporta a tristeza que invadiu os discípulos por ocasião da despedida de Jesus. Essa é a tradução que adotamos.

A função do Paráclito, segundo os textos, é de permanecer sempre com os discípulos (cf. Jo 14,16), ensinar e recordar todas as coisas (cf. Jo 16,26) e dar testemunho de Jesus (cf. Jo 15,26). Ele será enviado por Jesus e virá somente depois da ida de Jesus ao Pai (cf. Jo 16,7).

Conforme Brown (1979), ao dar ao Espírito o nominativo de *Paráclito*, João quer mostrar a ligação real entre a Igreja no final do século I e Jesus de Nazaré. O Paráclito garante essa ligação. No entanto, quer também aliviar a angústia das comunidades pela demora da parusia. João mostra que muito do que se falou da segunda vinda já está presente entre os cristãos. O juízo já está acontecendo (Cf. Jo 16,7-11). Por sua vez, se algo no quarto evangelho parece ir além do que Jesus ensinou já foi por ele mesmo advertido antes de sua subida (cf. Jo 14,26). O Espírito não apresenta novidade, ele faz ver e entender que ela já está em ação na história.

Não há por que preocupar-se com o Juízo Final, pois ele já está em andamento, conforme diz Jesus, segundo João: "Se alguém ouvir minhas palavras e não as guardar, eu não o julgo, pois não vim para julgar o mundo, mas para salvar o mundo. Quem me rejeita e não acolhe minhas palavras tem seu juiz: a palavra que proferi é que o julgará no último dia" (Jo 12,47-48). Não há por que desejar tanto a bênção da parusia, pois os cristãos já possuem a adoção filial de Deus e a vida eterna – os dois maiores dons – pela adesão a Jesus Cristo, pelo batismo e pela eucaristia. Para os que morrem em Cristo não existe a agonia da espera do último dia porque, depois da morte biológico-física, há continuidade da vida eterna que já possuíam antes.

Síntese

Na teologia joanina, conforme analisamos neste capítulo, Deus é Pai e a missão de Jesus, o Filho, é revelar a vontade dele. Está realmente muito destacada a missão de Jesus como revelador, realizada com insistência, deixando claro que ele veio fazer a vontade do Pai e que isso implica a salvação para todos os que aderem a ele. A pessoa de Jesus é o modo mais humano e mais próximo de que Deus lançou mão para se manifestar, abrir sua intimidade e revelar seus desígnios.

Disso advém todo o vigor da expressão do evangelista: "E o Verbo se fez carne, e habitou entre nós; e nós vimos a sua glória, glória que ele tem junto ao Pai como Filho único, cheio de graça e de verdade" (Jo 1,14). Jesus revela o Pai do céu, sua glória e sua graça para a humanidade. Jesus é a presença do Pai na terra, realiza a vontade do Pai e insere os que lhe aderem na comunhão divina. Por meio dele e pela relação de amor incondicional do Pai e do Filho com toda a humanidade, os homens podem viver a nova condição de libertado do pecado e da morte.

Também o autor de Hebreus se refere a Jesus como Palavra definitiva de Deus. "Muitas vezes e de modos diversos falou Deus, outrora, aos Pais pelos profetas; agora, nestes dias que são os últimos, falou-nos por meio do Filho, a quem constituiu herdeiro de todas as coisas" (Heb 1,1-2).

Entre outros textos de João, elegemos este que nos parece sintetizar a relação de Jesus com o Pai e sua missão no mundo: "pois desci do céu não para fazer a minha vontade, mas a vontade daquele que me enviou. E a vontade daquele que me enviou é esta: que eu não perca nada do que ele me deu, mas o ressuscite no último dia" (Jo 6,38-39).

Crer em Jesus é a necessidade básica do discipulado e o segredo do apostolado. Para João, interessa a prática da fé, e não a fé em si mesma;

por isso, ele usa abundantemente o verbo crer, e não o substantivo *fé*. A ele interessa a ação confiante manifestada nas obras, na vida pessoal e na comunidade de vivência. De fato, ele abre seu evangelho chamando a atenção para a necessidade de crer no testemunho de João Batista (cf. Jo 1,7), e o fecha afirmando na necessidade de uma prática de fé (Jo 20,30-31).

Jesus insiste com muita frequência que é preciso amar, chegando ao ponto de formular e entregar aos discípulos um novo mandamento, como identificação da adesão a ele e a missão que o Pai lhe confiou: "Dou-vos um mandamento novo: que vos ameis uns aos outros. Como eu vos amei, amai-vos também uns aos outros. Nisto reconhecerão todos que sois meus discípulos, se tiverdes amor uns pelos outros" (Jo 13,34-35). A prática desse mandamento os distingue os discípulos do mundo e da relação que devem estabelecer com ele.

Com a abordagem da dimensão pascal, entendemos também que Jesus não só celebra a Páscoa, mas toda a vida dele é uma passagem, uma celebração de despojamento e entrega da encarnação à ressurreição. Portanto, ele ensina tanto com a palavra que dirige aos fiéis quanto com o modo de viver entre eles. Jesus em João é pascal.

Atividades de autoavaliação

1. A novidade do mandamento ordenado por Jesus aos discípulos (Jo 13,34-35) é:
    a) a mudança de meta: do humano para o divino.
    b) a mudança de referencial: do amor a si mesmo para o modo único de Jesus amar.
    c) a mudança de relação: do amor interesseiro para o amor doado.
    d) a mudança de resultado: do benefício individual para o coletivo.

2. Nas sequências que mostram Jesus agindo enquanto se aproxima a Páscoa (Jo 2,13-22; 6,1-15; 13,1-20), em que lugares ele se encontra?
   I. No templo de Jerusalém; junto ao lago de Tiberíades; reunido com os discípulos, possivelmente em Jerusalém.
   II. Na Galileia; no monte Sião; no átrio do Templo de Jerusalém.
   III. Em Jericó; na Samaria; em Jerusalém.
   IV. A caminho de Jerusalém, em Cafarnaum; no Horto das Oliveiras.

   Agora, assinale a alternativa correta:
   a) Apenas a afirmação I está correta.
   b) Apenas as afirmações I e III estão corretas.
   c) Apenas a afirmação II está correta.
   d) Apenas as afirmações II e III estão corretas.

3. Segundo João 5, 1-18, qual é o motivo do confronto entre Jesus e os judeus?
   a) Jesus cura um paralítico em dia de sábado.
   b) Jesus ordena ao curado carregar o leito em dia de sábado.
   c) Jesus diz que o seu Pai, Deus, trabalha sempre.
   d) Estão corretas as alternativas "b" e "c".

4. Na relação com o mundo, quando Jesus diz: ""Pois Deus não enviou o seu Filho ao mundo para julgar o mundo, mas para que o mundo seja salvo por ele", (Jo 3,17), está se referindo:
   a) à terra, à humanidade, ao mundo em que vivemos, ao lugar de missão.
   b) aos perdidos pelos vícios e pelos pecados.
   c) aos que rejeitam continuamente a proposta de Deus.
   d) ao sistema em que Deus não conta.

5. Aponte corretamente qual é a nova denominação dada por João ao Espírito Santo e sua respectiva tradução:

a) Espírito da Verdade; advogado.
b) Espírito do Amor; comunicador.
c) Paráclito; consolador.
d) Espírito do Senhor; assistente.

Atividades de aprendizagem

Questões para reflexão

1. Assista a o filme *O Evangelho segundo João* e elabore uma relação do contexto retratado na história com os desafios da atualidade, com base no lugar em que você vive.

    O EVANGELHO Segundo João. Direção: Philip Saville. EUA: Buena Vista Home Video, 2003. 180 min.

    Esse filme é um drama religioso que apresenta Jesus como professor e curandeiro, cheio de compaixão, falando sobre a verdade e a vida eterna.

2. Reflita sobre a passagem retratada em João 10,1-21 na perspectiva da liderança na ótica cristã.

Atividade aplicada: prática

1. Com base nas análises apresentadas nas Seções 6.1.1 ("O Filho com o Pai e a instrução aos discípulos") e 6.1.4 ("Terceira etapa, na formação específica dos discípulos"), elabore um diário de bordo acompanhando a viagem de Jesus, destacando os principais ensinamentos.

Considerações finais

Consideramos, em nosso trabalho, uma variedade de material de pesquisa. Constatamos que muito já se escreveu a respeito da literatura joanina e muito ainda estará para ser dito e escrito. Os escritos joaninos, particularmente o evangelho e as cartas, permitem entrever uma comunidade de realidades diversificadas que busca a convergência no signo do amor de Jesus.

Foi também possível perceber, desde o evangelho, que Jesus como Palavra de Deus na história é um fio que perpassa todos os escritos joaninos. Essa revelação está presente no começo do quarto evangelho (Jo 1,1-18), no começo da 1ª carta (1 Jo 1,1) e também quase no final do Apocalipse (Ap 19,11-13).

No início do evangelho, ela é declarada existente antes de tudo. A Palavra é, na realidade, criadora e criatura. Toma a forma humana, assume essa condição humana e reside na história. A 1ª carta confirma ou retoma os dados do evangelho com uma insistência na materialidade da Palavra, de modo que ela atinge e pode ser ouvida, vista, contemplada e tocada (1 Jo 1,1). No Livro do Apocalipse, a Palavra é vencedora. Há um itinerário progressivo na apresentação da vitória. Também o evangelista João diz que pela encarnação da Palavra a glória nos atingiu pela graça que transbordou sobre nós (Jo 1,14.16).

A pessoa de Jesus é o modelo mais humano e mais próximo de Deus se manifestar, abrir sua intimidade e revelar os seus desígnios. Daí todo o vigor da expressão do evangelista: "E o Verbo se fez carne, e habitou entre nós; e nós vimos a sua glória, glória que ele tem junto ao Pai como Filho único, cheio de graça e de verdade" (Jo 1,14).

Temos, portanto, no início do quarto evangelho a revelação da inserção da Palavra resgatadora na história com a oferta e a circulação da graça por meio da adesão a ela. Já em Apocalipse, há a visão esplendorosa e poderosa dessa mesma Palavra, que leva ao julgamento final os que foram contumazes em rejeitá-la.

O substrato judeu derivado do Antigo Testamento é o ponto mais confirmado, desde o qual João avança para confirmar a fé em Jesus como o verdadeiro Messias esperado. Isso está registrado como motivação para escrever o evangelho (Jo 20,30-31) e retomado na motivação da 1ª carta (1Jo 2,1.12-14).

Quanto à relação ou à influência de outras culturas, constatamos muitos elementos ligados aos costumes e aos movimentos do século I do cristianismo, bem como uma variedade de hipóteses, mas o que permanece mais evidente é o que podemos encontrar nos próprios escritos.

João escreve em época posterior à dos outros evangelistas, trazendo abordagens pertinentes ao seu tempo no sentido de aprofundamento de acordo com a sua escolha entre os muitos sinais realizados por Jesus (Jo 20,30-31).

As ações de Jesus parecem escolhidas a dedo pelo evangelista (Jo 20,30-31). São chamadas de *obras*, por meio das quais ele sinaliza a presença e a ação de Deus na história, e impulsionam o protagonismo das pessoas. Não se trata somente de usufruir os benefícios das ações de Jesus, mas de promover um engajamento nas dinâmicas que elas sinalizam.

A evangelização acontece predominantemente pelo modo de viver a verdade confessada. Nisso, o testemunho prevalece sobre a pregação. O discipulado acontece por uma adesão pessoal expressa no ato de crer, mas tem implicações coletivas. Seguir Jesus e aderir a Ele é acolher o outro e amá-lo como irmão com o amor próprio dele.

Crer em Jesus é a necessidade básica do discipulado e o segredo do apostolado. João abre seu evangelho chamando a atenção para a necessidade de crer no testemunho de João Batista (cf. Jo 1,7), e o fecha afirmando a necessidade de uma fé prática, isto é, crer (cf. Jo 20,30-31).

Concomitantemente, Jesus insiste na necessidade de amar, chegando a ponto de formular e entregar aos discípulos um novo mandamento como identificação da adesão a ele e a missão que o Pai lhe confiou (Jo 13,34-35). Isso distingue os discípulos do mundo e da relação que devem estabelecer com ele.

Tratando da dimensão apocalíptica, vimos que ela surgiu como resultado de muitos anos de reflexão, produzindo vasta literatura referente a esse período específico da história da humanidade e, sobretudo, à fé de pessoas que seguem a revelação de Deus, o qual, depois de acompanhá-las, torna-se uma delas.

Essa literatura é rica em imagens que possibilitam as mais diferentes e criativas interpretações e dão asas ao fascínio de muitos escritores e leitores. Trata-se de um recurso apropriado para as diferentes necessidades de comunicação e de expressão da esperança, especialmente do período histórico já referido na introdução, mas que pode se estender por muitas gerações ao longo da história.

Tratando especificamente do Apocalipse de João, vimos que ele nasceu sob o controle político do Império Romano, em um contexto conturbado de revoltas causadas por insatisfação diante das imposições e das oposições dos grupos dominados. A insatisfação contra a ocupação romana crescia e se radicalizava nos grupos que iam surgindo, como os zelotes e os sicários, até se generalizar, resultando na resposta do império, que destruiu Jerusalém no ano 70.

O Livro do Apocalipse apresenta características bem próprias, pois conjuga o gênero literário apocalíptico, que dá o nome ao livro, com o gênero profético, o qual faz questão de acentuar tanto na introdução (Ap 1,3) quanto na conclusão (Ap 22,7), centrando a intenção na revelação de Jesus Cristo como senhor universal.

A questão da autoria do Apocalipse, muito discutida por conta das diferenças entre esse livro e o Evangelho segundo João, até hoje não tem prova definitiva a favor ou contra o apóstolo João, filho de Zebedeu, conforme reza a tradição mais antiga.

O alcance dos conteúdos vai muito além do contexto histórico por tratar de uma realidade antropológica que acompanha a condição humana de geração em geração ao longo dos tempos.

A perseverança dos discípulos segue as pegadas e a liderança do Cordeiro. Fiéis partidários dele, não se deixam envolver pela mentira nem se entregam ao adultério. Isso lhes garante a vitória, mesmo em situações muito desafiadoras. Eles estão desde já – e estarão para sempre – de pé sobre o monte Sião (Ap 14,1-4).

A fidelidade dos cristãos não está condicionada às adversidades do ambiente, mas à adesão e à confiança no amor de Deus. Assim, eles perseveram e vencem. Adotam os ensinamentos de Jesus: "seguem o Cordeiro, onde quer que ele vá" (Ap 14,4) e trazem "escrito sobre a fronte o nome dele e o nome de seu Pai" (Ap 14,1). Perseveraram na tribulação e ganham a salvação. Isso lhes garante participar do banquete das núpcias do Cordeiro (A 19,9) bem como habitar o novo céu e a nova terra (Ap 21,1-7).

Ao chegar ao fim de nosso trabalho, cremos ter alcançado o objetivo proposto, de modo que você tenha encontrado elementos suficientes para estar informado e estabelecer sua própria visão e convicção a respeito da fé cristã. Percorremos o mesmo caminho oferecido pelo evangelista João para chegar ao objetivo dele: uma fé que se transforma em vida permanente e que persiste para sempre. "'Se alguém tem sede, venha a mim e beberá, aquele que crê em mim!' Conforme a palavra da Escritura: De seu seio jorrarão rios de água viva" (Jo 7,37).

Referências

ARENS, E.; MATEOS, M. D. **O Apocalipse**: a força da esperança – estudo, leitura e comentário. Tradução de Mário Gonçalves. São Paulo: Loyola, 2004.

ASURMENDI, J. et al. **História, narrativa, apocalíptica**. São Paulo: Ave Maria, 2004. (Coleção Introdução ao Estudo da Bíblia, v. 3b).

BÍBLIA. Português. **Bíblia de Jerusalém**. São Paulo: Paulus, 2002.

_____. **Bíblia Online**. Nova Versão Internacional. Disponível em: <http://biblia.com.br/novaversaointernacional/>. Acesso em: 28 fev. 2019.

_____. **Bíblia Sagrada**: Edição Pastoral. Tradução de Sociedade Católica Bíblica Internacional. São Paulo: Paulus, 1997.

BROWN, R. E. **A comunidade do discípulo amado**. São Paulo: Paulinas, 1984.

_____. **Giovanni**. Assisi: Cittadella, 1979.

CASALEGNO, A. **Para que contemplem a minha glória (João 17,24)**: introdução à teologia do Evangelho de João. São Paulo: Loyola, 2009.

CHARPENTIER, E. et al. **Uma leitura do Apocalipse**. São Paulo: Paulinas, 1983. (Coleção Cadernos Bíblicos, 22).

COLLINGS, J. J. **A imaginação apocalíptica**: uma introdução à literatura apocalíptica judaica. São Paulo: Paulus, 2010.

CORSINI, E. **O Apocalipse de São João**. São Paulo: Paulinas, 1984.

CUVILLIER, E. **Los apocalipsis del Nuevo Testamento**. Estella: Verbo Divino, 2002. (Cuadernos Bíblicos, 110).

DE VAUX, R. **Instituições de Israel no Antigo Testamento**. São Paulo: Paulus, 2003.

DÍEZ MACHO, A. **Apócrifos del Antiguo Testamento**. Madrid: Cristiandad, 1984. v. 1.

ECHEGARAY, J. G. et al. **A Bíblia e seu contexto**. São Paulo: Ave Maria, 2000. (Coleção Introdução ao Estudo da Bíblia, v. 1.)

EUSÉBIO DE CESAREIA. **História eclesiástica**. Tradução de Wolfang Fischer. São Paulo: Novo Século, 2002.

GALLAZZI, S. Com estas palavras Maria orientou seus corações para o bem (Ev. de Maria 9,19). **Caminhos**, Goiânia, v. 7, n. 1, p. 55-77, jan./jun. 2009. Disponível em: <http://seer.pucgoias.edu.br/index.php/caminhos/article/download/1197/843>. Acesso em: 13 fev. 2019.

KONINGS, J. **Evangelho segundo João**: amor e fidelidade. São Leopoldo: Sinodal; Petrópolis: Vozes, 2000.

_____. **Evangelho segundo João**: amor e fidelidade. São Paulo: Loyola, 2005.

MATEOS, J.; BARRETO, J. **O Evangelho de São João**: análise linguística e comentário exegético. São Paulo: Paulinas, 1989. (Coleção Grande Comentário Bíblico).

MESTERS C.; OROFINO F. **Apocalipse de São João**: esperança, coragem e alegria. São Paulo: São Leopoldo: Cebi; São Paulo: Paulus, 2002.

_____. **Apocalipse de São João**: esperança, coragem e alegria. São Paulo. 2. ed. São Paulo: Fonte Editorial; Santuário, 2013.

PAUL, A. **O que é o intertestamento**. São Paulo: Paulinas, 1981. (Coleção Cadernos Biblicos, n. 10).

PRIGENT, P. **O Apocalipse**. São Paulo: Loyola, 1993.

REICKE, B. O. História do tempo do Novo Testamento. São Paulo: Paulus, 1996.

ROWLEY, H. H. A importância da literatura apocalíptica. São Paulo: Paulinas, 1980.

SCHNACKENBURG, R. Cartas de San Juan: versión, introducción y comentário. Barcelona: Herder, 1980.

_____. Il Vangelo di Giovanni. Brescia: Paideia, 1974. (Commentario Teologico del Nuovo Testamento).

TUÑÍ, J-O.; ALEGRE, X. Escritos joaninos e cartas católicas. 2. ed. São Paulo: Ave Maria, 2007. (Coleção Introdução ao Estudo da Bíblia, v. 8).

Bibliografia comentada

ARENS, E.; MATEOS, M. D. **O Apocalipse**: a força da esperança – estudo, leitura e comentário. São Paulo: Loyola, 2004.

Os autores desenvolvem uma leitura seguida de estudo e comentário do Livro do Apocalipse. Começam por uma aprofundada abordagem da história, do gênero literário apocalíptico e de suas implicações, temática que ocupa a metade do livro. Depois, ocupam-se do comentário. Os autores, biblistas que atuam no Peru, procuram abrir os olhos do leitor para captar mais profunda e fielmente as razões da narrativa do Apocalipse de João e possível aplicação aos nossos dias.

BROWN, R. E. **Giovanni**. Assisi: Cittadella, 1979.

Esse comentário é um clássico sobre o Evangelho segundo João. Nas 1522 páginas da edição italiana, o autor, sacerdote, teólogo e exegeta estadunidense, trabalha, com riqueza de detalhes, toda a situação histórica, social, cultural, política e religiosa que contextualiza o acontecimento Jesus e a narrativa do quarto evangelho, tais como: influência judaica, influência grega, identidade do autor, composição da comunidade, situação existencial que provocou a narrativa, além de trabalhosa abordagem hermenêutica e exegese. É um comentário bastante completo para seu tempo e ainda hoje necessário para quem quer se aprofundar no Evangelho segundo João.

CASALEGNO, A. **Para que contemplem a minha glória (João 17,24)**: introdução à teologia do Evangelho de João. São Paulo: Loyola, 2009.

O autor, depois de tratar com esmero das questões introdutórias ao Evangelho segundo João, trabalha o texto de João por temas específicos.

A obra vem munida de frequentes quadros sintéticos para ajudar a revisão e o entendimento do leitor. O autor, biblista italiano, que tem larga experiência acadêmica na América Latina, particularmente no Brasil, oferece uma abordagem bastante interessante do quarto evangelho.

KONINGS, J. **Evangelho segundo João**: amor e fidelidade. São Leopoldo: Sinodal; Petrópolis: Vozes, 2000.

Nas 452 páginas dessa obra, o autor, depois de uma considerável introdução na qual contextualiza o evangelho, tanto do ponto de vista histórico quanto literário, social e cultural, faz um importante aprofundamento exegético e teológico. O autor belga, radicado no Brasil e com experiência acadêmica e popular em várias cidades, muito contribui para que os resultados acadêmicos sejam aproveitados na vida das comunidades. Ele traz, além da abordagem sistemática, um ótimo quadro explicativo para aprofundar temas mais expressivos do quarto evangelho.

MESTERS, C.; OROFINO, F. **Apocalipse de João**. 2. ed. São Paulo: Fonte Editorial; Santuário, 2013. (Coleção Comentário Bíblico Latinoamericano).

A obra é dividida em duas partes desiguais, de acordo com seu objetivo. Na primeira, oferece uma visão do conjunto de todas as questões introdutórias necessárias ao estudo do Apocalipse de João; na segunda parte, os autores desenvolvem um comentário do Apocalipse de João.

O livro contempla ainda um apêndice sobre os símbolos e outro sobre a cronologia do Império Romano.

Os autores, que têm uma vida dedicada ao estudo e ensino da Palavra de Deus – Mesters tem origem holandesa e está há muito tempo radicado no Brasil e Orofino é brasileiro nato –, conseguem oferecer uma boa noção do movimento apocalíptico nas dimensões religiosa, política e social do período em que os fatos aconteceram.

SCHNACKENBURG, R. **Cartas de San Juan**: versión, introducción y comentário. Barcelona: Herder, 1980.

O autor alemão ocupa quase uma centena de páginas nessa tradução espanhola para fazer a introdução das cartas joaninas. Ocupa mais de 300 páginas fazendo uma abordagem exaustiva das três cartas de São João com cuidadosa exegese de cada uma, além de um excurso abordando o sentido de palavras paradigmáticas presentes nos três escritos. Embora tenha sido escrito nos anos 1960, o livro continua sendo um importante referencial para o estudo das cartas joaninas.

TUÑÍ, J-O.; ALEGRE, X. **Escritos joaninos e cartas católicas**. 2. ed. São Paulo: Ave Maria, 2007. (Coleção Introdução ao Estudo da Bíblia, v. 8).

O livro é dividido em quatro partes. A primeira trata do Evangelho Segundo João considerando a dimensão literária do escrito e do conteúdo, além da dimensão teológica e da história da investigação. A segunda parte trata das cartas de São João e suas várias dimensões. A terceira parte tem como foco o Apocalipse de São João, considerando as dimensões literária, teológica e sócio-histórica. Por fim, a quarta parte trata das cartas católicas que não são do interesse deste trabalho.

Os autores, biblistas espanhóis, fazem uma boa abordagem para apresentar o que até o momento foi pesquisado a respeito do estudo do evangelho joanino, focando, em primeiro lugar, o texto e, em seguida, a estrutura dele. Trazem considerações sobre algumas questões abertas, isto é, sobre as quais não se chegou ainda a um consenso, tais como a composição dos livros do evangelho e do Apocalipse, bem como a autoria deste. Seguem, depois, tratando das dimensões teológica e sócio-histórica das cartas joaninas e do Livro do Apocalipse. O livro é importante pela atualidade das questões ali tratadas.

Capítulo 1
Atividades de autoavaliação
1. c
2. a
3. a
4. c
5. c

Capítulo 2
Atividades de autoavaliação
1. a
2. c
3. c
4. b
5. c

Capítulo 3
Atividades de autoavaliação
1. a
2. a
3. d
4. d
5. b

Capítulo 4
Atividades de autoavaliação
1. c
2. a
3. d
4. b
5. a

Capítulo 5
Atividades de autoavaliação
1. c
2. b
3. a
4. b
5. d

Capítulo 6
Atividades de autoavaliação
1. b
2. a
3. d
4. a
5. c

Sobre o autor

Moacir Casagrande nasceu em 4 de maio de 1955 em Putinga, Rio Grande do Sul. É frade e sacerdote, pertencente à Ordem dos Frades Menores Capuchinhos. Estudou Filosofia no Instituto Regional de Pastoral de Mato Grosso – Irpamat (1975-1976) e Teologia no Instituto Tecnológico João Paulo II – Iteo (1978-1981), ambos em Campo Grande (MS). Fez mestrado em Teologia com especialização em Bíblia na Pontifícia Universidade Gregoriana, em Roma (1984-1987). Foi professor de Bíblia, Antigo e Novo Testamento no Iteo, em Campo Grande (1987-1993) e lecionou matérias bíblicas no Instituto São Boaventura, em Brasília (1994-1996), no Instituto de Filosofia e Teologia de Goiás, em Goiânia (1997-2002), e novamente no Instituto Teológico do Oeste (2003-2005).

É autor dos livros *Deus ontem e hoje* (Petrópolis: Vozes, 1998) e *O segredo do Evangelho* (Porto Alegre: ETEF, 2011). Tem ainda uma variedade de artigos na revista *Convergência*, órgão oficial da

Conferência dos Religiosos do Brasil – CRB –, bem como a participação em seis livros como membro da equipe de reflexão bíblica da CRB, entre os anos 2005 e 2014: *Reconstruir relações num mundo ferido; Corpos solidários em tempos de travessia; Caminho para a vida em abundância; A caminho da XXII AGE; Que nossos olhos se abram; Vi um novo céu e uma nova terra.*

Impressão:
Março/2019